Isabelle Filliozat

Die Intelligenz der Gefühle entdecken

Isabelle Filliozat

Die Intelligenz der Gefühle entdecken

Walter Verlag Zürich und Düsseldorf

Titel der französischen Originalausgabe:
L'intelligence du cœur. Rudiments de grammaire émotionnelle

Aus dem Französischen übersetzt von Maria Buchwald

Die Deutsche Bibliothek – CIP-Einheitsaufnahme

Filliozat, Isabelle:
Die Intelligenz der Gefühle entdecken / Isabelle Filliozat.
[Aus dem Franz. übers. von Maria Buchenwald]. –
Zürich ; Düsseldorf : Walter, 1998
Einheitsacht.: L'intelligence du cœur. Rudiments de
grammaire émotionelle <dt.>
ISBN 3-530-40052-1

Satz: Jung Satzcentrum, Lahnau
Druck und Bindung: Grafo
ISBN 3-530-40052-1

Inhalt

5 Die vielfältigen Gesichter der Angst

6 Von Gewalt und Macht

7 Der gesunde Zorn

8 Lieben, die Freude

9 Trauer oder Depression?

10 Die Kunst, glücklich zu sein und die anderen glücklich zu machen

11 Empathie und Konfliktlösung

12 Das Kind in seiner affektiven Entfaltung begleiten

Für Jean Bernard
meinen Freund, meine Liebe, meinen Gefährten,

und für Alice Miller, deren einfühlsame und kraftvolle Bücher mir geholfen haben, zu meiner eigenen Wahrheit vorzudringen.

Ich danke allen, die mir ihre Emotionen anvertraut haben.
Alle Fallgeschichten, die hier zur Sprache kommen, sind wahr, zuweilen jedoch abgeändert; sämtliche Vornamen sind erfunden.

Einleitung

Achter Stock eines Kaufhauses auf dem Boulevard Haussmann in Paris, um vierzehn Uhr. Viele Menschen drängen sich im Fahrstuhl. Endlich schließen sich die Türflügel, als ein Mann herbeieilt, der noch mitfahren möchte. Eine Frau drückt auf den Knopf, der die Tür offenhält. Entnervt fährt ein Mann sie an: «Der kann doch den nächsten Aufzug nehmen, wir sind schließlich nicht zum Warten hier!» Den Finger immer noch auf dem Knopf, gibt die Frau ihm eine bissige Antwort... Es herrscht eine große Spannung, der Mann hat schon eine weitere bösartige Bemerkung auf der Zunge. Yves, der Zeuge dieses Wortwechsels ist, dreht sich zu ihm um und sagt: «Sie wirken ärgerlich, Sie haben es wohl sehr eilig?» Sofort ändert der Mann seinen Tonfall und seine Haltung: «Ja, sehr, ich komme eben vom Essen und müßte eigentlich schon bei einer Verabredung sein.» Er lächelt. Die Züge der Frau entspannen sich. Der Fahrstuhl kommt im Erdgeschoß an. Der Mann steigt aus, immer noch lächelnd, und verabschiedet sich von Yves mit einem verbindlichen «Einen schönen Tag noch».

In der Schule lernen wir Geschichte, Geographie, Mathematik, Deutsch, Zeichnen und Turnen. Doch was lernen wir über die Gefühle? Nichts. Nichts darüber, wie man einschreitet, wenn sich in einem Aufzug ein Konflikt anbahnt. Nichts über Trauer, nichts über die Bewältigung von Angst, nichts darüber, wie man seiner Wut auf gesunde Weise Luft macht.

Neunzig Prozent unseres Alltagslebens werden damit schweigend übergangen. Wäre es nicht ebenso nützlich, einige Grundkenntnisse über sich selbst und die Entschlüsselung der Emotionen zu lernen, wie die Namen der Könige Frankreichs aufsagen zu können und zu wissen, was im Jahr 1515 geschah?

Vor fünfzehn Jahren hielt ich mein erstes Seminar im Conservatoire national des Arts et Métiers (eine Hochschule für Ingenieure in Paris) ab. Das Thema lautete «Emotionen». Allzu viele Mißerfolge im Abschlußexamen waren auf die Aufregung der Kandidaten zurückzuführen. Es galt, den zukünftigen Ingenieuren beizubringen, ihr Lampenfieber zu meistern und so aufzutreten, daß sie in der Öffentlichkeit überzeugend wirkten; sie sollten lernen, ihre Emotionen zu benennen, ihre Präsentationen lebendig zu gestalten und mehr Selbstvertrauen zu entwickeln.

Um Erfolg zu haben, genügt es nicht allein, einen hohen IQ (Intelligenzquotienten) zu besitzen. Damit leben wir alle, sei es in der Schule oder an unserem Arbeitsplatz. Doch was zählt, sind nicht allein unsere technischen Kompetenzen, sondern es ist auch unsere Fähigkeit, unsere Affekte zu steuern und mit anderen Menschen zu kommunizieren.

Es gibt Regeln der Kommunikation, Kenntnisse, die man erwerben, geschicktes Auftreten, das man erlernen, Verhaltensweisen, die man entwickeln kann. Die Sprache der Emotionen hat eine bestimmte «Grammatik»: eine Versammlung leiten, in der Öffentlichkeit sprechen, seine Schüchternheit überwinden, auf eine Aggression reagieren, sich behaupten, seine Meinung abgeben, zuhören, die Reaktionen des anderen verstehen, weinen, ein Arbeitsteam und sich selbst motivieren, auf Emotionen reagieren, sich Widrigkeiten und Veränderungen stellen, Konflikte lösen ...

Im Rahmen der beruflichen Weiterbildung bieten Seminare über persönliche Beziehungen heutzutage viele Gelegenheiten, die eigenen Kompetenzen auf dem Gebiet des zwischenmenschlichen Umgangs zu erweitern. Und jedesmal fragen die Kursteilnehmer: «Warum lehrt man uns all das nicht in der Schule?»

Vielleicht deshalb, weil das Wissen an sich zwar ebenso alt ist wie der Mensch selbst, seine systematische Erfassung und Weitergabe jedoch relativ neu – zumindest in unseren westlichen Breiten[1]. Vielleicht auch, weil manche Menschen nicht lernen wollen, was sie als angeboren erachten. Für sie sind Beziehungen etwas, das mit dem Laufen oder dem Atmen vergleichbar ist; man kann es niemandem beibringen. Sie wollen «natürlich» bleiben. Doch wäre es nicht gut, die Intelligenz der gesellschaftlichen Beziehungen auf dieselbe Stufe wie andere Intelligenzformen zu stellen?

Verschiedene Arten von Intelligenzen

1983 veröffentlichte Howard Gardner sein Buch *Abschied vom IQ* und sprach darin zum ersten Mal von verschiedenen «Intelligenzen». Der Begriff schockierte die Fachwelt, stieß bei der breiten Masse jedoch auf lebhafte Zustimmung. Gardner distanzierte sich von der Auffassung einer Intelligenz, die mit dem IQ gemessen wird, und hob den Wert der zahlreichen, unterschiedlichen Facetten der kognitiven Tätigkeit hervor – von der musikalischen Begabung bis hin zu den Fähigkeiten, die zur Kenntnis der eigenen Persönlichkeit erforderlich sind. «In meiner Arbeit will ich die Bestandteile der verschiedenen Intelligenzen erforschen, die zum Beispiel die Seeleute, die Chirurgen und die Hexen unter Beweis stellen.» Immer wieder benutzte er das Wort «Intelligenzen»; für ihn waren diese Fähigkeiten ebenso grundlegend wichtig wie die, die sich durch einen IQ-Test ermitteln lassen.

Im Jahre 1905 stellten A. Binet und T. Simon die erste metrische Werteskala zur Messung der Intelligenz (den berühmten Binet-Simon-Test) in Paris vor. Sie wollten damit die Schüler herausfinden, die nicht geeignet für die Einschulung in die Grundschule waren und deswegen in spezielle Klassen eingewiesen wurden.

Der Begriff Intelligenzquotient stammt aus den Vereinigten Staaten[2]; er kam kurz nach dem ersten Test auf und wird wie folgt errechnet: das geistige Alter geteilt durch das wirkliche Alter, multipliziert mit 100.

Man hatte damit einen wissenschaftlich anmutenden Maßstab zur Feststellung geistiger Fähigkeiten gefunden. Aber die IQ-Tests sind in Wirklichkeit willkürliche «schulische» Übungen. Wenn sie einen wahren Voraussagewert besitzen, so den, daß sie sprachliches Können und logisches Denken beurteilen, die auch bei Schulprüfungen zählen. Zudem sind diese Tests – wie zahlreiche Forscher angeprangert haben – gesellschaftlich normiert. Der IQ mißt nicht die Intelligenz, sondern den Grad der gesellschaftlichen Angepaßtheit. Die Note, die man in einem einzigen Examen erhält, ist nicht notwendigerweise stellvertretend für die dauerhaften Qualifikationen eines Menschen. Nichtsdestotrotz vermischt sich in der öffentlichen Meinung IQ und Intelligenz – mit dem Ergebnis, daß die Intelligenz dabei auf die Fähigkeit reduziert wird, den Anforderungen eines Test zu entsprechen, welcher ausschließlich die sprachlichen und logisch-mathematischen Fertigkeiten berücksichtigt.

Howard Gardner distanziert sich von einer derartigen Reduzierung des Intelligenzbegriffs. Er definiert Intelligenz als «die Fähigkeit, Probleme zu lösen oder Produkte zu schaffen, die im Rahmen einer oder mehrerer Kulturen gefragt sind». Die zu lösenden Probleme können das Finden eines Schlusses für eine Geschichte, die Voraussage eines Matt beim Schach oder das Ausbessern einer Daunendecke sein. Die positiven Dinge gehen von wissenschaftlichen Theorien bis hin zu musikalischen Kompositionen oder dem erfolgreichen Führen einer politischen Kampagne. Für ihn gibt es nicht nur *eine* Intelligenz, sondern mehrere, und er zählt sieben auf (weist jedoch darauf hin, daß die Liste nur provisorisch ist). Den verbalen und logisch-mathematischen Intelligenzen, die vom IQ bereits anerkannt sind (die Gardner jedoch trennt und vor allem auf die gleiche Stufe mit den anderen stellt), fügt er die räumliche, musikalische, kinästhetische, interpersonale und intrapersonale Intelligenz hinzu.

Die räumliche Intelligenz, die Fähigkeit, dreidimensional zu denken und sich dementsprechend zu orientieren, ist u. a. für Seeleute, Ingenieure, Chirurgen, Bildhauer, Maler und Architekten von großem Nutzen. Die musikalische Intelligenz beruht auf den Fähigkeiten des Gehörs und der rhythmischen Begabung. Die körperlich-kinästhetische Intelligenz ist die Intelligenz, die Tänzer, Athleten, Chirurgen und Handwerker beherrschen. Gardner definiert die interpersonale Intelligenz als die Fähigkeit, andere zu verstehen und mit ihnen zu kooperieren. Die intrapersonale Intelligenz entspricht «der Fähigkeit, sich eine genaue und wirklichkeitsgetreue Vorstellung von sich selbst zu machen und sie im Leben wirkungsvoll einzusetzen».

Im Fahrstuhl hat Yves seine emotionalen und beziehungsbezogenen Kompetenzen unter Beweis gestellt und somit wahrhaft Intelligenz an den Tag gelegt – jedoch eine, die bislang verkannt worden ist, weil man sie nicht mit dem Maßstab des IQ mißt. Es handelt sich um die interpersonale Intelligenz, von der Gardner spricht, dieselbe, über die Daniel Goleman, der amerikanische Autor in seinem Buch *Emotionale Intelligenz,* schreibt.

Die emotionale Intelligenz

Goleman zufolge sollte die Herrschaft des IQ allmählich weichen und dem EQ (emotionalen Quotienten) das Feld überlassen. «Das alte Paradigma hielt am Ideal eines von dem Druck der Emotion befreiten Verstandes fest. Das neue Paradigma fordert uns auf, Kopf und Herz in Einklang zu bringen. Wir müssen genauer verstehen, was es bedeutet, seine Emotion auf intelligente Weise zu nutzen.»

Emotionale Intelligenz enthält – Daniel Goleman zufolge – Kompetenzen wie: die Fähigkeit, sich zu motivieren und trotz widriger Umstände und Frustrationen nicht aufzugeben; die Kontrolle über die eigenen Impulse und die Fähigkeit, auch einmal hinzunehmen, daß eine Belohnung nicht sofort erfolgt; ferner die Fähigkeit, seiner Stimmungen Herr zu werden und zu verhindern, daß sie das Denkvermögen beeinträchtigen. Sie schließt demnach jene interpersonalen und intrapersonalen Intelligenzen mit ein, die Howard Gardner genannt hat.

Jedermann war bisher gewohnt, sie unter dem Begriff «Weisheit des Herzens» anzutreffen. Aber da diese oft mit einer gewissen Naivität und der Ahnungslosigkeit um die «Realitäten dieser Welt» verwechselt wird, wurde sie bisher paradoxerweise Geistlichen, einfachen Gemütern und großen Weisen sowie Frauen und Dichtern zugeschrieben. Heute erkennt man sie als wichtigen Faktor für Erfolg und Glück an.

Wie sollen wir die Intelligenz der Gefühle definieren? Man erkennt sie sofort daran, daß sie einen in Kontakt mit dem bringt, was menschlich ist. Derjenige, der von ihr beseelt ist, durchdringt die Oberfläche der Dinge und achtet auf tiefer liegende Beweggründe.

Welchen Stellenwert nehmen die Emotionen ein?

Nicht der Verstand steuert die Welt – es sind die Emotionen. Es wird Zeit, sich darüber einmal Gedanken zu machen. Vereinigen wir also die Intelligenz des Kopfes mit der des Herzens. Erst dann kann wahre Demokratie entstehen.

Emotionen, die man ignoriert, gewinnen die Oberhand. Faschismus und Rassismus sind emotionale Reaktionen auf Ängste und Leiden, die nicht ausgesprochen werden können. Der Verstand allein kann sie nicht verhindern. Sekten und extremistische Parteien profitieren von Unsicherheit und emotionalem Analphabetentum. Sie sind verführerisch, weil sie ein Bündnis gegen das «Böse», ein Zusammengehörigkeitsgefühl auf Kosten eines «schwarzen Schafes», die eigene Aufwertung zum Preis einer Abwertung des anderen bieten.

Man spricht heute oft von der besorgniserregenden Gewalt in unseren Vorstädten, von Kindern, die ihre Spielkameraden für ein Paar Stiefel oder eine Lederjacke umbringen. Man spricht viel von diesen Trieben, die ausufern, denn sie machen angst. Dagegen spricht man nicht von der anderen Seite der Medaille, von all den Gefühlen, die nicht zum Ausdruck kommen, die «kapitulieren» und sich nach innen kehren. Und doch gehören Einsamkeit, Depression und Angst zum Alltag vieler unserer Mitmenschen.

Da wir unsere Emotionen nicht in angemessener Weise zu steuern vermögen und in punkto zwischenmenschlichen Beziehungen wahrhaft lernbedürftig sind, reiben wir uns ständig aneinander. Der immense Verbrauch von Medikamenten, übermäßiger Tabak- und Alkoholkonsum, Kommunikationsschwierigkeiten, zunehmende Einsamkeit, Rassismus und Ausgrenzung sind Symptome dafür, daß unsere Gesellschaft krank ist.

Was ist der Sinn des Lebens? Wir weichen der Frage aus und flüchten uns statt dessen in den Supermarkt, in die Arbeit oder ins

Internet. «Ein Leben wie im Tollhaus», sagen wir kopfschüttelnd und hängen uns doch wieder an den Fernsehtropf.

Mit der Angst lassen sich gute Geschäfte machen. Die pharmazeutischen Konzerne sind die großen Gewinner im Wettlauf um die Ausbeutung der emotionalen und beziehungsmäßigen Not. Der Bericht über den Verbrauch von Psychopharmaka, mit dem das französische Gesundheitsministerium Professor Édouard Zarifian beauftragte, ist alarmierend. Einhundertundzwanzig Millionen Schachteln Beruhigungstabletten, Schlafmittel und Antidepressiva werden jährlich verkauft! Nach den Antibiotika sind sie der zweitgrößte Arzneiposten für die Krankenkassen. Es wird höchste Zeit, daß wir lernen, uns unseren Emotionen zu stellen.

Heute genügt der IQ nicht mehr

Gestern noch wurden Integration, Identifizierung mit einem Gruppenbild, Autorität, Selbstbeherrschung, Konformismus und Gehorsam gepriesen. Und diese Werte werden noch immer von den staatlichen Schulen gefördert, obwohl unsere heutige Welt doch anderes verlangt: Autonomie, Eigeninitiative, Kreativität, Selbstverwirklichung, Kompetenz, emotionale Ausdrucksfähigkeit, Authentizität, kritischen Geist und Mitgefühl – also nichts anderes als emotionale und beziehungsmäßige Intelligenz.

Das Gefühl der Sicherheit, das man noch gestern aus den Traditionen, der Zugehörigkeit zu einer Gruppe, einer Familie oder einem Unternehmen schöpfte, muß der Mensch nun in sich selbst finden. Viele Menschen sind von inneren Konflikten zerrissen, die vor einigen Jahren noch dadurch «gelöst» wurden, daß man eine präzise, klarumrissene gesellschaftliche Rolle akzeptierte; heute fühlen sich viele orientierungslos angesichts der Probleme, vor die das Leben sie stellt. Aber wer hat uns gelehrt, auf unsere ureigenen Impulse zu hören? Wer hat uns gelehrt, den Neigungen unseres Herzens zu folgen?

Unternehmen können es sich in unserer heutigen Zeit nicht mehr erlauben, Energie und Kreativität in Machtspielen zu vergeuden. Heute müssen alle Kompetenzen vereint, die Arbeitsorganisationen dynamisch gestaltet werden. Es geht nicht mehr darum, sich über oder unter jemanden zu stellen, sondern mit sich selbst in Verbindung zu sein und zu den anderen Menschen gleichberechtigte Beziehungen zu unterhalten. Weder Diplome noch der IQ werden zukünftig ausschlaggebend sein, sondern unsere interpersonalen und intrapersonalen Intelligenzen.

Einzig der Zugang zu unseren wahren Emotionen kann uns ermöglichen, den Herausforderungen zu begegnen, die unsere Gesellschaft mit ihrer Vielschichtigkeit an uns stellt.

Vom Konformismus zur Autonomie

«Der Gedanke einer natürlichen gesellschaftlichen Ordnung, in der jeder den Platz einnimmt, den er verdient, bildet einen der Pfeiler unseres gesellschaftlichen Systems. Alle Schlagstockeinsätze Frankreichs (...) würden nicht ausreichen, um eine gesellschaftliche Ordnung aufrechtzuhalten, die auf der Ausbeutung und der Unterdrükkung beruht, wenn diese nicht von ihren am stärksten betroffenen Opfern verinnerlicht worden wären (...) Schon vor langer Zeit hätten die am schlimmsten Ausgebeuteten diese vollkommen irrationale gesellschaftliche Ordnung geändert, unter der vor allem sie leiden, wenn die Schule, unsere Medien und unsere Kultur ihnen nicht letztlich glauben machten, sie seien unfähig, selbst zu denken und zu handeln.»[3]

Die Autonomie bedroht das gesellschaftliche Gefüge, das auf Ungerechtigkeit basiert. Das Wort selbst stammt aus dem Griechischen: *nomos* bedeutet Verhaltensregel, *auto* bedeutet eigen. Der autonome Mensch ist der, der sich seine eigenen Lebensregeln schafft, der auf sein Herz hört. Er ist kein Rebell. Er akzeptiert die Regeln des gemeinschaftlichen Lebens – doch er erträgt keine Ungerechtigkeit.

Je ungerechter ein gesellschaftliches Gefüge ist, desto mehr muß es die Autonomie seiner Mitglieder begrenzen, um sich zu halten. Und hier sind seelische Barrieren effizienter als körperliche Grenzen.

Als ich kürzlich durch die Fernsehprogramme zappte, stieß ich zufällig auf einen Dokumentarfilm, der in einem afrikanischen Dorf gedreht worden war. Ein Journalist befragte eine Frau zur Polygamie: «Sind Sie eigentlich eifersüchtig auf Ihre Mitfrauen?» Ohne ihre Feldarbeit zu unterbrechen, antwortete die junge Afrikanerin: «Nein, es ist nicht gut, eifersüchtig zu sein, denn dann lacht man Sie aus.» Das war eine sehr aussagekräftige Formulierung; die junge Frau antwortete nicht ihren Gefühlen gemäß, sondern sie sprach das Urteil aus: «Es ist nicht gut.» Und sie fügte hinzu: «Man lacht Sie aus.»

Ein Gefühl lächerlich zu machen ist eine der gebräuchlichsten Praktiken, mit denen man jemanden zwingt, seine Emotionen zu verdrängen. Der Journalist hakte nach: «Sind Sie glücklich darüber, Mitfrauen zu haben?» Darauf die junge Frau: «Aber natürlich! Allein wüßte ich gar nicht, wie ich all diese Arbeit bewältigen könnte» – wobei ihr die Absurdität der Situation nicht bewußt wurde, daß sie nicht eine Sekunde lang in Frage stellte, daß die Frauen arbeiteten, während ihre Männer sich ausruhten und miteinander plauderten. So dient die Negierung einer inneren Empfindung dazu, sich einer bestehenden Ordnung zu unterwerfen. Natürlich würde diese Frau, wenn sie sich das Recht nähme, ihre wirklichen Emotionen zuzulassen, sich gegen diese Unterdrückung auflehnen. Aber da jegliches persönliche Gefühl lächerlich gemacht wird und da sie in ihrem Umfeld nur dieses eine Lebensmuster sieht, findet sie sich damit ab, zu glauben, die Frauen seien dazu geschaffen, um zu arbeiten, und die Männer, um auszuruhen. Wenn sie die Dinge zuweilen anders empfindet als so, wie man sie ihr beibrachte, wird sie denken, sie «fühle falsch». Es wird nicht schwer sein, Schuldgefühle in ihr zu wecken und sie zur «Räson zu bringen».

Auf der ganzen Welt, in allen Ländern der Erde hat man versucht, die individuellen Emotionen zu ersticken, um die Traditionen aufrechtzuerhalten.

Im Westen, wo viele dieser Traditionen zerbrochen sind, steht das Individuum hoch im Kurs, aber es weiß nicht immer, was es mit der gewonnenen Freiheit anfangen soll. Die Gesellschaft bewegt sich unweigerlich auf die Individuation der Menschen, das heißt auch auf ihre Differenzierung, zu. Aber der ganze Prozeß ist – insgesamt gesehen – relativ neu. Die Emotionen, die Instrumente der Autonomie, werden noch immer durch das Schamgefühl zerstört.

Um die Herausforderung unserer Epoche annehmen zu können, muß der Mensch die Verbindung zu seinen Emotionen wiederfinden, von denen seine Erziehung ihn entfernt hat, und wahrhaft er selbst werden – ein Mensch, der in seinem Wesen einzigartig ist.

Emotionaler Analphabetismus

Dieses Buch ist in sechsundvierzig Kapitel unterteilt, die thematisch gruppiert sind.

Eine Schreibart, die gleichzeitig wissenschaftlich und laienhaft, rational und emotional ist, kann leicht etwas verwirren. Doch ich hatte den Ehrgeiz, die Fähigkeiten von Kopf und Herz miteinander zu vereinigen.

Kann man die Intelligenz des Herzens wirklich entwickeln? Besitzt man nicht von Geburt an ein zartfühlendes, cholerisches oder schüchternes Temperament? «Jeder hat eben seinen Charakter», sagt man gerne.

Verstand oder Emotion standen sich lange Zeit diametral gegenüber. Es ist Zeit, der Emotion gerecht zu werden, die uns in Wirklichkeit beim Denken hilft. Wir werden entdecken, wie sehr unsere Emotionen unser geistiges Leben subtil, aber unweigerlich bestimmen. Unser emotionales Leben – sei es bewußt oder unbewußt – dient uns als Filter zwischen der Außen- und der Innenwelt; es lenkt uns in unseren Entscheidungen, kann unsere Beziehung zur Wirklichkeit beeinträchtigen und uns zu Erfolgen wie Niederlagen führen.

Wir sollten den Begriff «Emotion» erst einmal definieren, ehe wir zu verstehen versuchen, warum wir uns so sehr davor fürchten, warum die Affekte in unserer Gesellschaft so geringgeschätzt werden und wie wir uns dagegen wehren, zu fühlen.

Einige Informationen über die Funktionsweise des Gehirns werden uns helfen, zu verstehen, was der emotionale Ausdruck für unsere körperliche und seelische Gesundheit bedeutet.

«Ich weiß nicht, was über mich gekommen ist» ... Woher stammen unsere plötzlichen Impulse? Und ist die übermäßige Emotivität, die manche Menschen an den Tag legen, gesünder als die vollkommene Verdrängung der Affekte? Es wird darum gehen, unangemessene oder störungsbedingte affektive Reaktionen verständlich zu machen.

Danach können Sie mit einem Test selbst Ihre Kompetenzen einschätzen, die Sie in bezug auf den Umgang mit Ihren Emotionen, auf das Bewußtsein von sich selbst und die Beziehungen zu anderen Menschen haben. Sie werden damit Ihr eigenes Profil zeichnen.

Seine wahrhaften Emotionen wiederentdecken heißt seine Freiheit wiederentdecken. Vorausgesetzt, wir finden das rechte Maß zwischen dem Verleugnen der Gefühle und ihrem unkontrollierten Ausdruck, sind sie die Garanten unserer Autonomie – und nicht etwa deren Fesseln.

Furchtsamkeit oder Angst, Wut oder Gewalttätigkeit, Traurigkeit oder Depression – der erste Schritt beim Erlernen der emotionalen Grammatik besteht darin, unsere Emotionen zu benennen. Wir werden sehen, wie wir unsere wahren Emotionen kultivieren und ausdrücken und jene Gefühle aus der Welt schaffen können, die uns ebenso wie unsere Mitmenschen unfrei machen, verletzen und zerstören.

Die Schlüsselverben für den Bereich der Beziehungen sind: geben, bekommen, ablehnen und etwas verlangen. Wir werden sehen, wie sie zu konjugieren sind, wobei wir nie vergessen dürfen, daß die einfachsten Dinge manchmal die schwersten sind.

In bestimmten Situationen gehen bei allen Menschen dieselben physiologischen Veränderungen im Körper vor sich. Die Emotionen sind unsere gemeinsame Sprache. Wenn wir die anderen besser verstehen und einfühlsam auf ihre Bedürfnisse und Gefühle reagieren, haben wir weniger Angst vor ihnen, fühlen uns ihnen näher, sind solidarischer und können müheloser mit ihnen kooperieren.

Unser gesamtes Erziehungssystem müßte revidiert werden. Da es allzusehr auf den IQ ausgerichtet ist, kann es unsere Kinder nicht auf das Leben von morgen vorbereiten. Wir müssen den Emotionen mehr Raum geben, den gesellschaftlichen und affektiven Entwicklungen Rechnung tragen. Die Intelligenz der Gefühle nährt sich aus gewissen Kenntnissen und bestimmten Verhaltensweisen – genauso wie die anderen Intelligenzen.

Wir wollen die Grundlagen schaffen, auf denen sich die vielfältigen Kompetenzen der Intelligenz der Gefühle entwickeln können. Dies hat Dringlichkeit. Unsere Kinder werden uns einst fragen: «Wie hast du geliebt?»

1 Wenn Kopf und Herz nicht mehr Krieg führen

Temperament – angeboren oder erworben?

«Ich bin nun einmal so!» Haben wir schon bei unserer Geburt einen bestimmten Charakter? Ist eine Depression nicht genetisch bedingt? Sind unsere Neigungen, wütend oder ängstlich zu sein, nicht vorprogrammiert, ob wir wollen oder nicht? Der Streit zwischen denen, die alles für angeboren halten, und denen, für die alles im Umfeld begründet, also erworben ist, scheint nicht mehr so brisant wie einst zu sein. Heute plädieren die meisten Forscher für einen Mittelweg. Um der Vielfalt der ausschlaggebenden Faktoren Rechnung zu tragen, spricht man vom kausalen Feld.

Der Kortex ist in vertikalen Modulen organisiert, die untereinander durch horizontale Verbindungen in Zusammenhang stehen. Es hat den Anschein, als seien die vertikalen Hirnstrukturen ziemlich stark vorbestimmt. Dagegen scheinen die horizontalen Verbindungen von den Erfahrungen eines Menschen geprägt zu werden. Das heißt, daß die Neuronen, die die sensorischen und motorischen Informationen übermitteln, wohl genetisch vorprogrammiert sind, wohingegen die Verbindungsnetze zwischen den Neuronen, die Assoziationsareale, sich anhand der persönlichen Erfahrungen herausbilden.

Selbst die Gehirne von eineiigen Zwillingen, die ja denselben genetischen Code besitzen, unterscheiden sich in morphologischer Hinsicht stark. Zudem verändert sich die Gewichtung der Verbindungen mit den Erfahrungen. Jeder Durchgang einer Information erzeugt eine Synthese von Proteinen, die das aktivierte Neuronennetz kodiert. Wege, die schon häufig beschritten wurden, bilden sich stärker heraus als andere, was die Geschwindigkeit, mit der die Nervenleitung erfolgt, erhöht.

Die Eltern von François waren autoritär. So hat er sich angewöhnt, aufs Wort zu gehorchen. Noch heute, mit zweiundvierzig Jahren, fällt es ihm schwer, nicht automatisch zu gehorchen, wenn ein Mensch, der eine bestimmte Autorität besitzt – wie sein Chef, ein Arzt oder ein Polizeibeamter –, das Wort an ihn richtet. Ein freundlicher Rat wird somit zu einem Befehl, das geringste Zeichen von Mißbilligung, das ein solcher Autoritätsvertreter an den Tag legt, wird als Ablehnung empfunden.

Je mehr Sie sich also Ihrer Wut hingeben, desto mehr fördern Sie diese Reaktion – an deren Stelle Sie ebenso eine andere wählen könnten –, und desto eher werden Sie in Zukunft in Wut geraten. Ihre Gewohnheiten bilden aufgrund der neuronalen Prädispositionen Ihren Charakter und prägen Ihr Temperament – das heißt Ihre Neigungen zu Wut oder Unterwerfung, zu Mut oder Rückzug, zu Nachdenklichkeit oder Angst.

Und doch sind unsere Gehirne keine ein für allemal programmierten Computer. Der Ablauf der zerebralen Kreisläufe ändert sich fortwährend, je nach individueller Einstellung. Man hat schon beobachtet, wie Kranke, denen man einen Tumor entfernt hatte, wieder Fähigkeiten erlangten, die man für immer verloren geglaubt hatte. Es scheint, daß unter gewissen Umständen (und wenn der Betroffene entsprechend motiviert ist) andere Neuronen an die Stelle der zerstörten Bereiche treten können.

Das Gehirn funktioniert demnach ein wenig wie ein Hologramm: Schneiden Sie ein Stück davon ab, so haben Sie immer noch das ganze Foto. Eine Information ist gleichzeitig auf das Ganze verteilt und in ihrer Gesamtheit in jedem Teil verfügbar, wenn auch etwas weniger ausgeprägt. Wir besitzen zehn hoch zwölf Neuronen. Halten Sie sich die Komplexität und das Ausmaß der damit verbundenen Möglichkeiten einmal vor Augen ...

Das menschliche Temperament entsteht also aus komplexen Wechselbeziehungen zwischen der genetischen Veranlagung des Menschen und seiner Geschichte, ohne daß man dem einen oder dem anderen die alleinige Verantwortung zuschreiben könnte. Unsere spezielle Art und Weise, emotional auf die Welt zu reagieren, ist gleichzeitig angeboren und erworben; sie ändert sich im Laufe der Zeit, und sie wird jeden Augenblick durch alle möglichen inneren und äußeren Ereignisse beeinflußt.

Man hat bestimmte chemische Substanzen mit unterschiedlichen Emotionen in Verbindung gebracht. Demnach ist das Kortison das Hormon der Depression, das Adrenalin das der Wut... Aber auch wenn es stimmt, daß die Emotionen eine physiologische Grundlage haben, so ist diese doch nicht unbedingt allein maßgeblich. Jean-Didier Vincent hat das bewiesen, indem er mehreren freiwilligen Versuchspersonen dieselbe Dosis Adrenalin injizierte. Das Hormon löste, je nach der Situation, in der sich der Betreffende befand, Euphorie oder Wut aus.

Es hat keinen Sinn, die Gene oder die Biologie anzuklagen, wir sind für unser Handeln ebenso verantwortlich wie für unser Fühlen.

Der Verstand ist gefühlvoll – oder er ist nicht vernünftig

Die Gefühle stehen im Ruf, den Verstand zu behindern. Sicher beeinflussen die Emotionen das Denken, jeder Mensch wird das bestätigen. Unsere Gedanken sind schnell, wenn wir heiter sind, und langsamer, wenn wir traurig sind. Aber stehen sich Verstand und Emotion wirklich gegensätzlich gegenüber?

Zwei sonderbare Fälle

Im Jahre 1848 mußte ein fünfundzwanzigjähriger Mann, Leiter eines Bautrupps, der Eisenbahngleise legte, erleben, wie sich sein Leben von heute auf morgen dramatisch veränderte. Phineas Gage, Fachmann für das Verdämmen von Minen und Sprengmeister, verfügte über eine besondere Handbohrstange, die eigens für ihn angefertigt worden war und einer sehr sorgsamen Handhabung bedurfte. Nur ein Augenblick der Ablenkung, und es kam zum Unfall. Die Explosion war sehr heftig; anstatt ein Felsstück zu durchdringen, schlug die Stange in der entgegengesetzten Richtung aus, durchbohrte Gages linke Wange, die Schädelbasis, ging durch die Vorderseite des Gehirns und kam an der Oberseite des Kopfes wieder heraus. Zur Verblüffung aller Umstehenden erhob sich Gage trotz seiner klaffenden Wunde. Er konnte sprechen, laufen, vor allem aber blieb er bei vollem Bewußtsein. Dank der ärztlichen Versorgung überlebte er den Unfall, doch seine ganze Persönlichkeit erfuhr eine vollständige Veränderung: Sein Charakter, seine Vorlieben, seine Träume, seine Ambitionen – alles wandelte sich radikal. Er besaß kein Moralgefühl mehr, respektierte nichts und niemanden, redete eine Menge dummes Zeug und fällte widersinnige Entscheidungen. Er war unfähig geworden, irgend etwas vorherzusehen oder die Folgen seines Handelns einzukalkulieren.

Und doch waren seine geistigen Fähigkeiten intakt geblieben. Konzentrationsvermögen, Wahrnehmung, Gedächtnis, Sprache und Intelligenz wurden von den Ärzten der damaligen Zeit getestet, ohne daß sie eine erklärbare Störung hätten feststellen können. Die Verletzung von Phineas Gage, die im präfrontalen Kortex lag, hatte ganz offensichtlich nur Auswirkungen auf sein Sozialverhalten.

In den siebziger Jahren dieses Jahrhunderts beschäftigten Antonio Damasio, Leiter der neurologischen Abteilung an der Universität von Iowa, und seine Frau Hanna sich schon seit geraumer Zeit mit den Folgen von Stirnverletzungen, als ein Patient mit Namen Elliot an sie überwiesen wurde. Man hatte ihm einen Tumor entfernt, der sehr nah an der Stelle gelegen hatte, an der auch Gage verletzt worden war. Und auch Elliots Persönlichkeit hatte sich infolge dieses Eingriffs radikal verändert. Obwohl er noch immer über alle seine perzeptorischen und intellektuellen Fähigkeiten verfügte, fällte er Entscheidungen, die seinen eigenen Interessen zuwiderliefen, respektierte er keinerlei soziale Konventionen mehr und machte sich dadurch gesellschaftlich zum Außenseiter. Er wurde unfähig zu arbeiten, doch verweigerte man ihm eine Erwerbsunfähigkeitsrente, denn bei den durchgeführten Intelligenztests schnitt er so gut ab, daß die Ärzte ihn des Simulierens verdächtigten. Im übrigen rieten sie ihm – ungeachtet seines hohen Intelligenzquotienten – zuerst zu einer Psychotherapie. Wenn seine intellektuellen Fähigkeiten intakt waren, so dachten sie wohl, konnte die Ursache für seine Störungen nur auf der psychischen Ebene liegen. Falls er nicht überhaupt nur arbeitsscheu war ...

Damasio begann, Tests mit Elliot durchzuführen. Seine perzeptorischen Fähigkeiten, sein Lang- und Kurzzeitgedächtnis, seine Eignung, zu lernen, zu sprechen und zu rechnen, waren ausgezeichnet.

«Man mußte ihn jeden Morgen antreiben, damit er sich aufraffte und zur Arbeit ging. War er dann im Büro, so erwies er sich als unfähig, seine Arbeitszeit auf vernünftige Weise einzuteilen. Wenn er Papiere sortieren mußte, konnte es passieren, daß er ganz plötzlich dabei innehielt, um aufmerksam eines dieser Papiere zu lesen. Er konnte auch einen ganzen Nachmittag damit verbringen, zu überlegen, nach welchem Prinzip er beim Sortieren vorgehen sollte: chronologisch, alphabetisch ... Er hielt sich an einem bestimmten Abschnitt auf, wo er sich nun – zum Nachteil des allgemeinen Zieles – allzu perfektionistisch zeigte. Es war nicht damit zu rechnen, daß er eine Arbeit pünktlich erledigte. Die Ermahnungen seiner Vorgesetzten blieben ohne Wirkung. So verlor er immer wieder seine Arbeitsstellen.»

Zu der Zeit, wo sich der Patient von Damasio untersuchen ließ, sammelte er alles Mögliche und erging sich zudem in zweifelhaften – und äußerst verhängnisvollen – finanziellen Spekulationen. Er schien jegliches Urteilsvermögen verloren zu haben. Seine Familie verstand nicht, daß ein so intelligenter und auch so gut unterrichteter Mann sich so benehmen konnte. Angesichts dieses schockierenden Verhaltens ließ seine Frau sich von ihm scheiden. Auch seine zweite Ehefrau ertrug diese Situation nicht lange. Die Lebensumstände dieses bedauernswerten Mannes waren dramatisch geworden. Aber niemand wußte, wie man ihm helfen konnte. Er war ein Rätsel.

Schließlich erregte eine bestimmte Beobachtung die Aufmerksamkeit Damasios: Während der Gespräche, die er mit seinem Patienten führte, nahm er nie eine Spur von Emotion auf dessen Gesicht wahr. Elliot erzählte sein Leben mit einer Gleichgültigkeit, die im offenen Gegensatz zu den schweren Schicksalsschlägen stand, die ihm zugestoßen waren.

Daraufhin zeigte man ihm Fotos, auf denen in Flammen stehende Häuser oder schwerverletzte Menschen zu sehen waren... Nichts vermochte ihn zu rühren. Er erklärte, er reagiere nicht mehr wie früher. Er fühle nichts mehr, weder Positives noch Negatives.

Bestand eine Beziehung zwischen dieser Beeinträchtigung der emotionalen Sphäre und den Irrtümern, die er beim rationalen Erfassen vieler Situationen an den Tag legte?

Das Ehepaar Damasio verbrachte die folgenden zwanzig Jahre damit, Menschen zu beobachten, zu vergleichen, zu messen, zu testen und Experimente mit Affen durchzuführen. Es kam zu dem Schluß, daß «die Fähigkeit, sich auszudrücken und Emotionen zu fühlen, zur Maschinerie des Verstandes gehört».

Ganz ohne Zweifel können die Emotionen unter gewissen Umständen den Denkprozeß stören. Aber auch die Unfähigkeit, sich auszudrücken und zu fühlen, kann das Denkvermögen in hohem Maße beeinträchtigen.

Der Körper ist das wichtigste Instrument des Bewußtseins

Die Vorstellungen unseres Geistes, die uns das Denken ermöglichen, entstehen aus den inneren und äußeren Wahrnehmungen unseres Körpers heraus. Wir denken in Bildern. Auch die abstraktesten Ideen haben einen sensorischen Gehalt.

Wenn wir Entscheidungen fällen, sind häufig die Emotionen die ausschlaggebenden Faktoren, auch wenn sie uns gar nicht bewußt sind. Die Logik allein erlaubt uns nicht, mit der Komplexität und der Unsicherheit unserer Existenz fertig zu werden. Beobachten Sie einmal, wie Sie eine Entscheidung fällen. Sie lassen im Kopf eine Reihe Bilder aus der Zukunft vorbeiziehen. Wenn Sie sich so in die Zukunft projizieren, gibt Ihr Körper Ihnen eindeutige Zeichen. Sie stellen sich ein A vor – und eine warme Welle durchströmt Ihren Organismus, das bedeutet «ja». Wenn Sie ein B projizieren, werden Sie von einer Kältewelle erfaßt, das bedeutet ganz klar «nein». Die somatischen Anzeiger, diese physiologischen Empfindungen, die unsere Emotionen sind, erhöhen die Genauigkeit und die Effizienz unserer Entscheidungsprozesse.

Die Emotionen wirken auf das Gedächtnis ein. Wenn wir uns etwas in Erinnerung rufen, so erscheint nicht das ursprünglich wahrgenommene Bild, sondern eine Rekonstruktion desselben. Erinnern Sie sich an das Gesicht Ihrer Mutter. Sie können es vor Ihrem inneren Auge sehen, aber dieses Gesicht ist lediglich eine Version, die Ihre Neuronen rekonstruiert haben. Sie sehen nicht Ihre Mutter, sondern eine (notgedrungen affektbeladene) Deutung von ihr.

Das heißt, je bewußter Ihnen Ihre Emotionen sind, desto mehr Freiheit gewinnen Sie über Ihr Leben.

Was ist eine Emotion?

Kann man die Emotionen überhaupt in einer Definition erfassen? In unserer Homo-sapiens-Kultur kommen wir nicht umhin, in einem Lexikon nachzuschlagen: «... ein besonders intensiv erlebtes Gefühl mit auffallenden körperlichen Begleiterscheinungen. Gemeinsam ist allen Affektzuständen (Freude, Angst, Wut, Trauer, Scham, Entrüstung, Ärger, Haß, Begeisterung u. a.) ein tiefes Ergriffensein, Bewußtseinseinengung auf das Affekterlebnis und Einschränkung der Willenskontrolle und des Kritikvermögens. Bei starker Affekterregung sind unüberlegte, unbeherrschte Affekthandlungen, doch auch positive Handlungsimpulse möglich...» (Brockhaus Enzyklopädie, 1. Band, 17. Aufl. 1966). Diese Definition suggeriert eher, daß eine Emotion einen Menschen daran hindert, richtig zu denken. Lange Zeit glaubte man, daß das emotionale und das rationale Gehirn zwei völlig verschiedene Strukturen wären. Sollten die Emotionen wirklich irgendeine Verbindung zum Geist haben? Sie waren doch den Frauen vorbehalten, diesen irrationalen Wesen par excellence. Damit war die Verbindung zwischen Affekt und Ineffizienz erwiesen. Noch heute spukt sie zuweilen in unseren Köpfen herum. Und doch haben uns die Fälle von Gage und Elliot gezeigt, daß wir nicht vernünftig sein könnten ohne diese inneren Bewegungen, die auch unser Menschsein ausmachen. Die Emotionen bringen Farbe ins Leben und geben ihm Konturen.

Was ist nun eine Emotion? Ursprünglich bezeichnete das Wort die Erregung, die in einem Volk vor einem Aufstand herrschte, und manchmal auch den Aufstand selbst[4]. Etymologisch hängt «Motion» mit Bewegung zusammen; das Präfix «e» zeigt eine Richtung an: nach außen. Die E-motion ist eine Bewegung nach außen, ein Elan, der im Inneren eines Menschen entsteht und zu seiner Umgebung spricht, eine Empfindung, die uns sagt, wer wir sind, und die uns in Verbindung mit der Welt bringt. Sie kann durch eine Erinnerung, einen Gedanken oder ein äußeres Ereignis hervorgerufen werden. Sie informiert uns schneller über unser Umfeld als der hypothetisch-deduktive Gedanke[5]. Sie steuert uns, indem sie uns daran erinnert, was wir mögen und was wir nicht ausstehen können. In gewissem Sinne geben unsere Emotionen uns das Gefühl dafür, daß wir überhaupt existieren. Sie machen uns zu Individuen, indem sie uns das Bewußtsein für uns selbst verleihen.

Das emotionale Leben ist eng mit dem Beziehungsleben verbunden. Unsere Emotionen mitzuteilen ermöglicht uns, einander nahe zu fühlen. Die physiologischen Bestandteile der Emotion sind auf der ganzen Welt dieselben. Alle Menschen, gleich welcher Hautfarbe, spüren unter ähnlichen Umständen dasselbe Zusammenziehen des Magens, haben einen beschleunigten Herzrhythmus und Trockenheit im Mund. Wenn auch die sichtbaren Äußerungen unserer Emotionen und die Worte, mit denen sie bezeichnet werden, kulturbedingt verschieden sind, so fühlen wir doch dieselben inneren Bewegungen. Unsere Gefühle – Faktoren der Unzufriedenheit, wenn sie nicht beachtet und mitgeteilt werden können – verbinden alle Kulturen miteinander.

Die Forscher, die versuchen, die Parameter der Emotion in ihren Labors festzustellen, haben sich auf folgendes geeinigt: Sie kann als somatisches Ereignis beschrieben werden (Müdigkeit, Schmerz in der Brust, Gänsehaut...) und/oder als affektives Erlebnis (Panik, Gefühl der Leere), das in Verbindung mit einer Wahrnehmung (Verlust, Bedeutungslosigkeit...) erfahren und mit einer aktiven Verhaltensweise (angreifen, sich verstecken, erforschen...) assoziiert wird. Die meisten Autoren stimmen überein, daß eine

Emotion auch ohne bewußten Gedanken ausgelöst werden kann. Aber für die meisten Emotionen ist ein Erkenntnisprozeß erforderlich. Ob wir uns dessen bewußt sind oder nicht, unser Gehirn muß eine Wahrnehmung identifizieren und ihr eine Bedeutung geben, um eine Emotion auszulösen.

Die Rolle der Emotionen besteht darin, auf die Ereignisse hinzuweisen, die für einen Menschen bedeutsam sind, und Verhaltensweisen hervorzurufen, mit deren Hilfe er sie bewältigen kann.

Emotionen sind funktionell. Manche Forscher haben sie als Atavismen beschrieben, also als Überbleibsel aus unserer Vergangenheit, als wir noch in Höhlen lebten. Da wir es nicht mehr mit wilden Tieren aufnehmen müssen, hätten sie – so gesehen – keinerlei Nutzen mehr. Doch die meisten Wissenschaftler weisen diese Behauptung entschieden zurück.

Wenn es auch wahr ist, daß ein sehr starker Affekt unsere Handlungsbereitschaft lähmen kann, so haben doch die meisten Emotionen nicht nur keine hemmende Wirkung, sondern ermöglichen uns – ganz im Gegenteil – Reaktionen, die den Situationen besser angemessen sind.

Eine Emotion dauert einige Sekunden oder – allerhöchstens – einige Minuten, sagt Paul Ekman, einer der bedeutendsten Experten auf diesem Gebiet. Wenn wir von einer Emotion sprechen, die mehrere Stunden lang andauert, so handelt es sich hierbei um eine Stimmung. Wenn die Dauer sich auf ganze Wochen, ja Monate erstreckt, so ist dies strenggenommen keine Stimmung mehr, sondern eine affektive Störung. Eine Emotion, die drei Monate anhält, gehört in den Bereich der Pathologie. Gefühle dagegen sind etwas Dauerhaftes.

Wie viele Emotionen gibt es? Man hat in sämtlichen Kulturen des ganzen Erdballs übereinstimmend fünf Emotionen ausmachen können: Wut, Angst, Traurigkeit, Freude und Ekel. Physiologisch betrachtet, unterscheidet man vier spezifische Reaktionen des autonomen Nervensystems: Wut, Angst, Ekel und Traurigkeit. Die elektroenzephalographischen Messungen (EEG) machen keinen Unterschied zwischen positiven und negativen Emotionen.

Bei seiner Suche nach der Lokalisierung der Affekte im Gehirn hat der Forscher Sem-Jacobsen 2852 verschiedene Punkte im Gehirn seiner Versuchspersonen mit Hilfe kleiner Elektroden stimuliert. Danach zog er eine Bilanz der beobachteten affektiven Zustände. Er unterschied neun Kategorien von Reaktionen: Wohlbefinden und Lethargie, Lächeln und Euphorie, Erregung und Ängstlichkeit, Traurigkeit und Depression, Schreck und Schrei, Ambivalenz, Ekel, Schmerz und orgastisches Gefühl. All diese Zustände erweisen sich in ihrem verbalen Ausdruck als ungenau. Es ist nicht einfach, diese Empfindungen in Worte zu fassen.

Nachdem Sem-Jacobsen mit unterschiedlichen Versuchspersonen gearbeitet hatte, mußte er einräumen, daß es keine wirklich systematische Topographie der Emotionspunkte gibt. Man kann lediglich feststellen, daß manche Gehirnbereiche mehr mit unangenehmen Emotionen im Zusammenhang stehen und andere wiederum mit dem Empfinden und dem Ausdruck von Affekten mit angenehmer Grundstimmmung. Aber auch hier läßt sich nichts absolut Systematisches feststellen. Jeder Mensch besitzt seine eigene zerebrale Organisation. Selbst die berühmte Rechts-Links-Dichotomie ist nicht überall gleich.

Halten wir hier also die Angst, den Zorn, die Traurigkeit und die Freude fest. Jenseits dieser grundlegenden Emotionen haben wir Varianten: Schuldgefühl, Verzweiflung, Wut, Neid, Eifersucht... und dann Überraschung, Erregung, Zärtlichkeit, Liebe – all diese Gefühle, die unserem Leben Farbe geben.

Emotionen und Gefühle stehen in enger Verbindung zueinander. Emotionen sind biologisch, triebmäßig. Gefühle sind die Verarbeitungen auf einer sekundären Stufe, weil sie auch mental erzeugt werden.

Wenn Nadja das Gefühl des Heimwehs nach ihrem Land in sich wachruft, wird sie von Trauer überwältigt. Paul wird von eifersüchtigen Gedanken beherrscht, hinter der seine Angst steckt, verlassen zu werden. Das Gefühl der Frustration führt zu Zorn. «Das Gefühl der Liebe kann in der Emotion Liebe wurzeln, und die Emotion Liebe kann durch die Begegnung (oder das geistige Heraufbeschwören) mit der Person, der gegenüber man das Gefühl der Liebe empfindet, beschleunigt werden» (Paul Ekman).

In der Umgangssprache wird Emotion häufig für Gefühl verwendet – und umgekehrt. In diesem Buch werden wir versuchen, sie gut auseinanderzuhalten.

Nützliche Reaktionen

Sie haben es eilig, nach Hause zu kommen, das Wetter ist schön, Sie laufen unbekümmert auf die Fahrbahn. Plötzlich – das Quietschen von Reifen ... Augenblicklich mobilisiert die Emotion Ihre Muskeln, erhöht Ihre Wachsamkeit. Sie springen zurück und entgehen gerade noch einem Auto, das Sie nicht gesehen hatten.

Die *Angst* schärft die Sinne. Das Gehör wird feiner, das Sehvermögen besser, die Körperhaare stellen sich auf, um das geringste Säuseln des Windes wahrzunehmen, der ganze Körper ist in Alarmbereitschaft, das Gehirn im Ausnahmezustand. Alles ist bereit, an seinem Platz, um zu fliehen oder die Gefahr zu überwinden. Die Angst bringt uns dazu, uns flach auf den Boden zu legen, um einer Bombenexplosion oder einer Schießerei bei einem Attentat zu entgehen, das Lenkrad herumzureißen, um einen Unfall zu vermeiden. Die ursprüngliche Funktion der Angst besteht darin, uns Schutz zu gewährleisten.

Ob sie übergroß oder unangebracht ist – sie spielt uns üble Streiche, sie lähmt uns, wenn wir vor einem Gremium wichtiger Kunden das Wort ergreifen wollen, sie veranlaßt uns, abends in den menschenleeren Gängen der Untergrundbahn den Schritt zu beschleunigen. Und doch wissen wir, daß die Kunden uns schließlich nicht auffressen werden und daß die Mehrheit der Verbrechen am hellichten Tage verübt wird, in der Wohnung und von einem Bekannten, wenn nicht sogar von einem Mitglied der Familie.

Angst, aber auch Wut, Traurigkeit, Freude – alle unsere psychologischen Reaktionen begleiten unseren Organismus im täglichen Leben.

Der Zorn ist eine Reaktion auf Frustration und Ungerechtigkeit. Er setzt Energien frei und ermöglicht es einem Menschen, sich selbst zu behaupten. Er dient dazu, unsere körperlichen, psychischen oder zwischenmenschlichen Grenzen aufrechtzuhalten und unsere Rechte zu verteidigen. Er entsteht bei der geringsten Nichtachtung unserer Integrität, er teilt uns unsere körperlichen und seelischen Bedürfnisse mit und ermöglicht uns, in unseren Beziehungen mit den anderen zu harmonisieren. Ja, der Zorn dient der Harmonie! Erinnnern wir uns daran, daß die Göttin Harmonie eine Tochter von Mars, dem Gott des Krieges und des Streites, und von Venus, der Göttin der Liebe und der Schönheit, ist. In der Astrologie ist Venus auch das Symbol der Beziehung zum anderen, des Austausches und der Kommunikation. Die Harmonie ist das Gleichgewicht, das zwischen zwei Menschen hergestellt wird, die sich in einer Konfrontation gegenüberstehen. Auf keinen Fall darf man Zorn mit Gewalttätigkeit und dem Ausüben von Macht über einen anderen Menschen verwechseln.

Traurigkeit ist das Wort für jene Reihe chemischer Substanzen, die die Trauerarbeit begleiten. Hervorgerufen durch einen Verlust oder eine Trennung, bringt sie uns dazu, uns von der Welt zurückzuziehen, um das geliebte Wesen zu beklagen. Sie unterstreicht die Leere und den Mangel. Traurigkeit ist nicht mit Depression gleichzusetzen. Das Weinen, das einer wirklichen Traurigkeit entspringt, ist kurz und erleichtert den Trauernden, wohingegen die Tränen der Depression den krankhaften Zustand noch fördern. Die wirkliche Traurigkeit hat eine fördernde Funktion, die Depression dagegen schließt uns in eine Abwärtsspirale ein.

Und vergessen wir vor allem die *Freude* nicht! Hierbei durchströmt uns eine sanfte Wärme, die Schläge unseres Herzens werden intensiver, langsamer, das Blut fließt gleichmäßig, versorgt den Körper ausreichend und löst Spannungen. Und wenn Tränen dann aus den Augenwinkeln quellen, so ist das ein Zeichen, daß Körper und Geist frohlocken. Man fühlt sich mit sich selbst im reinen, ist ganz bei sich. Alle Teile der eigenen Persönlichkeit befinden sich in Übereinstimmung miteinander, man öffnet die Arme, um den anderen oder die ganze Welt aufzunehmen. Freude bedeutet auch Einssein mit der Umwelt, mit dem Universum.

2 Versteckt die Emotionen, damit ich sie nicht sehen kann

Leugnen

Die kleine, zweispurige Straße führt an einer Steilküste vorbei; auf der rechten Seite bahnt der Fluß sich seinen Weg zwischen den Felsen hindurch. Plötzlich tauchen vor ihnen zwei Autos nebeneinander auf, ein 2 CV und ein Lastwagen, der eben im Begriff ist, zu überholen. Panik! Für Sandrine bleibt die Zeit stehen. Unter dem Eindruck der Angst werden all ihre Muskeln mobilisiert, sind ihre Sinne in Alarmbereitschaft – sie erlebt jede Tausendstel Sekunde des Unfalls so, als seien sie unendlich geschärft …

Sie hat das Steuer gerade noch im richtigen Moment herumgerissen. Ihr Auto ist ein einziger Schrotthaufen. Aber sie selbst ist am Leben. Alle steigen mit zitternden Knien aus ihren Wagen, unter Schock stehend – aber unversehrt. Da endlich wird Sandrine bewußt, daß die Gefahr überwunden ist. Sie lehnt sich gegen ihr Auto und beginnt zu zittern und zu weinen. Alle versuchen, sie zu besänftigen. «Beruhige dich, es ist ja noch einmal gutgegangen, reg dich nicht so auf!» Aber sie will nicht hören. Sie heult los, um den Rest ihrer Spannungen loszuwerden, um sich von dem Knoten der Angst zu befreien.

Fred dagegen spielt den Starken. Er schaut Sandrine mitleidig an und mißbilligt insgeheim, daß sie «so ein Theater macht». Fred leugnet nicht, daß er im Augenblick des Schocks Angst gehabt hat. Aber was für einen Sinn hat es, sich so gehenzulassen, wo ihnen doch gar nichts passiert ist? Nachdem Sandrine einige Minuten lang geweint und gezittert hat, kehrt in ihrem Körper und auch in ihrer Seele wieder Ruhe ein. Für sie ist der Vorfall vorüber. Ein paar

Stunden später kann sie sich wieder ans Steuerrad setzen und voll Zuversicht weiterfahren.

Fred ist äußerlich ungerührt geblieben. Da er sich die Spannung aber nicht eingestanden und zum Ausdruck gebracht hat, hat sie sich in sein Inneres verlagert. Er wird noch monatelang Alpträume haben und den Unfall wieder vor sich sehen, sobald er die Augen schließt. Da er sich weigert, die inneren Folgen des Ereignisses wahrzunehmen, wird sein Unterbewußtsein sie ihm Nacht für Nacht vorführen – bis er eines Tages seine Angst eingesteht und auf meiner Couch zittert und weint.

Emotionen müssen freien Lauf haben. Hält man sie zurück, ersticken sie einen. Aber die Schreie, das Weinen stören allzu oft ... Die meisten Menschen finden, es gehöre sich nicht, seine Affekte in der Öffentlichkeit zu zeigen. Selbst dann wenn sie – zum Beispiel nach einem schweren Unfall oder einem körperlichen oder seelischen Schock, einer Trennung, einem Trauerfall – durchaus angebracht sind. Man bewundert eine Witwe, die stoisch und würdevoll, ohne eine Träne zu vergießen, dem Sarg ihres Ehemannes folgt. «Eine starke Frau», sagen die Leute – als wäre ein Mangel an Affekten mit Stärke gleichzusetzen. In vielen Filmen macht man sich über denjenigen lustig, der vor einem Revolver zittert, und man verachtet Menschen, die Tränen zeigen: Sie gelten als Schwächlinge.

Sie sind noch zwei Monate nach Ihrer Scheidung traurig? Gleich gibt man Ihnen Antidepressiva, und Ihre Freunde versuchen, Sie mit ins Kino zu schleppen, damit Sie «auf andere Gedanken kommen». Sie quälen sich innerlich und wollen verstehen, warum Ihre Freundin Sie verlassen hat? Unermüdlich fordern Ihre Bekannten: «Vergiß sie! Wenn du zu ergründen suchst, was im Kopf einer Frau vor sich geht, dann kommst du aus dem Grübeln nicht mehr raus! Los, begleite uns zu Pierrot, wir feiern dort ein Fest.»

Selbst eine lautstark geäußerte Freude stößt auf Mißbilligung. Wenn Sie, nachdem Sie einen hervorragenden Vertrag auszuhandeln vermochten, vor Freude in die Luft springen und aufjauchzen, schaut man sie schief an. «Mein Gott, bist du aber aufgedreht – so beruhige dich doch!»

«Pst... sei still! Hab keine Angst, wein nicht, reg dich nicht so auf...» Man sollte also unter allen Umständen ruhig und ausgeglichen bleiben und möglichst nie die Stimme heben. Woher kommt es, daß die Emotionen als so störend empfunden werden?

«Da kann man nichts machen, so ist es eben, das ist das Leben.» Das Leugnen von Emotionen begünstigt Passivität, die Ablehnung jeglicher Verantwortung und das Aufrechterhalten des *status quo*. Wenn Sie angesichts der Genozide, Kriege und Morde, die das Fernsehen Ihnen unablässig in Ihr Wohnzimmer bringt, aufgewühlt sind, wird man zu Ihnen sagen: «Es nützt nichts, sich aufzuregen, man kann ohnehin nichts machen. Kriege wird es immer geben.» Wenn Sie wütend sind, weil Sie erfahren, daß man mit einem Teil Ihrer Steuern Waffen für diese grauenhaften Massaker finanziert, bezeichnet man Sie als Träumer! Ganz ernsthaft gibt man Ihnen zu bedenken, daß ansonsten Tausende Arbeitnehmer der Waffenindustrie ihren Job verlören!

Die Emotionen machen angst, weil sie uns mit einer Wirklichkeit konfrontieren, die man lieber nicht sehen möchte: Sie zwingen uns zur Wahrheit.

Zuviel Distanz stumpft ab. In den Fabriken der Waffenindustrie versieht jeder eine eng festgelegte Aufgabe, wodurch sein Bewußtsein von der wirklichen Bestimmung der hergestellten Produkte losgelöst wird. Ständen die Arbeiter in Kontakt mit ihren Emotionen, wären sie sich bewußt, daß jeder ihrer Handgriffe dem Tod den Weg bereitet, wären sie nicht mehr imstande, eine einzige Schraube in eine mörderische Waffe zu drehen.

Der Waffenmarkt erlebt derzeit einen gewissen Niedergang. Manche Leute beklagen dies, ja sie gehen so weit, daß sie für das Recht, an der Kriegsproduktion arbeiten zu dürfen, auf der Straße demonstrieren. Andere dagegen stellen sich um: Eine Fabrik hat beschlossen, ihre Technologie auf die Produktion von Spielzeug umzurüsten. Die Arbeiter setzen ihre Kenntnisse nun zur Herstellung von Automaten und Spielen ein, die in Vergnügungsparks eingesetzt werden! Die Auftragsbücher der Firma sind bis zum Jahre 2001 gefüllt; doch vor allem hat sich die Arbeitsatmosphäre gewandelt. Die Werkhallen sind fröhlicher geworden, die Menschen haben mehr Spaß an ihrer Arbeit.

Emotionen machen angst

Man ruft mich ans Bett von Matthieu, einem dreiundsechzigjährigen Mann, der Krebs hat. Die bösartigen Zellen haben nach und nach von seinem ganzen Körper Besitz ergriffen. Er kann nicht mehr aufstehen. Man hat ihm erlaubt, das Krankenhaus zu verlassen, da die Behandlungen nicht mehr anschlagen. Bei ihm zu Hause hat man ihn in ein spezielles Krankenbett gelegt, eine Krankenschwester kommt zweimal täglich vorbei. In der übrigen Zeit kümmert sich seine Frau um ihn. Sie sind seit dreißig Jahren verheiratet. Sie lieben sich. Es ist ein schweres Los. Seine Frau war es auch, die mich angerufen hat. Als ich eintreffe, nimmt sie mich auf die Seite und vertraut mir leise an: «Er weiß es nicht.»

Ich äußere Zweifel. Immerhin hat man ihn im Krankenhaus behandelt, er bekam Bestrahlungen, eine Chemotherapie – und da soll er nicht Bescheid wissen?

«Nein, man hat ihm nichts gesagt, und er hat nie darüber geredet. Es wäre zu hart für ihn, also verschweigt man ihm seinen Zustand lieber.»

Die Begegnung mit Matthieu verläuft ohne Probleme. Er ist ein liebenswürdiger Mensch. Er erzählt mir von seinem Leben und seiner schwierigen Beziehung zu seinem Vater, der auch an Krebs starb.

«Auch?»

«Ja, wissen Sie, ich habe Krebs. Aber das dürfen Sie meiner Frau nicht sagen, sie weiß es nicht, sie würde furchtbar darunter leiden!»

Marianne schützte Matthieu, der wiederum Marianne schützte. Sie sprachen nicht über das, was immerhin ihr Hauptanliegen war: die Krankheit, der Tod.

Sehr bald hat Matthieu begonnen, mir davon zu erzählen; soviel Geheimniskrämerei war kaum erträglich. «Mit Ihnen kann ich das. Mit Marianne wäre das unmöglich. Sie ist zu empfindlich. Sie will mich schützen; sie sagt, sie glaube nicht, daß ich sterben werde, und daß ich mir das alles nur einbilde. Aber ich weiß, daß es das Ende ist. Und es tut mir gut, darüber sprechen zu können.»

Viel zu viele Menschen sterben allein, ohne daß ihnen bei diesem Übergang jemand die Hand hält, ohne zuvor über ihre Ängste, ihre Wünsche, ihre Sehnsüchte sprechen zu können. Natürlich ist das so, weil man Angst vor dem Tod hat, aber vor allem auch, weil man Angst vor den Emotionen hat. Angst, sich angesichts der Furcht hilflos zu fühlen, ohnmächtig angesichts der Tränen, des Zorns ... Ich konnte Marianne klarmachen, daß es besser wäre, mit ihrem Mann über seine Krankheit zu sprechen. Dann waren sie imstande, miteinander – anstatt jeder für sich – zu weinen, und blieben sich so wirklich nahe bis zum Ende.

Schweigen ist traumatischer als ein geteilter Schmerz. Die Emotionen, die nicht mitgeteilt werden können, schaffen eine Kluft zwischen den Menschen, die sich lieben. Es ist nicht so, daß ein Leiden nicht existiert, nur weil man es nicht sehen will. Es kann sehr lange schmerzen, wenn es sich nicht ausdrücken darf.

In einem rumänischen Waisenhaus wiegt eine Psychologin eine Puppe in ihren Armen. Ein kleines Mädchen bricht darauf in Tränen aus, und bald tun es ihm viele andere gleich. Angesichts eines solchen emotionalen Ausbruchs sagen die rumänischen Betreuerinnen: «Sie sehen doch, daß es ihnen weh tut.» Die kleinen Waisen haben kein Spielzeug; das, welches ihnen durch internationale Hilfe geschickt wurde, hat man in Schränken verwahrt, da die Betreuerinnen nicht begreifen, wozu es gut sein sollte. Und wenn sie die heftigen Reaktionen der Kleinen sehen, so fühlen sie sich noch in ihrer Überzeugung bestärkt.

Wie soll man das Weinen der kleinen Rumänin deuten? Zu sehen, wie eine Frau die Puppe in den Armen wiegt, erinnert sie an alles, was sie nicht gehabt hat, was man ihr nicht zugestand: von einer Mutter gewiegt zu werden, Zärtlichkeiten zu bekommen, gestreichelt zu werden. Aber in den Augen der Betreuerinnen kommt in dem Weinen dieser Kinder nur ihr Leiden zum Ausdruck. Und das muß man zum Schweigen bringen. Daher verstecken sie das Spielzeug lieber.

Und doch konnte die Psychologin, über die Puppe, mit dem Kind Kontakt aufnehmen. Sie hat ihm ermöglicht, das Leid, das in ihm war, zu äußern, und damit dem Kind bewiesen, daß sie bereit war, sein Innenleben, seine Wirklichkeit anzuerkennen. Dies ist ein erster Schritt zu einer echten Kommunikation.

Oliviers Hamster ist tot. Thierry, Oliviers Vater, hat ihn heute morgen leblos in seinem Käfig gefunden. Schnell und noch bevor sein Sohn aufwachte, hat er ihn in den Mülleimer geworfen und den Käfig gesäubert. Als Olivier zum Frühstück herunterkam, erfand Thierry rasch eine Geschichte: «Wir haben Tommy zu Freunden gebracht, er wird bald wiederkommen.» Drei Tage später und nach dem Besuch eines Tiergeschäfts, befindet sich ein neuer Hamster im Käfig. Olivier sagt zwar nichts, aber er kümmert sich nicht mehr um sein Tier. Natürlich hat er bemerkt, daß es nicht dasselbe Tier war, aber er fühlt, daß er das seinem Vater gegenüber nicht äußern darf. Dieser wiederum sagt sich, daß er recht daran getan hat, so zu handeln, da sein Sohn anscheinend nichts gemerkt hat und völlig ungerührt wirkt. Und sein plötzliches Desinteresse an dem Hamster? Thierry meint dazu: «Das ist normal. Im Alter von sieben Jahren verliert man gerne einmal die Lust an irgend etwas.» Er spielt die Angelegenheit herunter. Er weigert sich, darüber nachzudenken, was die Zeichen bedeuten, die ihm Olivier zukommen läßt.

Da Thierry die Enttäuschung, die Verzweiflung und die Angst seines kleinen Sohnes voraussah, zog er es vor, Stillschweigen zu bewahren. Er rechtfertigt sich nun, indem er vorgibt, er habe seinen Sohn schützen wollen; und er war überzeugt, das Beste zu tun. Doch in Wirklichkeit hat er so gehandelt, um sich selbst zu schützen und damit sein Sohn keine dramatische Szene machte, mit der er, sein Vater, nicht hätte umgehen können. Genauso, wie die rumänischen Betreuerinnen es vorzogen, die Puppe einzuschließen, hat er den Hamster beseitigt.

Dadurch ist etwas zwischen ihm und Olivier zerbrochen. Olivier hat viel aus dieser Erfahrung gelernt: Er kann kein vollständiges Vertrauen zu seinem Vater mehr haben, denn der kann ihn anlügen; und seine, Oliviers, Emotionen sind nicht erwünscht. Er versteht, daß es besser ist, nicht über die Dramen des Lebens zu sprechen, immer so zu tun, als ob man glücklich sei, eine lächelnde Maske aufzusetzen, auch wenn einem eigentlich nach Weinen zumute ist.

«Ich habe es vorgezogen, mir eine Narkose geben zu lassen; ich wollte nicht bei Bewußtsein sein – das hätte ich nicht ertragen», vertraut mir Géraldine an, die einen freiwilligen Schwangerschaftsabbruch hinter sich hat. Sie ist sicher, daß es besser so war... Aber manchmal überkommen sie Zweifel. Schnell verdrängt sie sie. Einige Monate später hat sie es «vergessen». Sie vertieft sich, so gut sie kann, in ihre Arbeit, aber sie ist deprimiert. «Ich weiß nicht, was ich habe, ich breche manchmal in Tränen aus, einfach so, ohne Grund, und ich will niemanden sehen. Abgesehen von der Arbeit habe ich zu nichts Lust.»

Mein Beruf ist es, Menschen auf dem Weg zur Bewußtwerdung zu begleiten und ihnen zu mehr Glück zu verhelfen. Gewissermaßen bin ich eine «Seelenhebamme». Den meisten seelischen Nöten liegt eine blockierte Emotion zugrunde. Wie eine Hebamme begnüge ich mich damit, meine Patienten zu begleiten. Manchmal sind die Geburtszange oder ein Kaiserschnitt notwendig, doch in den meisten Fällen reicht es aus, einfach dazusein und zu ermutigen.

In unserer Gesellschaft gibt es nur wenige Orte, wo man seinen Tränen freien Lauf lassen und seine Wut herausschreien kann, wenige Orte, wo man seine Ängste mitteilen, wenige Zufluchtsstätten, wo man seinen Kummer erzählen darf. Daher behalten die meisten Menschen ihre Affekte für sich, versuchen, sie in ihrem Unbewußten zu vergraben, und führen ein Leben, das von äußeren Zwängen und Anstandsregeln bestimmt wird.

Wenn wir unsere spontanen Emotionen unterdrücken oder sie verschleiern, um sie für die Gesellschaft akzeptabel zu machen, verlieren wir wichtige Informationen über unser seelisches Leben. Sein Innenleben verschweigen heißt auf einen Teil seiner Freiheit verzichten.

Unterwerfen und Verdrängen

Eines meiner früheren Bücher trägt den Titel *Trouver son propre chemin* (dt.: Seinen eigenen Weg finden). Ich habe es als Übungsanleitung konzipiert, um den Lesern zu helfen, sich ihrer selbst bewußt zu werden und ihrem Leben mehr Sinn zu geben. Kurz nachdem es erschienen war, sagte jemand zu mir: «Das Buch ist für Leute, die viele Problem haben, das betrifft mich nicht.» Als wäre es etwas Krankhaftes, sich Fragen über sich selbst zu stellen, als wäre es beschämend, seine Existenz sinnvoll gestalten zu wollen.

«Ich habe keine Probleme»

Manche Menschen haben so große Angst vor ihren Affekten, daß sie sich weigern, auf die Bemerkungen ihres Partners oder auf die Fragen ihrer Kinder zu reagieren. Über ihre Intimsphäre sprechen sie nicht. «Das ist meine Sache», sagen sie.

Andere wiederum fühlen ganz einfach nichts mehr, haben keinen bewußten Zugang zu ihren Emotionen und haben nie davon gehört, daß man auch anders leben könnte.

«Ich habe keine Probleme» ist dann gleichbedeutend mit «ich will mir keine Fragen stellen». Das ist nicht die beste Vorgehensweise, um Antworten zu finden. Sie können existentielle Ängste eine Zeitlang zum Schweigen bringen, indem Sie hart arbeiten oder Sport treiben, aber eines Tages werden Sie von ihnen eingeholt. Sie hinterlassen Spuren in Ihrem Körper oder machen irgendwann einmal Ihren Nachkommen zu schaffen. Die Kinder werden dann zu Symptomen der «Krankheit» ihrer Eltern. Sie legen jene Schwierigkeiten an den Tag, die ihre Eltern nicht beachten wollten. Sie versuchen, auf Fragen zu antworten, die in der vorigen Generation «unerledigt» geblieben sind.

Sind diejenigen, die verkünden: «Ich habe keine Probleme», glücklich? Ich glaube nicht. Zwar wissen sie es nicht, denn sie haben nie wahres Glück empfunden. Sie ziehen die trügerische Sicherheit vor, die eine unveränderliche Identität verleiht. Sie sagen: «Ich bin eben so.» Sie haben resigniert und folgen dem Weg, der ihnen vorgezeichnet ist. Sie glauben, daß das Leben eben so ist. Bis zu dem Moment, wo sie sich verlieben oder krank werden.

«Heute, mit fünfundvierzig Jahren, entdecke ich die Liebe! Die Liebe, wie sie in Romanen steht. Ich hätte nicht für möglich gehalten, daß es so etwas überhaupt gibt. Ich habe geheiratet und Kinder gezeugt, aber ich liebte meine Frau nicht. Ich hatte wirklich keine Vorstellung von dem Leben, das ich heute führe.» Yves entdeckt eine neue Welt. Mit Julie fühlt er Emotionen, die ihm bislang vollkommen unbekannt waren. Im Zusammensein mit seiner Frau fehlten sie ihm nicht, er konnte sich gar nicht ausmalen, daß so etwas existierte.

Andere haben weniger Glück und entdecken die Welt der Emotionen durch das Leiden: Bankrott, Arbeitslosigkeit, Scheidung, Krankheit.

Vor einigen Jahren vertraute mir eine dreißigjährige, an Aids erkrankte Frau an, die mich aufsuchte, weil sie sich von mir Hilfe bei der Bewältigung der Krankheit erhoffte: «Ich kann es nur Ihnen sagen, die anderen würden es nicht verstehen, aber es ist die reine Wahrheit: Nie war ich so glücklich wie jetzt – und doch habe ich noch nie so gelitten.» Vor ihrer Krankheit hatte Louisa alles gehabt, um glücklich zu sein: einen Beruf, den sie liebte und in dem sie Erfolg hatte, eine schöne Wohnung, Freunde, einen Lebensgefährten. Sie glaubte, sie sei glücklich, weil sie nicht wußte, was Glück war.

Die Krankheit zwang sie, Verbindung zu sich selbst aufzunehmen. Sie entdeckte ihre wahren Emotionen, ihre Kindheitsleiden, ihre seelische Not darüber, daß ihre Eltern ihr nie Aufmerksamkeit geschenkt hatten und sie nie einen Platz im Leben gehabt hatte. Sie reagierte mit Zorn auf die Frustrationen und den Mangel, von dem sie bislang nichts geahnt hatte. Und zum ersten Mal in ihrem Leben fühlte sie sich wirklich im Einklang mit sich selbst. Sie hatte in einer künstlichen Welt gelebt, ihre innere Einsamkeit war hinter Illusionen und Zerstreuungen verborgen gewesen. Nach dieser Arbeit an ihrer Seele kam sie endlich in den Genuß des Hochgefühls darüber, daß sie ganz bei sich war, spürte, daß sie lebte.

Wie kann man dieses Universum der Gefühle Menschen zugänglich machen, die es nie gekannt haben? Wie beschreibt man jemandem den Geschmack eines Apfels, der noch nie einen gegessen hat?

Gehorsam und Verdrängung

Das Verdrängen von Emotionen beginnt oft mit den ersten Tagen, ja den ersten Stunden des Lebens. Sobald die Kinder geboren sind, zwingt man ihnen unsere Kultur der emotionalen Unterdrückung auf. Obwohl sie noch gar nicht imstande sind, ihre neue Lebenslage in affektiver Hinsicht zu meistern, trennt man sie von der ersten Nacht an von ihren Müttern[6], zwingt ihnen bestimmte Stillzeiten auf, legt sie in Wiegen, die nicht mehr wie in früheren Zeiten hin- und herschaukeln – und das, obwohl sie neun Monate in einem Milieu gelebt haben, das sie gänzlich einhüllte, das einen starken Geruch verströmte und ständig in Bewegung war. Aber da sie ja nicht protestieren können ... Selbst ihr Weinen wird nicht gehört. Denn es ist ja allseits bekannt, daß ein Säugling, der viel weint, kräftige Lungen bekommt! Auch wenn wir heute schon lange wissen, daß die Lunge kein Muskel ist ...

Später fordert man das Kind auf, keine *Dummheiten* zu machen, wenn es aus einer anderen Tasse trinken möchte als der, die man ihm gegeben hat, wenn es unbedingt diese Hose und nicht jene anziehen möchte, wenn es doch lieber grüne Bohnen essen will, obwohl es zuvor verkündete, es wolle Nudeln ... Seine ganze Kindheit hindurch wird man von ihm verlangen, sich den Anforderungen der Erwachsenen anzupassen, und wenn es seine Unzufriedenheit äußert, wird man es zum Schweigen bringen. Es wird bald lernen, daß es kein Recht hat, seinen Eltern Widerworte zu geben oder ihnen zu scharfsinnige Fragen zu stellen. Kinder, die zum Gehorsam gezwungen werden, entwickeln sich zu Erwachsenen, die sich keine Fragen mehr stellen können, weil man ihnen immer schon die Antworten im voraus gegeben hat, ohne ihnen die Zeit oder die Möglichkeit zu lassen, diese selbst herauszufinden und in sich zu fühlen.

Jeder Mensch steht immer wieder in seinem Leben vor einem Scheideweg, der ihm verschiedene Wahlmöglichkeiten bietet und ihn mit seinem freien Willen konfrontiert. Sobald man mit einem Gehirn ausgestattet ist, das imstande ist, mit Alternativen umzugehen und die Dinge abzuwägen, sind innere Konflikte unausweichlich. Man kann zwei Wünschen ambivalent gegenüberstehen, eine Begierde hegen, die verboten ist, oder sich angesichts von zwei möglichen Richtungen für eine entscheiden müssen – kurz, es fehlt nicht an kniffligen oder heiklen Situationen. Und das ist ein Glück und eine Chance, denn Intelligenz erwächst aus dem Zwang, Lösungen inmitten der Widersprüche zu finden, die unseren Alltag prägen. Unser präfrontaler Kortex wird durch die Probleme, denen wir begegnen, gefordert. Wenn der Lebenssinn einer Gattung in ihrer Besonderheit liegt, dann kann man behaupten, daß der des menschlichen Lebens darin besteht, Dinge zu hinterfragen. Wie kann ein Mensch dahin kommen, dies abzulehnen? Sehr wahrscheinlich, weil man seit seiner frühen Kindheit von ihm verlangte, das zu tun, was man ihm auftrug, und den Mund zu halten.

«Ich habe mir nie diese Fragen gestellt, die Sie in Ihrem Buch aufwerfen; man hat mich immer dirigiert. Ich hatte nicht das Recht, zu tun, was ich wollte, ich hatte – offen gestanden – nicht einmal das Recht, etwas zu wollen. Mein Vater war sehr autoritär und ertrug keinen Widerspruch. Wenn ich heute vor einer Stufe stehe, steige ich sie hinauf. Und wenn sie hinunterführt, dann steige ich sie hinunter, auch wenn es mich schmerzt. Ich tue das, was das Leben an mich heranträgt», berichtet mir Catherine.

Seine persönliche Stärke wiederfinden

In einem Seminar, das Menschen darauf vorbereiten soll, in der Öffentlichkeit zu reden, spricht Mireille über die Aufregung, die sie jeden Monat bei der allgemeinen Belegschaftsversammlung befällt. Ihr obliegt immer die Aufgabe, die Mitteilung des Direktors zu überbringen. Jedesmal zittert sie, beginnt zu stottern und bricht in Schweiß aus. Ich frage sie, ob sie eigentlich stets mit dem, was sie sagt, übereinstimmt. Sie wirft mir einen konsternierten Blick zu. «Ich kann doch nicht den Text ändern, den der Direktor mir diktiert hat!»

Ich lasse mich nicht beirren und kontere: «Und warum nicht? Jedenfalls kann ich mir nicht vorstellen, daß Sie ruhig, entspannt und charismatisch sein können, wenn Sie nicht im reinen mit sich selbst sind.»

Mireille verläßt die Sitzung, enttäuscht darüber, keinen einfacheren «Trick» erhalten zu haben, den sie in die Tat hätte umsetzen können.

Zur zweiten Sitzung erscheint sie ... strahlend und berichtet den übrigen verblüfften Teilnehmern: «Ich habe mir gesagt, daß ich es zumindest einmal versuchen könnte. Ich hatte nichts zu verlieren, ich habe mich bei diesen Versammlungen immer so ungeschickt angestellt! Also habe ich die Aufzeichnungen, die mir der Direktor diktiert hatte, genommen und sie meinen Vorstellungen und Wertungen gemäß umgeschrieben. Ich wählte das Thema aus, das mir am interessantesten erschien, und setzte es an die erste Stelle. Ja, und daraufhin habe ich dann nicht eine Sekunde lang gezittert. Ich fühlte mich gut beim Sprechen, und ich bekam sogar Beifall. Eine Stunde später wurde ich zum Direktor gerufen. Ich machte mich auf einen Rüffel gefaßt. Aber statt dessen hat er mich beglückwünscht und mir anvertraut, daß er diese Initiative schon seit langem von mir erwartet habe ...»

Sich unterwerfen bedeutet, seine persönliche Stärke abzugeben. Die Komplexität der heutigen Welt erfordert die Zusammenlegung aller Kräfte und Ressourcen der Menschen. Ein Unternehmen kann es sich nicht mehr leisten, kreatives Potential zu verlieren, da sein Reichtum in erster Linie auf den Menschen beruht, aus denen es besteht.

Aber wie soll man die Freiheit zum Ungehorsam haben, wenn man von seiner frühen Kindheit an gelernt hat, sich der Autoriät zu beugen? Wie wagen, der Hierarchie die Stirn zu bieten, wenn man gelernt hat, Angst für Respekt zu nehmen? Wie sich überhaupt fragen, was man denkt, und darauf zu vertrauen, seine Probleme zu lösen, wenn die eigenen Empfindungen stets als falsch und unsinnig hingestellt wurden?

«Ich fühle falsch»

Vor einiger Zeit war ich auf der Straße zufällig Zeuge einer leider nur allzu typischen Interaktion zwischen einem Erwachsenen und einem Kind. Sie veranschaulicht sehr gut, wie die Empfindungen im Alltag eines Kindes negiert und lächerlich gemacht werden. Auf den ersten Blick scheint die kleine Szene belanglos zu sein, aber aufgrund ihres Sinnes, oder besser Widersinnes, hatte sie mit Sicherheit eine große Bedeutung für die Zukunft des Kindes.

Ein kleines Mädchen sagt zu seiner Großmutter: «Oma, mein Pulli kratzt.» Die alte Dame entgegnet: «Aber nein, er kratzt doch nicht.» Das kleine Mädchen beharrt: «Doch, Oma, er kratzt, dieser Pulli.» Sie erhält darauf ein «Nein, dein Pulli kratzt nicht; Oma hat ihn genau befühlt, er ist ganz flauschig und weich, er kratzt nicht . . .»

Was bleibt dem kleinen Mädchen übrig? Seine Großmutter ist älter als es selbst, also wird sie es besser wissen. Der Gedanke, daß seine Großmutter lügt, ist schwer zu akzeptieren. Aber wenn es die Worte seiner Oma nicht in Zweifel ziehen kann, muß es seine eigenen Empfindungen in Frage stellen. Also sagt das Kind zu sich selbst: «Ich fühle falsch.»

Die Erwachsenen haben die ärgerliche Neigung, über die Empfindungen der Kinder zu bestimmen. Sie versuchen, ihnen ihre eigenen Bewertungen aufzuzwingen, und lehnen es häufig ab, die Meinung der Kinder anzuhören.

«Ich mag keinen Spinat!» sagt Denis.

«Er ist aber gut für dich», antwortet seine Mutter darauf.

«Die Lehrerin ist nicht nett zu mir», berichtet Clémence.

«Das bildest du dir nur ein, sie ist doch sehr nett!»

Wenn man dazu gebracht wird, an seinen eigenen Empfindungen zu zweifeln, wie kann man dann Vertrauen in sein eigenes Urteil – und in seine Gefühle und seine Denkfähigkeit – entwickeln? Das Kind muß sich auf die Erwachsenen verlassen, um sich zu orientieren. Daraus, daß man seine Emotionen im Keim erstickt, seine Gedanken abwertet, lernt es, daß die anderen es besser wissen . . . Es ist bereit, sich zu unterwerfen. Warum setzt man soviel Mühe daran, ganze Generationen von Kindern zu unterwerfen?

Die Angst vor der Intimität

Delphine gelingt es nicht, eine dauerhafte Liebesbeziehung zu führen. Sie ist attraktiv und hat Affären, aber sie findet den Mann fürs Leben nicht. Intelligent und warmherzig wie sie ist, wirkt sie sehr anziehend. Wo also liegt das Problem? Sie ist zu fröhlich, immer fröhlich. Sie durchlebt alle Höhen und Tiefen des Lebens mit einem so betont zur Schau gestellten Lächeln und einer solchen Willensstärke, daß sie alle Männer auf Distanz hält. Einer hat einmal zu ihr gesagt: «Du bist zu stark für mich.» An diesem Tag hat sie geweint – aber nicht vor ihm. Sie fühlt sich so zerbrechlich, sie versteht die Männer nicht. Sie ist doch nicht stark! Doch ihre Verletzlichkeit dem Menschen zu zeigen, den sie liebt – das ginge über ihre Kräfte! Wenn sie ihr ständiges Lächeln aufsetzt, dann, um unbeschwert zu wirken, um die anderen nicht mit ihren Problemen zu langweilen. Sie versteht nicht, daß es eben dieses Lächeln ist, das die Männer in die Flucht schlägt.

Delphine ist verzweifelt, wie viele von uns, wenn wir entdecken, daß die Kodes, die Einstellungen, die wir in unserer Herkunftsfamilie gelernt haben, bei anderen Menschen «nicht funktionieren». In seiner frühen Kindheit lernt man, «stark zu sein» oder vielmehr, sich stark zu zeigen, wenn keine Vertrautheit mit den Eltern möglich, wenn ihre Liebe an Bedingungen gebunden ist.

Ein Kind lernt, seine Leiden zu verheimlichen, um nicht die Rache seiner autoritären, ablehnenden oder gewalttätigen Eltern heraufzubeschwören. Es lernt, zu lächeln, um von gleichgültigen Eltern akzeptiert zu werden. Es zeigt ein heiteres Gesicht, um ein wenig Fröhlichkeit zu verbreiten, wenn die Eltern depressiv sind. Wenn es zuhause zuviel Leid erlebt, wird es versuchen, von den anderen «draußen» akzeptiert zu werden und zu verheimlichen, was ihm zustößt; es wird lächeln, um geliebt zu werden.

Hinter einem allzu betonten Lächeln stecken immer Scham, Leid und eine Zerbrechlichkeit, die zu zeigen gefährlich ist.

Zuviel Unglück macht unempfänglich für Glück

Julien hat als Kind Prügel bekommen – jeden Tag, ohne Grund, nur einfach, weil er gerade da war. Um sein Leiden ertragen zu können, hat er sich in sich selbst zurückgezogen, sagte stundenlang kein Wort, erfand sich im Geist eine andere Familie. Er sprach nicht einmal mit seiner Schwester, die zwei Jahre älter als er war. Niemand interessierte sich für das, was er fühlte. Heute ist er Sozialarbeiter und kümmert sich um Kinder, die wie er gelitten haben; er hört ihnen zu, wie er selbst gerne einen Zuhörer gehabt hätte. Er weiß, was sie durchgemacht haben ... Aber sein eigenes Leben ist einsam. Er ist freundlich zu allen, er wird nie laut. Er ist unfähig, zornig zu werden. Auch weinen kann er nicht. Er scheint immer ausgeglichen zu sein. Die Frauen laufen ihm nach, aber er weicht ihnen aus. Er hat Angst vor ihnen, Angst, verraten zu werden, wie er es bei seiner Mutter erlebt hat, und vor allem Angst vor der Wut, die sich im Inneren seines Herzens verbirgt und die hervorbrechen könnte, wenn er sich zu irgendeiner Emotion hinreißen ließe. Er spürt wohl, daß sich die Schleusen öffnen würden, wenn er Cupido erlaubte, ihn zu berühren. Er hat zuviel Angst, davon übermannt zu werden.

Zuviel Unglück kann unempfänglich für Güte, für Schönheit, für Freude machen.

Vielen Erwachsenen fällt es schwer, Zärtlichkeit anzunehmen; sie mögen den körperlichen Kontakt nicht. Sie fühlen sich unbehaglich, wenn man sie zu fest an sich drückt. Sie küssen einen mit gespitzten Lippen – und auch nur dann, wenn es nicht zu vermeiden ist – oder entziehen sich ganz offen. «Ich bin nicht so sehr fürs Küssen», sagen sie zu ihren frustrierten Kindern. In Wirklichkeit haben sie Angst, ihre eigenen Frustrationen, ihre Kindheitsnöte und ihren Zorn wiederaufleben zu lassen.

Seine Affekte zu verbergen gelingt nur um den Preis einer sehr starken inneren Spannung. Ein kühler Mensch ist wie alle anderen, er möchte glücklich sein. Um den Schmerz über sein Leid zu lindern, hat er beschlossen, ihn unter einer Schicht aus Eis zu verschließen, die um so dicker ist, je größer seine innere Not ist.

Vielleicht gehören Sie zu denen, die ihr Leben mit einem kühlen

Menschen teilen, was im täglichen Leben häufig zu Enttäuschungen führt, weil er nicht viel spricht, seine Gefühle nicht ausdrückt und oft nicht reagiert. Seine Abwehrmechanismen sind wie eine Haut, die seine Zartheit schützt. Um sich wieder öffnen zu können, braucht er das Gefühl, ganz und gar bei Ihnen geborgen zu sein.

Die Angst, man könne an Emotionen rühren, ist ein weitverbreitetes Übel. Sind Sie davon befallen? Können Sie «Ich liebe dich» sagen? Verstecken Sie sich nicht hinter Rechtfertigungen, wie: «Er weiß es ja, das ist nicht nötig, ich kann es nicht sagen, es würde komisch klingen ...» Das sind nur Ausreden. Es ist Ihre Angst, die Sie lähmt.

Ist da jemand hinter der Maske?

Emotionen sind unwillkommen. Zuweilen möchten wir die Merkmale kaschieren, die offenbaren, was wir fühlen. Unsere Atmung setzt für einen Moment aus, wenn wir unsere Tränen hinunterschlucken; wir setzen ein Lächeln auf, um unsere Angst zu verbergen, und der Zorn tobt nur in unserem Inneren. Ist diese Selbstbeherrschung echt? Ist ein verschlossenes Gesicht ein Synonym für Unempfindlichkeit?

«Ich zeige nichts»

Robert W. Levenson hat bei mehreren Versuchspersonen – vor und nach der Vorführung eines Films – eine ganze Reihe physiologischer Parameter gemessen. Allen Personen war zuvor gesagt worden, sie würden einen kurzen Film sehen. Darüber hinaus erhielt die eine Hälfte der Personen keine weitere Information. Die andere bat man, während des Films ihre Emotionen nicht zu zeigen. Der Film mit dem Titel *Stimulus* zeigte die Amputation eines Gliedes.

Tatsächlich verminderten die Personen der zweiten Gruppe merklich die Bewegungen ihrer Mienen. Aber sie konnten nicht alle Anzeichen des Ekels unterdrücken. Zudem blinzelten sie mehr mit den Augenlidern als die anderen. Die Emotion konnte also nicht vollständig verborgen werden. Um die sichtbaren Anzeichen ihrer Emotion einzudämmen, verringerten die Versuchspersonen die Anzahl und das Ausmaß ihrer körperlichen Bewegungen. Dementsprechend verlangsamte sich ihr Herzrhythmus. Trotzdem stellte Levenson eine Erhöhung des Blutdrucks und einen größeren Hautwiderstand fest und – noch ehe der Film überhaupt begann – eine vermehrte Schweißabsonderung.

John Gottman und Robert Levenson haben die Neigung von Männern untersucht, sich bei Konflikten mit ihren Frauen zurückzuziehen. Sie nannten dieses Syndrom *Stonewalling* (mauern). Diese Männer (denn es sind gewöhnlich Männer, die diese Fluchtstrategie benutzen) haben zwar Emotionen, aber sie lassen nichts nach außen dringen. Bei diesen Adepten des *Stonewalling* beobachteten die Forscher dieselben physiologischen Folgen, die oben angeführt wurden: eine Erhöhung der pheripheren Gefäßbildung, des Blutdrucks und der Absonderung der Schweißdrüsen.

Fliehen, heulen, laufen, aufstampfen, küssen sind motorische Handlungen, die den Emotionen dienen. Sobald uns ein Affekt berührt, liefert der Stoffwechsel die nötige und angemessene Energie. Wenn unsere Emotionen angeregt werden, wir aber – aus welchem Grund auch immer – nicht reagieren, verlangsamen sich unsere Bewegungen, was eine Verringerung des Stoffwechsels zur Folge hat. Doch das sympathische Nervensystem, das eigentlich in der Lage ist, einem erhöhten Stoffwechsel gerecht zu werden, ist aktiviert. Levensons Interpretation geht dahin, daß die emotionale Unterdrückung für den Organismus viel Arbeit bedeutet. Das Ausschalten sichtbarer Symptome, die Hemmung der Muskelaktivität, die Verhinderung zahlreicher Reaktionen, die durch die Emotion in Gang gesetzt werden – all das mobilisiert viel Energie. Eine übergroße Müdigkeit ist die Folge der emotionalen Unterdrükkung.

«Ich fühle nichts»

Zahlreiche Untersuchungen haben gezeigt, daß die Menschen, die äußerlich ausdruckslos sind, in Wirklichkeit physiologisch *mehr* reagieren als die anderen. Unterdrücken sie ihre gefühlsmäßigen Reaktionen, oder fühlen sie nichts? Den Verdacht, etwas zu verbergen, weisen manche Menschen zurück und entgegnen, sie fühlten nun einmal nichts.

Nimmt man einmal sehr geübte Yogis aus, so ist es unmöglich, die Temperatur der eigenen Haut, die winzigen Zuckungen der Muskeln und die Pulsfrequenz bewußt zu kontrollieren. Wenn man Sie mit Bildern oder Worten von großer emotionaler Tragweite konfrontiert, so werden Ihre Haut, Ihre Muskeln und Ihr Puls reagieren. Daniel Goleman führt in seinem Buch *Emotionale Intelligenz* eine Untersuchung von Richard Davidson, einem Psychologen an der Universität von Wisconsin, an. Er und sein Team beobachteten Menschen, die behaupteten, sie fühlten nichts. Sie brachten Sensoren an ihren Handgelenken an und legten ihnen Listen mit Worten vor, die sie frei mit Ideen assoziieren sollten, welche ihnen spontan dazu einfielen. Manche Begriffe waren neutral, andere hingegen waren emotionsgeladen und erinnerten an Gewalt oder Sex. Auch wenn die Versuchspersonen jede Reaktion abstritten («Nein, das hat keinerlei Wirkung auf mich!»), liefen die Nadeln der Registrierapparate über das Papier. Obwohl sie sich dessen nicht bewußt waren, lösten die Bilder und die Worte dieselben physiologischen Veränderungen bei ihnen aus wie bei jedem anderen Menschen. Aber es hat den Anschein, daß ihr Gehirn ihnen das Bewußtsein über diese Information vorenthielt.

Ein geschickt durchgeführtes Experiment hat Licht in den Prozeß gebracht, der hierbei im Gange ist: Die zur Unzeit ausgelöste Tätigkeit eines präfrontalen Lappens verbirgt die Wahrnehmungen des anderen Lappens. Tatsächlich ist je einer der Gehirnlappen für Gefühle mit angenehmer bzw. unangenehmer affektiver Grundstimmung zuständig. Dem präfrontalen linken Lappen obliegen Freude, Hoffnung und Dankbarkeit; in den Bereich des präfrontalen rechten Lappens fallen unangenehme Emotionen wie Zorn oder Traurigkeit. Bei Menschen, die angeben, angesichts aufwühlender Bilder nichts zu fühlen, hat man eine Aktivität des linken Lappens festgestellt. Es ist, als wenn dieser versuche, sie von den

Wahrnehmungen des rechten Lappens und damit vor dem Eindringen schwieriger oder schmerzlicher Erlebnisse zu schützen.

Es ist also einwandfrei erwiesen, daß «kalte» Menschen unter ihrem Panzer zittern und beben. Obwohl hart nach außen hin, sind sie doch weich in ihrem Inneren. Sie zeigen ein ausdrucksloses Gesicht, leugnen die Anspannung, aber dieses Unterdrücken erfordert viel Energie und beeinträchtigt ihr Bewußtsein von der Realität.

«Ich habe ein dickes Fell – es tut nicht weh»

Diesen Satz sagt der kleine Elefant in Rudyard Kiplings Buch immer wieder, wenn er wegen seiner angeblich *unstillbaren Neugier* von seiner Umgebung geschlagen wird. Er bedeutet: «Du kannst draufschlagen; ich weigere mich, zu fühlen, daß es mir weh tut; ich tue dir nicht den Gefallen, zu weinen. Ich will dir nicht zeigen, daß ich leide.»

Man kann körperlich, aber auch seelisch geschlagen werden. Die fehlende Achtung für das Erleben des Kindes, das Übersehen seiner Bedürfnisse, die Herabsetzung seiner Gefühlsüberschwänge, Gleichgültigkeit und die vielen unausgesprochenen Dinge in einer Familie bilden die Grundlage für die spätere emotionale «Dickfelligkeit». Es gibt viele verschiedene Arten zu lernen, daß man seine Affekte verschweigen soll.

Armel ist nie geschlagen worden, aber er hat seinen Vater sehr früh verloren. Seine Mutter war furchtbar verzweifelt darüber, sie erwartete, daß ihr kleiner Siebenjähriger den verstorbenen Vater ersetzte. Er übernahm die Rolle des «Mannes», wurde der Vertraute seiner Mutter und töstete sie. Ihm oblag es damals, die nötigen Papiere auszufüllen, er konnte sich nicht erlauben, zu weinen. Er mußte «stark sein».

Gefühlsmäßige Kälte wird nicht vererbt, aber sie überträgt sich von Generation zu Generation. Eltern, die mit sich selbst unsensibel umgehen, weil man auch mit ihnen in unsensibler Weise umgegangen ist, können auf die seelischen Bedürfnisse ihres Kindes nicht einfühlsam reagieren. Sie neigen dazu, sie zu leugnen und zu bagatellisieren. Sie können ihnen mit «den allerbesten Absichten» schwerwiegende Verletzungen zufügen, so wie ihre eigenen Eltern sie «zu ihrem Besten» verletzten.

Abwehrmechanismen und Strategien, um nichts zu fühlen

Émile arbeitet viel; er geht frühmorgens aus dem Haus und kommt spät wieder. Sogar samstags geht er ins Büro und nimmt häufig Akten mit nach Hause. Wenn seine Frau klagt, sie müsse die Kinder ohne seine Hilfe aufziehen, erwidert er, daß er schließlich die «Brötchen für die Familie verdienen» müsse. Er vergißt gern, daß auch seine Frau einer bezahlten Arbeit nachgeht.

Sonntags ist er müde von der Arbeit; er bleibt dann lange im Bett und liest die Zeitungen, die er die Woche über aus Zeitgründen nicht lesen konnte. Nach dem Mittagessen hält er ein Nickerchen. Und da darf ihn niemand stören: «Der Arme arbeitet ja so viel!»

In Wirklichkeit flieht Émile vor seinen Emotionen. Seine Müdigkeit ist eine Strategie, um nichts zu fühlen. Er ist selten zu Hause, weil er nicht mit seinen Affekten konfrontiert werden will. Seine Kinder sind noch klein, sie verlangen viel Aufmerksamkeit. Émile hat keine Lust, sie ihnen zu schenken – das heißt, er hat nicht den Mut dazu. Eine Arbeit außer Haus ist viel leichter und um einiges weniger ermüdend als das Zusammensein mit einer Familie. Alle, die diese Erfahrung gemacht haben, werden mir recht geben.

Viele Männer – denn diese Strategie ist eher «männlich» als «weiblich», obwohl sie auch bei Frauen anzutreffen ist – engagieren sich voll in ihrer beruflichen oder außerberuflichen Tätigkeit, um ihre häusliche Abwesenheit zu rechtfertigen. Politische Arbeit, Vereinstätigkeit, gewerkschaftliches Engagement – alles, nur um nicht mit den Bedürfnissen ihrer Kinder konfrontiert zu werden. Das Drama dabei ist, daß sie durch ihre Vermeidungsstrategien ihr emotionales Manko an die nachfolgende Generation weitergeben.

Ich schlage Émile vor, sich die Zeit zu nehmen, mit seinem fünf Monate alten Sohn zu spielen. Ich bitte ihn, sich einmal an seine Stelle zu versetzen, seine Umgebung mit seinen Augen zu betrachten, sich in seinen kleinen Körper hineinzudenken – kurz, einfühlsam auf ihn zu reagieren.

Die Aufgabe kam Émile ziemlich schwierig vor, und er war überrascht, wieviel Emotionen er dabei entdeckte. Er war meiner Aufforderung mehr nachgekommen, um mir einen Gefallen zu tun, als aus eigener Überzeugung; er glaubte im Grunde nicht an meine Theorie. Er behauptete, es gebe keine Probleme in seiner Beziehung zu seinem Sohn. Für ihn bestand die einzige Schwierigkeit darin, daß er so viel Arbeit hatte und davon erschöpft war.

Indem er sich die Zeit nahm, der Erlebniswelt seines Sohnes wirklich Aufmerksamkeit zu schenken, rührte er in seinem Inneren an einen Bereich intensiven Leidens, den er bis dato ignoriert hatte. «Ich war wieder ein Säugling, und ich glaube, daß ich irgendwo Angst hatte, zu entdecken, daß niemand da war.»

Émile ist sich darüber klargeworden, daß er jeder Situation auswich, die ihn in Berührung mit diesem inneren Leiden bringen konnte. Die Vertrautheit – insbesondere mit einem kleinen Kind – war schmerzlich für ihn.

Machtspiele

Dominique ist gut zehn Jahre lang als Krankenschwester tätig gewesen. Nach einer Weiterbildung wird sie zur Stationsleiterin ernannt. Und mit einemmal erkennen ihre Kolleginnen sie nicht wieder. «Dieses Diplom ist ihr zu Kopfe gestiegen», sagen sie. Tatsächlich – Dominique ist kalt und autoritär geworden. Sie hat soviel Angst vor den anderen und vor der Heftigkeit der Gefühle, die sie in ihr wecken könnten, daß sie sich gezwungen sieht, Macht über sie auszuüben. Als sie unsicher war, konnte sie sich schützen, indem sie sich zurückzog. Jetzt, wo sie eine Führungsposition innehat, muß sie eine andere Strategie verfolgen, die ihr Schutz gewährt. «Wenn ich die anderen kontrolliere, können sie mir nicht mehr weh tun.»

Das Bedürfnis, Macht über andere zu haben, ist um so größer, je stärker das innere Ohnmachtsgefühl vorherrscht. Fühlt man sich einer Situation nicht gewachsen, kann man Schwächen, die zu der eingenommenen Position nicht passen, auch nicht eingestehen. Man versetzt andere in Angst, um selbst weniger Angst zu haben.

Die Trennung von der Natur

Eine Frau hat in den Cevennen ein altes Gebäude renoviert. Man erreicht es, indem man eine kleine, steile Straße hinauffährt. Das nächste Dorf ist sechs Kilometer entfernt. Das Haus schmiegt sich an das Gebirge an. Unter den Fenstern, zum Tal hin, erstreckt sich der Wald, soweit das Auge reicht. Nachts ist kein Licht am Horizont zu sehen, keine Straßenlaterne, kein erleuchtetes Fenster in der Umgebung, keine Zivilisation.

Ich fand den Ort bezaubernd – friedlich und kraftgebend. Doch die Besitzerin vertraute mir an, sie habe Schwierigkeiten, das wunderschöne – und zudem gut ausgestattete – Anwesen zu vermieten. Die Leute aus der Stadt ertrügen diese Grenzenlosigkeit nur schlecht. Sie fühlten sich von der unendlichen Weite des Waldes erdrückt, ja direkt verloren wegen der fehlenden visuellen Markierungspunkte. Ein Pariser, der hergekommen war, um ein Praktikum abzuleisten, fuhr vorzeitig wieder ab; er behauptete, er «ersticke» hier.

Ist es nicht seltsam und paradox, daß man in so viel freiem Raum ersticken, in der verschmutzten Pariser Luft aber gut atmen kann?

François Terrasson stellt in seinem wunderbaren, aber schonungslosen Buch *La Peur de la Nature* (Die Angst vor der Natur) die Verbindung her zwischen der Einstellung, die wir der Natur gegenüber einnehmen, und der, die wir den Emotionen gegenüber einnehmen. «Jeder Mensch liebt die Natur», sagt er, aber es ist eine Natur, von der wir uns ein mythisches Bild machen. Groß ist dann die Überraschung, wenn wir einmal mit Schlamm oder Stechmücken in Berührung kommen.

Stellen Sie sich einen Augenblick vor, daß man Sie für eine einzige Nacht unter freiem Himmel mit Ihrem Schlafsack irgendwo in einem Wald aussetzt. Wie würden Sie schlafen? Würden Sie die ganze Nacht auf der Lauer liegen, aus Angst, daß plötzlich ein Wolf auftauchen könnte oder von einem Insekt gebissen oder gestochen zu werden? Terrasson berichtet von den Erfahrungen, die er mit Freiwilligen machte, denen man ein Abenteuer vorgeschlagen hatte: «Diese Wälder bergen keinerlei reale Gefahr, nicht einmal die, sich zu verirren, da sie von Wanderwegen durchzogen sind. Doch stellt man im Morgengrauen jedesmal fest, daß die überwältigende Mehrheit der Teilnehmer Angst gehabt hat. Manchmal sind das Ängste, die sich auf einen konkreten Teil der Natur richten (Wildschweine, Schlangen, Spinnen), aber auch unklare, grundlose Ängste kommen vor.»

Unter den Freiwilligen waren nur wenige, die gestanden, Angst gehabt zu haben. Und doch blieb die Hälfte von ihnen wach, um die geringste Gefahr wahrzunehmen, eingewickelt in ihre Schlafsäcke, bei denen sie zuvor alle Öffnungen sorgfältig verschlossen hatten. Sie hatten sich nicht genüßlich auf dem Waldboden ausgestreckt, um das nächtliche Universum in sich aufzunehmen!

Die unberührte Natur hat die Gabe, unsere tiefsten Leidenschaften zu wecken: Ängste, die in unserem Unbewußten schlummern, alter Zorn, alle Affekte, die in uns verborgen sind, kommen in ihr wieder zum Vorschein. «Viele Menschen, die ihre Triebe unterdrückt, ‹zugemauert› haben, suchen gerade deshalb den Kontakt mit der Natur, um dort das zu finden, was sie in sich abgetötet haben» (Terrasson). Andere ziehen es vor, die Natur zuzumauern und die «Wilden» in Reservate zu verbannen. Das Getrenntsein von der unberührten Natur geht einher mit dem Getrenntsein von unseren Emotionen.

Ich urteile – das beruhigt mich

Das Blau des Himmels beschreiben oder es schön finden sind zwei grundverschiedene Einstellungen gegenüber der Natur. Die erste zerlegt, analysiert und kritisiert, die zweite gibt sich rezeptiv, offen und kontemplativ. Können sie sich ergänzen, oder stehen sie sich antagonistisch gegenüber?

Etwas erklären zu können vermittelt einem den Eindruck, man beherrsche eine Sache. Die ungezähmte Natur beeindruckt und ergreift uns, doch das Unbekannte birgt unendlich viele Gefahren. Benennen wir einen Gegenstand, so gibt uns dies Sicherheit. Das

Urteilen und Abschätzen verleiht uns ein Gefühl der Überlegenheit. Wir gestalten die Welt nach unserem Gutdünken.

Die Macht über die Materie übt zuweilen eine etwas zu starke Faszination auf die Wissenschaftler aus. Die Atombombe ist ein Musterbeispiel dafür. Genmanipulation und Personenminen sind technologische Meisterwerke. Doch der menschliche Preis dafür ist sehr hoch.

Fühlen?

Vor einigen Jahren kam einer der bedeutendsten Gehirnspezialisten der Welt, Karl Pribam, nach Paris und hielt dort einen Vortrag, in dem er seine Theorie über die holographische Funktionsweise des Gedächtnisses vorstellte. Er bat um einen Freiwilligen, da er etwas vorführen wollte, und ich meldete mich sofort. Er forderte mich auf, meine Hand auszustrecken und die Augen zu schließen. Dann legte er etwas in meinen Handteller. «Was fühlen Sie?» fragte er. Ohne zu zögern, antwortete ich: «Einen Bleistift.» Er legte etwas anderes hinein. «Was fühlen Sie?» Stolz, so mühelos zu erkennen, was er in meine Hand gelegt hatte, erwiderte ich: «Ein Geldstück.» Er schien enttäuscht und schickte mich ein wenig kurzangebunden an meinen Platz zurück. Ein weiterer Freiwilliger kam nach vorne, und die ganze Sache wiederholte sich. Pribam holte einen Schlüssel aus seiner Tasche und legte ihn in die Handfläche der Versuchsperson.

«Was fühlen Sie?»

«Einen Schlüssel.»

«Ich sehe wohl – ich bin in Frankreich. Hier kann ich meinen Beweis nicht erbringen. Ich habe festgestellt, daß die Franzosen nicht fühlen können. Ich lege Ihnen Gegenstände in die Hand und frage Sie, was Sie fühlen, und anstatt zu antworten: etwas Kaltes, Hartes, bezeichnen Sie den Gegenstand. Sie tun das, um intelligent zu wirken, aber in Wirklichkeit sind Sie von Ihren Empfindungen abgeschnitten.»

Recht haben ist nicht allzu schwer: Suchen Sie sich aus, was Sie wahrnehmen wollen, treffen Sie eine bestimmte Auswahl unter den vorhandenen Informationen, und behalten Sie nur die, die Ihrer Argumentation dienlich sind; ignorieren Sie all jene, die nicht auf Ihrer Linie liegen. Und dann ergehen Sie sich in Verallgemeinerungen, die Sie hinreichend mit abstrakten Begriffen spicken. Werfen Sie dem anderen sarkastische Bemerkungen an den Kopf, wie: «Das kannst du ohnehin nicht verstehen!» Und die Sache ist geritzt – Sie haben gewonnen. Nur die wenigen, die einen hohen EQ besitzen und auf ihr Gespür achten, werden den Betrug merken. Man verwechselt recht leicht Intelligenz mit dem Ansichreißen von Macht.

Es ist so viel leichter, anderen Sand in die Augen zu streuen, als eine Situation im einzelnen zu analysieren und dabei das Risiko einzugehen, auch einmal etwas nicht zu wissen. Doch muß man gestehen, daß unsere Gesellschaft nicht viel für die Zögernden übrig hat. Die Zweifel eines gewissenhaften Denkers werden ungern gehört. Ein fester Standpunkt, sei er auch falsch, verleiht Redner wie Zuhörerschaft Sicherheit. In Frankreich liebt man Antworten, keine Fragen. Man fordert Sie nicht auf, nachzudenken, sondern eine Meinung abzugeben. Sie müssen «für» oder «gegen» etwas sein, politisch rechts oder links, damit die Dinge klar sind.

Hierzu eine kleine Anekdote: In der Ortsversammlung der Umweltschützerpartei, in der die anstehenden Wahlen vorbereitet wurden, stellten sich die Kandidaten vor. Ein Mann sagte von sich, er sei unpolitisch. Sein Nachbar war nicht imstande, das so hinzunehmen; er fragte: «Ja – aber unpolitisch rechts oder unpolitisch links?» Es war ihm äußerst unangenehm, daß er den Mann nicht etikettieren und einordnen konnte.

Angesichts des Fremden, des Ausländers, des Neuen, des Unerwarteten – angesichts all der Dinge, die eine unerwünschte Emotion hervorrufen könnten, ist die erste Reaktion immer ein Urteil. Positiv oder negativ, aber ein Urteil. Wir sind ständig dabei, zu urteilen – viel häufiger, als wir es uns vorzustellen wagen. Wir urteilen über andere oder uns selbst.

«Ich bin ...»

Mélanie ist vierzig Jahre alt; sie kommt seit zwei Jahren zu mir in Behandlung. Sie bittet mich um Hilfe, da sie ihre übergroße Schüchternheit loswerden will. Ich erkläre ihr die Übung, die ich «Als-ob-Übung» nenne: Von heute an bis zur nächsten Sitzung soll sie täglich zwanzig Minuten lang so tun, als sei sie selbstsicher, als fühle sie sich gut. Sie kann die Übung tun, wo und wann sie will, bei ihr zu Hause, im Bus oder an ihrem Arbeitsplatz. Als sie vierzehn Tage später wiederkommt, erzählt sie mir, wie gut sie sich jedesmal während dieser zwanzig Minuten fühlte.

«Ich fühlte mich stark, ich spürte, daß ich leichter atmete, sogar meine Rückenschmerzen, die ja schon chronisch sind, verschwanden. In meiner Arbeit kam ich besser voran. Ich merkte, daß ich mir Dinge besser einprägte.» Sie hatte die Übung sogar in einer Tanzstunde gemacht und hatte von ihren Tanzpartnern Komplimente erhalten. «Endlich einmal tanzte ich im richtigen Rhythmus. Ich konnte mir die Schrittfolge besser merken. Es ist wirklich toll, Selbstvertrauen zu haben.»

Ich freue mich über den Erfolg der Übung. Ganz naiv denke ich, sie habe ihr Problem überwunden, und rufe begeistert: «Das ist ja wunderbar!» Da bricht sie in Tränen aus und antwortet mit verzweifelter Miene: «Ja, aber das bin ja gar nicht ich – ich bin doch schüchtern.» Ich bin bestürzt. Sie hatte jedesmal, wenn sie sich dazu entschlossen hatte, ein selbstsicheres Verhalten an den Tag gelegt. Doch das genügte nicht, um das negative Bild, das sie sich von sich selbst machte, auszugleichen. Mélanie stützt ihr ganzes Identitätsgefühl auf einen einzigen neurotischen Charakterzug! Ich muß einräumen, daß sie sich seit langem so definiert; diese Schüchternheit hat ihren Alltag so bestimmt, daß es folgenschwer wäre, wenn sie sich klarmachte, daß nicht *sie* es ist, sondern ein bestimmtes *Wesensmerkmal*, das sie ohne weiteres aufgeben könnte.

Das Etikett «schüchtern» aufzugeben kann möglicherweise zuviel Emotionen wecken. Wenn Sie Angst haben und sich sagen: «Das ist so, weil ich schüchtern bin», so erklärt das nichts, beruhigt Sie aber, denn es ist ein plausibler Grund und erspart Ihnen, sich zu direkt mit Ihrer Angst auseinandersetzen zu müssen. «Ich habe Angst» impliziert, daß Sie vielleicht auch *keine* Angst haben könnten. «Ich bin schüchtern» ist dagegen eine Charakterisierung Ihrer selbst. Sie können gar nicht anders handeln. In gewisser Weise enthebt es Sie der Verantwortung.

«Eine unverfälschte Emotion zu zeigen bedeutet, eine ganze Persönlichkeitsstruktur, eine Art zu denken, zu fühlen, zu handeln, einen ganzen Lebensstil in Frage zu stellen» (Karen Horney).

Das Leugnen von Emotionen hat eine Funktion: Man schützt damit eine Persönlichkeit, die unter dem Druck gewisser Umstände entstand; es ist ein Kompromiß, der sich allmählich herausbildete, um unsere Wahrnehmungen, Emotionen, Gedanken und Verhaltensweisen zu vereinigen.

Jeder Mensch braucht ein gewisses Kohärenzgefühl. Doch wenn Emotionen nicht ausgedrückt werden dürfen, können die inneren Konflikte, die jeder Mensch durchmacht, nicht ausgetragen werden. Um ein kohärentes Bild von sich selbst zu bewahren, spaltet man dann einen Teil von sich selbst ab.

Um nicht zwischen seinem Wunsch, geliebt zu werden, und der Wut auf seine autoritären Eltern, die ihn ängstigen, hin- und hergerissen zu werden, fügt sich Nicolas und verdrängt seine Aggressivität. Luc dagegen wählt die aggressive Variante, spielt den Rebellen und läßt seine weiche Seite nicht zum Vorschein kommen. Jedes Hervorbrechen von Wut ist für den Unterworfenen gefährlich, denn es kann das zerbrechliche Gebilde seiner Persönlichkeit in Frage stellen, indem es ihn zwingt, sich bewußtzumachen, daß er nicht dem Bild entspricht, das er sich von sich selbst macht. Ebenso muß der Aggressive jede mitfühlende oder liebevolle Geste, die ein anderer macht, zurückweisen, denn sie zwingt ihn, sein Selbstbild zu überdenken.

«So bin ich nun einmal, Sie müssen mich schon nehmen, wie ich bin!» Géraldine erträgt keinen Widerspruch. Sie reagiert stets prompt. Sie fühlt sich nicht wohl in ihrer Haut und erträgt Infragestellungen nur schwer. Jede Kritik an ihrem Verhalten wird als Ablehnung aufgefaßt.

Sich selbst konfrontieren

Eltern nehmen sich nicht immer die Zeit, den Emotionen ihrer Kinder Beachtung zu schenken. Auch kommt es vor, daß sie sie einfach nicht bemerken wollen, weil sie Gefahr laufen würden, dadurch in Frage gestellt zu werden, oder weil dies möglicherweise ihre Absichten durchkreuzen oder ihnen ein schlechtes Bild von sich selbst vermitteln könnte. Anstatt auf die Erfahrungen ihres Kindes einzugehen, neigen sie eher dazu, es zu charakterisieren: «Du bist aber nervtötend», «du bist wirklich wehleidig», «du bist zu nichts zu gebrauchen» ...

Diese Charakterisierungen, die die anderen – unsere Eltern und unsere Geschwister – vornehmen, prägen sich bei uns ein. Wie kann man sich davon befreien? Nun – indem man sich selbst konfrontiert und sich jenen Emotionen stellt, die sich auf diese Abwertungen beziehen.

Als ich etwa zwölf Jahre alt war, nannten meine Brüder mich «Bulldozer». Sie behaupteten, ich sei fett und tolpatschig. Und ich verinnerlichte das. Am Ende akzeptierte ich, daß ich eben fett und tolpatschig war. Glaubt man es, so wird man es. Ich wurde tatsächlich (ein wenig) dicker, und ich vermied es nach Möglichkeit, mit meinem Körper konfrontiert zu werden, indem ich die Turnstunden schwänzte ... Auch einige gelungene Sprünge auf dem Trampolin, die ich vollführte, brachten mich nicht dazu, mein eigenes Bild – das eines Trampels – zu revidieren. Im Sport waren mir meine Brüder einfach so sehr überlegen!

Erst als ich bereits siebenundzwanzig war, nahm ich den Stier bei den Hörnern. Ich beschloß, das, was ich in meinen Kursen lehrte («Sie sind nicht nur der Mensch, der Sie aus Gewohnheit sind, Sie können auch der werden, der Sie werden wollen»), selbst umzusetzen. Der Bruder, der mich immer so herabgesetzt hatte, war Jongleur und Leiter eines Zirkus geworden. Ich besuchte regelmäßig seine Aufführungen, und jedesmal war ich von der Trapezkünstlerin begeistert; ich bewunderte sie – so sehr, daß ich Lust bekam, es ihr gleichzutun. Also beschloß ich, mich von meinen negativen Überzeugungen zu befreien und einige Tage bei meinem

Bruder und seiner damaligen Freundin, der Trapezkünstlerin, zu verbringen.

Die ersten Unterrichtsstunden waren schwierig. Zum Glück hatte mein Bruder sich geändert. Jetzt unterstützte und ermutigte er mich: «Du kannst das, du wirst es schon schaffen!»

Ich gab die Abwertungen auf, die mir als Schutz und Ausrede gedient hatten, und legte mein «ich bin unsportlich» endgültig ad acta. Ich stellte mich meiner Angst – mit Erfolg. Ich, die als Zwölfjährige zu träge gewesen war, mich auch nur an eine Sprossenleiter zu hängen, bewegte mich zunehmend geschickter auf einem Trapez! Nach und nach wurde mein Körper geschmeidiger. Das ungeschickte Trampel hatte aufgehört zu existieren.

Um uns vor unseren Emotionen zu schützen, nehmen wir oft die Urteile und die Kritik anderer als Ausflucht; wir deklarieren uns zum armen, ohnmächtigen Opfer oder zum Retter der Menschheit. Wenn wir uns trauen, unsere Emotionen anzuerkennen und zu artikulieren, fallen diese Konstruktionen in sich zusammen und mit ihnen eine bestimmte Art und Weise des Verhaltens gegenüber den anderen Menschen und der Welt.

Um den tieferen Sinn Ihrer selbst – jenseits irgendeines Bildes – zu finden, sollten Sie Ihren Empfindungen, Emotionen, Gedanken und Verhaltensweisen mehr Aufmerksamkeit schenken.

Auf der Suche nach den verlorenen Emotionen

Ist man bereit, seine primären Emotionen zu akzeptieren, stellt man sich damit häufig außerhalb der gesellschaftlichen Normen, denn es bedeutet, daß man Dinge wahrnimmt, die andere nicht wahrnehmen, nicht sehen wollen, aus Angst, sich damit in Frage zu stellen. Wieder fühlen zu lernen bedeutet in der ersten Zeit oft, sich abzugrenzen, aber dafür wirklich zu sich selbst zu kommen. Auch heißt es, sensibler für Ungerechtigkeit, für das Leiden in der Welt zu werden und mehr Lebendigkeit zuzulassen.

«Ich weiß nicht, ob ich mich wirklich von meinem Panzer trennen möchte. Es ist, als wolle man einem Tauben vorschlagen, zu hören. Einerseits ist es verlockend, aber andererseits ist da draußen so viel Lärm, man hat ständig Angst, davon überfordert zu werden. Ich bin nicht sicher, daß ich Lust habe, mir all das anzuhören. Ich habe keine Lust, zu leiden; so wie ich jetzt lebe, finde ich gar nicht so schlecht.»

Diese Widerstände sind verständlich. Und angesichts der ungeheueren Greuel, die Menschen sich gegenseitig zuzufügen imstande sind, angesichts der großen Ungerechtigkeit und des Leidens auf der ganzen Welt, kann man verstehen, daß so viele Menschen sich gegen den Schmerz verhärten. Aber diese Verhärtung hindert sie auch daran, wirklich zu lieben.

Die drei kleinen Affen, die die Weisheit verkörpern – «nicht sehen, nicht hören, nicht sprechen» – sind sehr populär. Aber machen wir uns nichts vor: Das ist keine Weisheit, das ist Feigheit. Denn wie sollte das Leiden je aufhören, wenn wir uns abstumpfen? Wir müssen uns auf die Suche nach unseren verlorenen Emotionen machen.

Aber wie sollen wir dabei fündig werden, wo man sich doch in unserer Kindheit so häufig über unseren inneren Orientierungsmöglichkeiten hinwegsetzte? Erinnern wir uns hier in erster Linie an den Prozeß der Verdrängung. Alice Miller nennt die Phasen:

1. Das Kind erleidet Kränkungen, die nicht als solche angesehen werden.
2. Es darf keinen Zorn äußern.
3. Man zwingt es, dankbar zu sein.
4. Es muß alles vergessen.
5. Die verdrängten Affekte suchen einen Ausweg. Die Gewalt entlädt sich gegenüber einem anderen oder richtet sich nach innen.

Kränkungen, die nicht als solche erkannt werden

Ein kleines siebenjähriges Mädchen anlügen, indem man ihm sagt, sein Pullover würde nicht kratzen; einen zweijährigen Jungen zwingen, seinen Eimer oder seine Schaufel einem anderen Kind zu leihen; ein achtzehn Monate altes Kind ausschimpfen, weil es seinen

Becher umwirft oder weil es mit den Erbsen herumspielt, ehe es sie ißt; die dreijährige Viviane anzubrüllen, sie solle endlich ihr Zimmer aufräumen; den abgenutzten Teddybären von Alphonse in den Mülleimer werfen, ohne es ihm vorher zu sagen; Olivier nicht mitteilen, daß seine Großmutter gestorben ist, um «ihn nicht zu traumatisieren»; mißbilligend die Stirne runzeln, weil Delphine keine ausgezeichneten Noten nach Hause bringt; Massalda böse sein, weil sie ein Glas zerbrochen hat; Hugo ständig vorschreiben, was er anzuziehen und zu essen hat; ein Kind lächerlich machen, erniedrigen, prügeln, ohrfeigen – all das sind Kränkungen.

Aber die Erwachsenen, die der Meinung sind, das alles sei ihr gutes Recht, und die häufig sogar glauben, dies alles sei zum Besten ihrer Kinder, wollen das nicht erkennen. Das Kind hat also kein Recht, seinem Zorn in irgendeiner Weise Ausdruck zu verleihen, ja es darf oft nicht einmal zeigen, daß es wegen der Kränkungen, die seine Eltern ihm zufügen, leidet.

Frustrationen sind im Leben unvermeidlich, sie können sogar eine stärkende Wirkung haben – vorausgesetzt, sie werden als solche erkannt.

Viele Erwachsene weigern sich, die Gefühle ihrer Kinder wahrzunehmen, weil sie selbst gezwungen waren, ihre eigenen Leiden zu vergessen. Sie werden sich um so stärker weigern, sich mit der schmerzlichen Situation der Abhängigkeit zu identifizieren, je schwerer sie es selbst hatten, und sie werden es ablehnen, mit dem Schmerz in Kontakt zu treten. Indem sie ihren eigenen Schmerz leugnen, leugnen sie den ihres Kindes. Aber so wiederholen sie zwanghaft die destruktiven Verhaltensweisen – als müßten sie sich beweisen, daß diese nicht weh tun. Solange ein Elternteil nicht bereit ist, seine eigenen Eltern in Frage zu stellen, will er sich nicht daran erinnern, was er erlebt hat.

Der verbotene Zorn

Die gesunde, natürliche und normale Reaktion angesichts einer Kränkung ist der Zorn. Aber da es dem Kind verboten ist, seinen Eltern etwas übelzunehmen, ist es gezwungen, die Darstellung seiner Eltern zu akzeptieren: das ist keine Kränkung, das hat nicht weh getan, er (oder sie) hat es verdient, das war normal ... Also ist es immer das Kind, das «böse» ist. Wenn die Eltern den Zorn ihres Kindes nicht wahrnehmen wollen, dann – zumeist – nicht, weil sie das Kind vernichten wollen, sondern weil sie selbst als Kinder nicht das Recht hatten, ihren Eltern böse zu sein, und weil man ihnen beibrachte, daß der Zorn ein Machtinstrument ist. Das, was in Wirklichkeit eine Reaktion auf eine Verletzung ist, wird als Spiel um Macht und Beherrschung verstanden. «Ich werde mir doch von einem kleinen Jungen nichts vorschreiben lassen.» Der Stolz des Erwachsenen steht auf dem Spiel, für ihn kommt der Zorn des Kindes einem Mangel an Respekt gleich, und den kann er nicht tolerieren. Er muß seinen eigenen Zorn erneut besiegen, um den Zorn seines Kindes als das begreifen zu können, was es ist: Ausdruck einer Frustration, Reaktion auf eine Verletzung, der Versuch, seine körperliche oder seelische Unversehrtheit wiederherzustellen.

Es ist grundlegend wichtig, seinem Zorn Ausdruck zu verleihen, um seine Identität entwickeln zu können, um Vertrauen in sich selbst und in sein eigenes Urteil zu bekommen, um autonom zu werden.

Der Schleier des Vergessens

Viele Erwachsene neigen dazu, ihre Kindheitsleiden zu verschleiern. Philippe ist leitender Angestellter in einem großen Unternehmen. Er sucht mich auf, weil er Schwierigkeiten mit der Autorität hat. Er hat eine solche Angst vor seinem Chef, daß er am liebsten hinauslaufen möchte, wenn dieser anwesend ist. Bei Versammlungen der Geschäftsleitung stellt ihn das vor große Probleme. Ehe ich ihm eine Frage über seine Kindheit stellen kann, sagt er: «Ich hatte wunderbare Eltern, eine phantastische Kindheit. Meine Eltern liebten mich, alles lief bestens.»

«So? Und wie erging es Ihnen in der Schule?»

«Ach, in der Schule war es anders. Ich war ein schrecklicher Faulpelz, deswegen verprügelte mich mein Vater jeden Abend mit einem Ledergürtel.»

Phillippe hat seine Lektion gut gelernt. Sein Vater schlug ihn «zu seinem Besten», da er ein Faulpelz war! Er hat das Gefühl, das, was er ist, dank seines guten Vaters geworden zu sein, der es geschafft hatte, ihm seine schlechten Neigungen auszutreiben. Tief in seinem Innern sieht er sich noch immer als das unfähige und faule Kind, und er empfindet viel Dankbarkeit für diesen Vater, der ihm so viel Leid zufügte.

Um diese Leugnung seiner wahren Emotionen, seiner inneren Wirklichkeit aufrechterhalten zu können, mußte er es vergessen – die Schläge und den Schmerz, den Ledergürtel, die Erniedrigung und seine verletzten Gefühle. Er hat sich später Erinnerungen zurechtkonstruiert, die mit der Idealisierung seiner Eltern vereinbar sind. Er sagt – und glaubt –, er habe eine phantastische Kindheit gehabt. Aber wie soll er jetzt, ohne Scham und Schrecken zu empfinden, an einer Direktionskonferenz teilnehmen?

Verdrängte Affekte suchen einen Ausgang

«Das Kind von einst ergreift die erstbeste Gelegenheit, endlich aktiv sein zu dürfen und nicht mehr schweigen zu müssen. Da, wo keine Trauerarbeit möglich war, versucht der Mensch, durch den Zwang der Wiederholung die Vergangenheit ungeschehen zu machen und die tragische Passivität mit Hilfe der gegenwärtigen Aktivität auszulöschen», sagt Alice Miller.

Lola ist drei Jahre alt. Sie hat regelmäßig Wutanfälle, wobei sie sich auf den Boden wirft. Yves, ihr Vater, erträgt das nicht und wird dann sehr heftig. Der Zorn seiner Tochter berührt ihn um so mehr, als er sich in ihr wiedersieht. Als er so alt war wie sie, war er sehr jähzornig. Auf meine Aufforderung hin versucht er, sich an den letzten Wutanfall seiner frühen Kindheit zu erinnern. Es gelingt ihm: Ja, er wollte irgendwohin nicht gehen ... Wohin? Der Kontext fällt ihm nicht mehr ein, aber seine Gefühle sind ihm noch gegenwärtig: Er wollte seinen Vater «schlagen». Kurze Zeit später verließ sein Vater die Familie und kam nie mehr zurück. In Yves' Geist hatten sich die Dinge miteinander vermengt; er fühlte sich für den Weggang seines Vaters verantwortlich. Von jenem Tag an äußerte er nie mehr Zorn, ja er fühlte nicht einmal mehr welchen … Erst heute wieder – auf seine Tochter. Lola ermöglichte ihm, diesen Zorn, der in ihm feststeckte, herauszulassen.

Dank der therapeutischen Arbeit hat Yves sich seine Gefühle wieder zu eigen gemacht. Und Lola hat es nie mehr nötig, Zornausbrüche zu bekommen. Sie waren der Spiegel der verborgenen Emotionen im Unbewußten ihres Vaters.

3 Psychophysiologie der Emotionen

Wie unser Gehirn funktioniert

Auch wenn wir vielleicht nach dem Ebenbild Gottes geschaffen worden sind, so sind wir doch Säugetiere. Sicherlich höherentwikkelte, aber doch solche, die man im Kontinuum der Evolution sehen muß (das sagt man so, obwohl es den Anschein hat, als sei die Evolution eher nicht kontinuierlich verlaufen). Das menschliche Gehirn integriert die vorhergehenden Entdeckungen, fügt seine persönliche Prägung hinzu und verleiht uns damit phantastische Vorteile: die Möglichkeit, Hypothesen aufzustellen und Schlußfolgerungen zu ziehen, kurz, abstrakt zu denken, unser Verhalten entsprechend unseren Zielen zu steuern sowie uns unserer selbst, der anderen und unseres Platzes in der Welt bewußt zu werden.

Dem Forscher Mac Lean verdanken wir eine Klassifizierung des Gehirns in drei Teile, die auf diese großen Evolutionsphasen Bezug nimmt: den Archikortex, den Paläokortex und den Neokortex. Doch dürfen wir nicht vergessen, daß diese Unterteilungen geistige Konstrukte sind, Abbildungen, die vom Wirklichen ebenso entfernt sind, wie es vielleicht eine Landkarte von der Wirklichkeit eines Landes ist, das wir durchqueren. Die Natur hat keine Grenzen, nur die Menschen errichten sie an manchen Stellen mit Hilfe von Stacheldraht und Zollstationen. Die vielfältigen Verbindungen zwischen den einzelnen Gehirnteilen machen es sehr schwer, die verschiedenen Strukturen strikt voneinander zu trennen.

Die Reflexe

Grundlage dieses phantastischen Organs, das uns ermöglicht, Probleme zu lösen und uns Fragen zu stellen, ist das sogenannte «Reptiliengehirn» – der Ort, wo sich die Reflexbogen befinden, die unser unmittelbares Überleben gewährleisten. Wenn ein Arzt mit einem kleinen Hammer auf unsere Kniescheiben klopft, so hebt sich automatisch das Bein. Wenn ein Staubkorn zu nah an unsere Augen kommt, schließen sich rasch unsere Augenlider.

Die Reptilien besaßen – schon vor Millionen Jahren und lange vor unserem Erscheinen auf der Erde – ein zentrales Nervensystem. Das Reptiliengehirn, der Schnittpunkt zwischen sensorischen Erregungen und motorischen Neuronen, lenkt die Bewegungen dieser Kriechtiere immer mit demselben Ziel: das biologische Überleben des Einzelwesens oder seiner Gattung. Die Neuronen schreiben vor, ob es näher kommt oder zurückweicht, ob es angreift oder sich verteidigt, entsprechend den wahrgenommenen Signalen aus dem Umfeld. Diese Reaktionen sind reine Reflexe. Sie gehören in die Gegenwart. Das Gehirn eines Reptils hat keinen Zugang zum Gedächtnis oder zur gedanklichen Vorwegnahme, und noch weniger zum Bewußtsein oder zu einem Willensakt. Eidechsen und Schlangen sind sehr abhängig von äußeren Bedingungen; ihre Freiheit ist begrenzt.

Und wie ist es beim Menschen? Sein Archikortex – Mesencephalon (Mittelhirn) und Diencephalon (Zwischenhirn) – wird von höherentwickelten Strukturen beherrscht, deren Aufbau noch an späterer Stelle erläutert werden wird.

Das emotionale Gehirn

Die Evolutionsgeschichte bewegt sich in Richtung Autonomie. Seit den Zeiten, in denen es nur die Vegetation auf unserer Erde gab, hat das Leben große Fortschritte gemacht. Die Fische sind freier als die Algen und die Säugetiere freier als die Reptilien. Damit ein Lebewesen sich von den Automatismen befreien konnte, mußte sich im Gehirn eine Struktur entwickeln, die es erlaubte, zwischen verschiedenen Verhaltensweisen zu wählen. Um wählen zu können, muß man Vorlieben haben und bestimmen, was besser und was schlechter ist. Das wurde durch das Riechhirn (Rhinencephalon) möglich. Dieser Paläokortex (alter Teil der Großhirnrinde) hat seinen Namen von seinem Ursprung: Rhino – die Nase; denn er entstand aus dem verdickten Teil des Riechhirns. Er wurde von den Säugetieren entwickelt und ist besonders wichtig beim Delphin und beim Menschen – zwei Lebewesen, die man kaum wegen ihres guten Geruchssinnes bewundert, die jedoch von allen Arten der Schöpfung wahrscheinlich über die größte Gefühlspalette verfügen.

Das Riechhirn (Rhinencephalon) besteht hauptsächlich aus dem limbischen System, einem Knotengebilde, das die Speicherung, das Wiedererkennen von bereits erlebten Situationen und die Zuweisung ihrer affektiven Bedeutung ermöglicht. Das ist der Ursprung der Emotion. Der Name limbisch kommt von «Limbus», was soviel bedeutet wie Saum, Rand, Übergangsstelle eines Organs. Seine Form ähnelt einem offenen Ring. Unter den wichtigsten Kernen des limbischen Gehirns halten wir den Hippocampus fest, der die reinen Fakten speichert, sowie den Mandelkern, jene andere kleine Drüse des Temporallappens, die ihnen bestimmte Vorlieben zuweist.

Der Affekt ist schnell, viel schneller als unser Denken, und er rettet uns häufig durch seine Promptheit. Ein Beispiel dafür: Sie laufen auf der Straße. Jemand kommt in Ihr Blickfeld. Sofort erhält der Mandelkern das Bild dieses Gesichts, das sich da nähert; er ruft Ihre Erinnerungen auf und diktiert seine Reaktion: Ihr Herz schlägt schneller, Ihren Körper durchläuft es kalt, Ihre Muskeln versteifen sich. Ihr Organismus reagiert, noch ehe Sie die Zeit hatten, das Gesicht zu identifizieren. Sie sind in der Defensive, oder Sie haben bereits die Straßenseite gewechselt; der Mandelkern schickt seine Informationen an den Neokortex, Sie erkennen nun, wer es ist ... Es ist der Kerl, der Ihnen vor zwanzig Jahren das Leben zur Hölle gemacht hat.

Der Mandelkern erhält Informationen von den fünf Sinnen, die die Exterozeption (Wahrnehmung des Äußeren) und die Propriozeption (Wahrnehmung des eigenen Körpers) übernehmen. Er informiert die oberen Areale und nimmt ihre Botschaften auf; er reagiert auf Gedanken, auf Bilder und auf Phantasmen, die vom Neokortex erzeugt werden. Und schlußendlich ist er mit allen vegetativen, nervlichen und humoralen Funktionen verbunden, die am Gleichgewicht des Organismus beteiligt sind. Damit ist wohl hinreichend beschrieben, wie entscheidend er für unser Leben ist.

Das Reptiliengehirn ermöglichte uns lediglich eine Alternative: Der *Stimulus* löste Verlangen oder Abneigung aus. Dank des emotionalen Gehirns haben wir den Dualismus «angenehm – unangenehm» überwunden und besitzen den Zugang zu einer ganzen Palette von Gefühlen. Diese Vielfalt erhöht unsere Freiheit. Wir führen kein Leben mehr, das nur Schwarz und Weiß kennt, sondern Farben – und jeder Mensch hat seine eigenen.

Derselbe *Stimulus* erzeugt auch keine stereotypen Reaktionen mehr, die der ganzen Gattung eigen sind; im Verhalten treten nun Nuancen zutage. Jedes Individuum hat seine Geschichte und verbindet sie mit seinen eigenen affektiven Konnotationen. Der Prozeß der Individuation hat begonnen, eine Persönlichkeit deutet sich an.

Unsere Reflexe sind jetzt mit einer affektiven Dimension ausgestattet und werden nun durch die Erfahrung geprägt. Unser Erfahrungsgedächtnis zeichnet unser spezielles Profil – das heißt unsere Art und Weise, auf unser Umfeld zu reagieren, sowie unseren Charakter. Alles, was wir in frühester Kindheit erleben, während das Gehirn noch in der Entwicklung begriffen ist und die oberen Areale noch unausgereift sind, ist ganz besonders entscheidend.

Ein großer Lärm löst spontan einen Aversionsreflex beim Säugling aus. Das Kind fährt auf und beginnt zu weinen, die erste Reaktion erfolgt ganz automatisch. Die Lebensumstände, in denen sich das Kind in diesem Augenblick befindet, werden seine Zukunft mitbestimmen. Wenn es in den Arm genommen und beruhigt wird, wenn es mit seiner kleinen Nase den Geruch seiner Mutter erschnuppern kann, wenn es eine sanfte Stimme hört, die ihm erklärt, was da eben geschieht – auch wenn das Kind den Sinngehalt der Worte nicht versteht, so ist es doch imstande, deren Rhythmus aufzunehmen –, so wird all diese Liebe, dieses Gefühl, geborgen und in Sicherheit zu sein, an die Stelle der Angst treten. Das nächste Mal wird ein ähnlicher Lärm es wiederum aufschrecken und hellhörig machen – aber er wird keine Panik mehr in ihm auslösen.

Wenn das Kind hingegen allein im Zimmer ist, wenn der einzige vertraute Geruch, den es wahrzunehmen vermag, sein eigener ist, wenn keine zärtliche Stimme kommt, um sein Schreien zu besänftigen, dann wird es diese Erfahrung mit Einsamkeit und Terror verbinden. Und wenn es erneut mit einem ähnlichen Lärm konfrontiert wird, wird das Kind diese traumatische Erfahrung wieder durchleben; es wird entweder eine Hyperaktivität entwickeln oder, um sich zu schützen, abstumpfen, sich in Schweigen hüllen und eine Rückzugshaltung einnehmen.

Die Emotionen strukturieren die Persönlichkeit. Sie individualisieren unsere Einstellungen, bestimmen unsere Art, auf die Welt zu reagieren, und legen unsere Identität fest. Dank unseres emotionalen Gehirns sind unsere Reaktionen nicht mehr automatisch und unmittelbar, sondern stehen im Einklang mit unserer Geschichte und sind von dem geprägt, was bereits erlebt wurde.

«Es ist offenkundig, daß die Leidenschaften den Menschen nicht etwa unterwerfen – weit gefehlt! Sie helfen ihm, sich von den Beschränkungen seines Umfeldes zu befreien», hebt Jean-Didier Vincent in seinem Buch *Biologie des Begehrens* hervor.

Das Gehirn des Denkens

Die Dimension der Zukunft ist nur dem Neokortex, den berühmten grauen Zellen, zugänglich. Dank seines frontalen Bereiches ist der Neokortex das Gehirn der gedanklichen Vorwegnahme. Wir können Hypothesen aufstellen, uns noch nie ausprobierte Lösungen ausmalen, wir können träumen und uns in die Zukunft hineindenken. Wir können unser Verhalten entsprechend unseren Analysen und rationalen Entscheidungen steuern. Wie wir an späterer Stelle noch im einzelnen sehen werden, sind an diesem Prozeß immer auch die Emotionen beteiligt.

Das Gehirn hat eine Methode gefunden, um seine Oberfläche beträchtlich zu vergrößern, ohne deswegen mehr Volumen zu bekommen: die Gehirnwindungen. Der Mensch und der Delphin besitzen die Gehirne mit den meisten Falten. Diese vergrößerte Oberfläche ermöglicht eine hervorragende Entwicklung jener Bereiche, die auf das Empfangen von sensorischen Botschaften und auf die motorische Steuerung spezialisiert sind. Nicht nur garantiert sie uns scharfe Sinne, sondern sie ermöglicht uns auch komplexe Bewegungen, wie die der Hand, diesen magischen Anhang mit einem Daumen, der den anderen Fingern gegenübergestellt werden kann und uns so große Dienste leistet, wenn wir beispielsweise unsere Teetasse ergreifen.

Der Sprung in der Evolution geschah vor allem durch die Herausbildung der Assoziationsareale. Milliarden Neuronen haben einzig die Funktion, andere miteinander zu verbinden; sie bilden ein dichtes Gewebe aus Leitungen, die uns das Denken ermöglichen. Wir können die Informationen miteinander assoziieren, sie vergleichen, sie nach Rang einzustufen, sie gewichten – kurz, analysieren, folgern, deduzieren, nachdenken ...

Der Neokortex gibt dem Menschen die Möglichkeit, seine Reflexe zu unterdrücken (wenn Sie wollen, wird Ihr Knie unbeweglich bleiben, auch wenn der Arzt mit einem Hammer darauf klopft). Er verleiht uns die höchste Freiheit in bezug auf unsere Umwelt: die Fähigkeit, unsere Einstellung bewußt zu wählen.

Im Alltag hilft uns der präfrontale Neokortex, bei der Verwirklichung unserer Ziele zeitliche Verzögerungen hinzunehmen. Ihm haben wir es zu verdanken, daß wir im Supermarkt Schlange stehen können und trotzdem nicht unsere gute Laune verlieren. Indem er den Mandelkern dämpft, bremst er unsere aggressiven Triebe, die wach werden, wenn jemand sich in der Schlange vordrängelt.

Um seine Überzeugungen oder seine Identität zu schützen, ist der Mensch imstande, sich dem Unsagbaren zu stellen. Wenn es auch stimmt, daß wir Menschen ein unterschiedliches Schmerzempfinden haben, so verfügen wir doch alle über einen präfrontalen Kortex, der imstande ist, den tiefer liegenden Strukturen Befehle zu erteilen, und es uns ermöglicht, sogar die Folter zu ertragen. In den Berichten von Amnesty International finden sich unzählige Namen von Männern und Frauen, die bezeugen, in welch hohem Maße der Mensch den Schmerz aushalten kann. Man denke auch an die Mönche und Nonnen zur Zeit des Vietnamkrieges, die sich, ohne einen Klagelaut, selbst verbrannten, um gegen den Krieg und seine Greuel zu protestieren. Der Mensch ist imstande, sein Leben für seine Überzeugungen zu riskieren, er kann in den Hungerstreik treten und den Tod in Kauf nehmen, um sich Gehör zu verschaffen, seine Brust den Gewehren darbieten und dem Mörder dabei auch noch in die Augen sehen. (Das ist auch der Grund, weswegen Feiglinge es vorziehen, den Menschen, die sie exekutieren, die Augen zu verbinden; sie wollen sich ihre Schuld wegen des Tötungsaktes nicht eingestehen.)

Vielleicht ist noch interessant, zu erwähnen, daß im Französischen das Wort Mut (courage) von Herz (cœur) kommt. Der indoeuropäische Ursprung *krd* ist im Lateinischen zu *cord* geworden. In der ausgehenden Antike kam in der lateinischen Volkssprache ein Synonym dafür auf: *coraticum*, aus dem das französische Courage wurde. Das Substantiv Courage war lange Zeit das Synonym für das Herz – den Ort der Gefühle. Seit dem 18. Jahrhundert bezeichnet *Courage* nur noch die Tugend dessen, «der Herz hat» und der damit als mutig gilt[7]. Mut ist eine der Dimensionen der Intelligenz des Herzens.

«Wer von denen, die das Konzentrationslager erlebt haben, wüßte nicht von jenen Menschengestalten, die da über die Appellplätze oder durch die Baracken gewandelt sind, hier ein gutes Wort, dort den letzten Bissen Brot spendend? Und mögen es auch nur wenige gewesen sein – sie haben Beweiskraft dafür, *daß man den Menschen im Konzentrationslager alles nehmen kann, nur nicht: die letzte menschliche Freiheit, sich zu den gegebenen Verhältnissen so oder so einzustellen. Und es gab ein ‹So oder so›* ... Es ist diese geistige Freiheit, die dem Leben einen Sinn gibt», betont der Psychiater Viktor Frankl, der die Todeslager überlebte. Das menschliche Leben nährt sich im selben Maße von Gefühl wie von Brot.

Der präfrontale Kortex ist für keine motorische oder perzeptorische Aktivität unbedingt erforderlich, aber er ist an allen beteiligt. Zum Besten wie zum Schlechtesten steuert er unser Leben. Zum Besten? Die Fähigkeit, Emotionen zu kontrollieren, macht uns zutiefst menschlich. Zum Schlechtesten? Diese Fähigkeit kann uns auch zutiefst unmenschlich werden lassen, denn man ist zu allem imstande, wenn man sich selbst entfremdet ist.

Die Überlegenheit des Neokortex hat auch seine Nachteile. Er kann auf Täuschungen hereinfallen und die unteren Schichten des Gehirns zwingen, sich übermäßigen Forderungen zu unterwerfen. So löst er beispielsweise bei Nathalie allein durch den Anblick eines Fotos von einer Katze Rötungen im Hals und ein Ekzem im ganzen Gesicht aus. Nicht etwa, weil sich eine Katze zuvor daran gerieben hätte, sondern weil Nathalie *weiß*, daß sie auf Katzenhaare allergisch ist.

Der präfrontale Kortex ist nur beim Menschen und beim Wal voll entwickelt (eine Gattungsgruppe, die gleichzeitig die Orkas, die Delphine sowie die weißen und grauen Wale mit einschließt). Es hat den Anschein, als könne der Wal ihn besser nutzen als wir. Der Frontallappen verleiht uns nicht nur die Fähigkeit, unser Handeln gedanklich vorwegzunehmen und sich seiner bewußt zu sein, er vermittelt uns auch das Bewußtsein für die Emotionen anderer. Er ist das Organ der Nächstenliebe und des Mitgefühls – Haltungen, die bei den Walen ganz eindeutig ausgeprägter sind als bei den Menschen.

Rechts und links

Das Gehirn besteht aus zwei Hemisphären; darin sind sich alle Forscher einig. Was das Motorische anbelangt, so sind die Dinge ziemlich eindeutig: Der linke Lappen steuert die rechte Körperseite, und der rechte Lappen übernimmt die Verantwortung für die linke Körperseite. Doch was die Emotionen und andere geistige Aktivitäten betrifft, ist der Sachverhalt komplizierter.

Forscher haben eine Methode gefunden, mit der sie im Labor selektiv verschiedene Bereiche des Gehirns stimulieren können, um die Reaktionen ihrer Patienten zu testen. Eine Stimulierung des präfrontalen rechten Lappens ruft Angst oder Wut hervor. Beobachtungen von Kranken, die an Gehirntumoren oder an anderen neurologischen Störungen litten, haben diese Rolle des rechten Lappens durch negative Reaktionen bestätigt. Tatsächlich verleiht eine Verletzung der rechten Seite – ganz gleich, wie die Umstände sein mögen – ein (zuweilen unangemessen) heiteres Temperament. Es hat den Anschein, als habe der linke Lappen die Funktion, seinen rechten Nachbarn zu mäßigen, um seine negativen Emotionen zu regulieren. Doch trotz der Tatsache, daß man einen Affekt auslösen kann, indem man einen spezifischen Punkt im Gehirn stimuliert, kann man nicht behaupten, die Emotionen seien lokalisierbar. Es handelt sich vielmehr um komplexe regulierende Einheiten, die über das ganze Gehirn verteilt sind.

Infolge von Sperrys Forschungsarbeiten hat man alle möglichen Behauptungen über die Verteilung unserer Kompetenzen auf der rechten und der linken Gehirnhälfte aufgestellt. Er hob besonders hervor, daß die linke Gehirnhälfte verbal und analytisch und die rechte emotional und ganzheitlich ausgerichtet sei. Der linken Seite ordnete er die Sprache zu und der rechten die visuellen Anlagen. Doch scheint die Wirklichkeit differenzierter zu sein. In seinem Buch *Das erkennende Gehirn* macht Michael Gazzaniga, ein ehemaliger Schüler Sperrys, eine Bestandsaufnahme. Er hat festgestellt, daß die Durchtrennung der Gehirnkommissuren – der Faserbündel, die die beiden Hemisphären verbinden – zwei getrennte geistige Systeme ergab, von denen jedes mit einer eigenen Fähigkeit, zu lernen, sich zu erinnern, Emotionen zu spüren und sich zu verhalten, ausgestattet war.

So ist die linke Gehirnhälfte tatsächlich der Sitz der Sprache. Manche Patienten können, nachdem ihnen unter Narkose die Kommissuren durchtrennt wurden und die linke Gehirnhälfte betäubt wurde, mit Hilfe der rechten Gehirnhälfte sprechen. Jedoch bleibt das Sprachvermögen des rechten Lappens weniger gut entwickelt. Die Fähigkeit, etwas zu erklären, zu folgern und ihm einen Sinn zu verleihen, scheint dem linken Gehirn zuzukommen.

Zunächst glaubte man, die wichtigste Leistung der rechten Gehirnhälfte beruhe auf ihrem visuellen Gestaltungsvermögen; tatsächlich soll sie mehr für manuelle Ausführungen und die Handhabung von Dingen zuständig sein. Die Experimente, die man mit Rechtshändern gemacht hat, bei denen man den Corpus callosum

(«Balken», Teil des Kommissurensystems im Großhirn) durchtrennt hatte, zeigen, daß die rechte Hand, die nun nur noch über das linke Gehirn verfügt, um sie zu steuern, unfähig ist, vier Klötzchen so anzuordnen, daß daraus eine einfache Form entsteht. Hingegen stellt die linke Hand, die vom rechten Gehirn gesteuert wird, ohne Mühe Formen und geometrische Modelle zusammen. Doch wissen die Rechtshänder, die noch ihr Corpus callosum haben, daß ihre rechte Hand besser zeichnet als die linke.

Von den vielen unterschiedlichen Experimenten und Beobachtungen dieser Forscher sollten wir vor allem die ungeheure Vielfalt der menschlichen Natur im Gedächtnis behalten und die Unmöglichkeit anerkennen, den Menschen in eine einzige Kategorie einzuordnen.

Für Gazzaniga und andere Forscher ist das Gehirn in modulare Verarbeitungssysteme eingeteilt. Hunderte, ja vielleicht Tausende dieser Systeme sind demnach in der Lage, Informationen nebeneinander zu verarbeiten. Die meisten dieser Systeme können sich an Ereignisse erinnern und reagieren auf *Stimuli*, die mit einer bestimmten Erinnerung verknüpft werden. Sie drücken sich durch Handlungen aus, und nur wenige haben Zugang zur verbalen Kommunikation.

Sie durchleben einen Stimmungswechsel ohne offensichtlichen Grund? Das ist deshalb so, weil ein nicht sprachliches Modul angeregt wurde; die emotionalen Assoziationen der in diesem Modul gespeicherten Ereignisse wurden an das limbische Gehirn weitergeleitet und haben den affektiven Zustand ausgelöst, in dem Sie sich nun befinden. «Nicht sprachlich» bedeutet, daß Sie den *Stimulus* nicht benennen können, der den Affekt geweckt hat, daß Sie also nicht in der Lage sind, ihn zu identifizieren. Er ist außerhalb Ihres Bewußtseins.

Wenn ein Corpus callosum (der «Balken») intakt ist, wird alles, was der rechten Hemisphäre unterbreitet wird, zur Analyse und verbalen Verständigung sofort an die linke weitergeleitet. Dort interpretieren und bezeichnen die verbalen Module das, was Sie empfinden, und verleihen ihm einen Sinn. Daraus können Schwierigkeiten entstehen, denn das Bedürfnis nach Kohärenz ist so stark, daß die Module, sofern sie nicht über die richtige Information verfügen, zuweilen irgendeine logische oder rationale Erklärung erfinden.

Gazzaniga berichtet von einem Experiment, das er mit einem Mann durchführte, der am Gehirn operiert worden war. Auf einem Schirm wurde, nur für das rechte abgetrennte Gehirn (das theoretisch weder sprechen noch lesen kann) erkennbar, der einfache Befehl «laufen Sie» projiziert. Der Patient erhob sich und ging zur Tür. Als man ihn fragte, wohin er wolle, antwortete er: «Ich gehe nach Hause, um einen Fruchtsaft zu holen.» Seine linke Gehirnhälfte sah sich gezwungen, ein Verhalten zu erklären, zu dem es keinen Antrieb gehabt hatte, weigerte sich aber, dies einzugestehen, und erfand deshalb schnell einen plausiblen Grund.

Diese Beobachtung beschreibt anschaulich den Prozeß, der vor sich geht. Zuweilen ist es schwierig, selbst in unseren intakten Gehirnen diese Funktionsweise zu erkennen.

Hier ein Beispiel für ein derartiges unangenehmes Ereignis, das ich selbst erlebte: Es war vor einigen Jahren – ich kam gerade von der Arbeit, als mich plötzlich eine traurige, ja verzweifelte Stimmung überkam, und das, obwohl mein Tag gut verlaufen war. Doch jetzt, im Auto, erfaßte mich ein unbezähmbarer Drang zu weinen. Ein nicht zu erklärendes Unbehagen stellte sich ein. Und dann empfand ich Sehnsucht nach Liebe! Ein schon lange zurückliegendes Liebesabenteuer kam mir wieder in den Sinn und ließ Hoffnungslosigkeit in mir aufsteigen. Und während ich diese Erinnerungen an mir vorbeiziehen ließ, wurde mein Weinen immer heftiger. Ich kam in einem ganz aufgelösten Zustand zu Hause an. Glücklicherweise hatte ich gerade für einige Tage eine Freundin zu Besuch. Ich erzählte ihr davon. Sie unterbrach mich. «Was du da erzählst, hat mit deinem Ex-Freund gar nichts zu tun. Wir haben Vollmond, deswegen bist du so deprimiert!» Augenblicklich hielt ich inne – fassungslos. Es stimmte. Jetzt, wo sie es mir sagte, fiel mir ein, daß ich bei Vollmond manchmal in merkwürdige Zustände geriet.

Ich hatte mich tagsüber auf meine Arbeit konzentriert und gar nicht auf meine inneren Empfindungen geachtet. Doch als ich dann abends in meinem Auto zur Ruhe kam, wurde mir mein innerer Zustand bewußt. Da ich nicht eine Sekunde lang daran gedacht hatte, daß der Vollmond die Ursache meiner Empfindungen sein könne, fand ich eine andere Erklärung. Und warum da nicht diese alte Liebesgeschichte?

Die Interpretation meiner Freundin war zutreffend. Die Tatsache, daß mein Leiden augenblicklich aufhörte, bestätigte das.

Die Rolle der linken Hemisphäre scheint darin zu bestehen, Erklärungen für innere Empfindungen, Wahrnehmungen und aktualisierte Verhaltensweisen zu konstruieren. Ihre Fähigkeit zur Schlußfolgerung hat den Menschen davon befreit, mit Hilfe von tastenden Versuchen Fortschritte erzielen zu müssen. Dadurch ist er imstande, nachzudenken und Überzeugungen herauszubilden – zum Guten wie zum Schlechten.

Filter, Gedächtnis und Überzeugungen

Die emotionale Reaktion lenkt die Aufmerksamkeit auf den auslösenden *Stimulus* und ermöglicht so die gedankliche Analyse. Im Gegenzug verändert diese Einschätzung die anfängliche, unabgeschwächte Emotion. Ein Beispiel: Sie sitzen ruhig im ersten Stock Ihres Einfamilienhauses. Plötzlich schreckt ein Geräusch im Erdgeschoß Sie auf. Angespannt lauschen Sie – und erkennen den Schritt Ihres Lebensgefährten. Die oberen Gehirnareale haben die Vertrautheit des Geräusches wahrgenommen, die Beunruhigung verflüchtigt sich.

Wird mit dem auslösenden Ereignis eine negative Bedeutung assoziiert oder hat der Mensch zu viele Situationen erlebt, in denen er sich hilflos und ohnmächtig fühlte, kommen zu der primären Emotion verständlicherweise neue Ängste hinzu. So entwickeln sich Phobien und Angstzustände ... Der zirkuläre Charakter der gegenseitigen Beziehungen von Affektivität und Kognition ist daran schuld, daß man nicht weiß, was Henne und was Ei ist, das heißt, wer wen hervorgebracht hat. Das Gehirn filtert die Informationen entsprechend der Emotion. Wenn man durch dunkle Brillengläser schaut, sieht man alles dunkel; man braucht nur eine rosafarbene Brille aufzusetzen, und Elefanten sind rosa.

Wenn Sie aus irgendeinem Grund an einem Tag wütend sind, wird Ihnen als erstes auffallen, daß der Schal Ihres Mannes auf dem Boden und sein scheußlicher Aktenkoffer auf dem Bett liegen. Doch Sie übersehen den wunderschönen Blumenstrauß, den er in aller Eile in eine Vase gestellt hat, um Sie damit bei Ihrer Rückkehr zu überraschen. Man sieht in erster Linie das, was dem emotionalen Zustand zuträglich ist, alles übrige wird ignoriert.

Zudem begünstigt die Beteiligung des Mandelkerns die langfristige Speicherung. Je stärker ein Ereignis affektiv geprägt ist, desto genauer wird es gespeichert und erinnert. Deshalb sind die emotionalen Erinnerungen der ersten Lebensjahre am prägendsten, selbst – ja, vielleicht auch vor allem – wenn sie im Unbewußten vergraben bleiben. Die Emotion ist um so prägender, wenn die oberen Gehirnschichten noch nicht ausgereift sind und sie nicht abmildern konnten, indem sie ihr einen Sinn verliehen. Der Mandelkern ist von Geburt an voll entwickelt, der Hippocampus jedoch noch nicht vollständig und die Areale der Sprache noch weit weniger. Wenn man das, was man empfindet, nicht in Worte, nicht in hilfreiche Erklärungen fassen kann, behalten Emotionen ihre ganze Heftigkeit.

Ihre Knie zittern, weil Sie öffentlich ein Referat halten müssen? Dann hat ein ungeschickter Lehrer Sie in der Schule in Angst versetzt, oder vielleicht haben Ihre Eltern Ihren kindlichen Erlebnissen nur wenig Beachtung geschenkt.

Jede Angst oder Scham, die nicht erkannt worden ist, weil niemand sie wahrnehmen wollte, ist noch immer da, bereit, sich bei Gelegenheiten zu offenbaren, die der Ursprungssituation mehr oder weniger ähneln.

Sie ertragen es schlecht, wenn Ihre Frau das Baby in den Armen wiegt, Sie sind eifersüchtig auf die Aufmerksamkeit, die sie ihm schenkt? Dann haben Sie selbst als Kleinkind keine so zärtliche Fürsorge erhalten, oder ein kleiner Bruder hat Ihnen ein wenig zu früh Ihren Platz streitig gemacht...

Sie empfinden das ständige Widersprechen Ihres zweijährigen Sohnes als Mangel an Respekt? Wahrscheinlich haben Ihre Eltern Ihnen, als Sie in diesem Alter waren, nicht erlaubt, zu protestieren, wenn es Nudeln oder Spinat gab.

Es drängt Sie, Ihrer dreijährigen Tochter eine Ohrfeige zu geben, weil sie das Kleid nicht anziehen möchte, das Sie ihr hingelegt haben? Dann haben Sie wahrscheinlich selbst Schläge bekommen, wenn Sie Ihre Autonomie bekunden wollten.

Eine Reaktion, die Ihnen heute unangemessen erscheint, deutet darauf hin, daß ein Ereignis wachgerufen wurde, das in einem Winkel des Gehirns verborgen war. Nur ist es uns nicht immer bewußt. Denn wie wir gesehen haben, neigt das linke Gehirn dazu, zu rationalisieren, und erfindet auch Begründungen, um unseren Einstellungen den Anschein des Logischen und Adäquaten zu verleihen.

Um sich (in den oben angeführten Beispielen) den wahrhaften Ursprung Ihres Verhaltens nicht bewußtmachen zu müssen:

- sagen Sie, Sie würden Ihr Thema nicht genügend beherrschen, oder behaupten, die Gegenwart Unbekannter schüchtere Sie stets ein;
- machen Sie Ihrer Frau den Vorwurf, sie verwöhne das Kind zu sehr, und versichern ihr, ein Säugling müsse schreien, um kräftige Lungen zu bekommen;
- rechtfertigen Sie sich: «Kinder müssen ihre Eltern respektieren; man muß ihnen Grenzen setzen.»

So entstehen irrationale Überzeugungen, die in unserem Alltag so häufig anzutreffen sind. Die Meinungen über Kindererziehung sind am einschneidendsten, weil sie das Leiden weitergeben. Ihr Sohn, dessen Opposition Sie nicht ertragen, wird später seinerseits nur schwer mit der Auflehnung seiner Kinder umgehen können ... Und das Resultat ist dann, daß ganze Generationen es nie wagen werden, einem Vorgesetzten zu widersprechen, und sich nur zubilligen, zu opponieren und zu kritisieren, wenn sie sich in einer Stellung befinden, die ihnen Macht über andere verleiht.

4 Übererregbarkeit und Überreaktionen

Die eine Emotion kann eine andere verbergen

Wir sind beim Frühstück. Der heiße Tee steht schon auf dem Tisch. Adrien, fünfeinhalb Monate alt, fängt plötzlich an zu brüllen! Auf dem Schoß seines Vaters sitzend, hat er versucht, dessen Stück Brot zu ergreifen, ist dabei umgekippt und hat mit der Hand die Teekanne berührt. Ich stürze herbei, entreiße ihn Jean Bernards Armen. Ich möchte schreien: «Kannst du nicht aufpassen?» Aber ich halte mich zurück, denn ich weiß, daß ich dazu neige, anderen Vorwürfe zu machen, wenn ich Angst habe. Dennoch kann ich es mir nicht verkneifen, in einem betont neutralen Tonfall zu sagen: «Du siehst ja, was passieren kann – eine Minute Unaufmerksamkeit, und schon ist's geschehen!» Zum Glück ist Adrien unverletzt, seine kleine Hand ist kaum gerötet. Ein wenig später sagt Jean Bernard zu mir: «Du liebst deinen Sohn eben.» Ich schaue ihn dankbar an. Er hat mich verstanden. Ich weiß es zu schätzen, daß er so spricht, ohne sich zu rechtfertigen oder aufzuregen. Das gibt mir die Möglichkeit, zu antworten: «Entschuldige, daß ich dir vorhin Vorwürfe gemacht habe; das hätte mir genauso passieren können.» In dem Augenblick, wo ich mich entschuldige, steigen mir Tränen in die Augen. Ich spüre die Liebe, die ich für meinen Sohn empfinde, und auch die Furcht, es könne ihm etwas zustoßen. Jetzt bin ich in der Lage, die Verantwortung für meine eigentliche Emotion – Angst – zu übernehmen. Dadurch, daß ich Jean Bernard meinen Zorn entgegenschleuderte, brauchte ich keine Panik zu spüren.

Eine Emotion kann eine andere verbergen. In unseren Familien werden manche Emotionen akzeptiert, andere nicht. Da wir dazu erzogen werden, unser wahres Ich zu verstecken, entladen wir unsere Spannungen, ohne dabei unsere wirklichen Emotionen preiszugeben. Zudem können wir versucht sein, bestimmte Gefühle zu zeigen, wenn wir in unseren Beziehungen daraus Vorteile ziehen.

Gisèle fährt nicht Auto, sie hat Angst, einen Unfall zu verursachen. Woher kommt diese Angst? Einige Tage nachdem sie ihren Führerschein gemacht hatte, ließ ihr Ehemann René sie ans Steuer. Alles ging gut, doch in dem Augenblick, wo sie in ihre Garteneinfahrt einbog, fuhr sie ein wenig zu schnell auf den Bürgersteig. Ihr Mann, der ausgestiegen war, um das Tor zu öffnen, brüllte erschrocken: «Paß doch auf! Du hättest ja ein Kind totfahren können!» Sie war sichtlich getroffen, mehr als ihr Mann. Sie gestand sich nicht zu, Zorn zu empfinden – nur, seit diesem Vorfall hat sie sich nie wieder ans Steuer gesetzt. Sie stellt sich als das kleine, ohnmächtige und hilflose Mädchen dar, das Angst vor dem Autofahren hat, Angst, autonom zu sein, Angst, sich zu behaupten – was ihrem Mann die Möglichkeit gibt, sie zu beschützen und sich selbst stark zu fühlen.

Emotionale Gewohnheiten stammen aus der Kindheit

Gisèles Mutter hatte große Probleme mit dem Zorn. Sie war sehr verunsichert von den Wutausbrüchen ihrer Kinder, die sie an die ihres Mannes erinnerten. Die kleine Gisèle begriff sehr früh, daß diese Wutausbrüche für ihre Mutter etwas Bedrohliches hatten. Wenn man seine Mutter braucht, kann man sich nicht erlauben, sie zu verletzen, und wird eher versuchen, sie aufzumuntern … Gisèles Mutter hatte es bitter nötig, geliebt zu werden und sich in dem Gefühl zu wiegen, daß sie als Mutter Macht hatte! Wenn Gisèle also frustriert, wütend oder unglücklich war, suchte sie Zuflucht in den Armen ihrer Mutter und zitterte vor Angst. Damit gab sie sich selbst die Sicherheit, daß ihre Mutter fähig war, sie zu trösten und «ganz» zu bleiben (wohingegen der zornige Zustand die Gefahr in sich birgt, sie ihn Teile aufzuspalten), und gleichzeitig beruhigte sie auch ihre Mutter …

Wir bilden unsere emotionalen Gewohnheiten entsprechend den Emotionen heraus, die – bewußt oder unbewußt – von unseren

Eltern akzeptiert oder untersagt wurden, entsprechend den Tabus und Familiengeheimnissen, aber auch dem Platz, den wir unter den Geschwistern einnehmen. Es kommt vor, daß alle Kinder einer Familie dieselbe Traurigkeit oder denselben Zorn an den Tag legen, aber häufiger werden jedem Kind unterschiedliche Ge- und Verbote erteilt.

Beispielsweise hat der Älteste das Recht, traurig zu sein: Er schließt sich in seinem Zimmer ein, um dort zu lesen, aber Zorn zu zeigen, hat man ihm untersagt: «Sei gefälligst nett zu deinem kleinen Bruder!» Auch hat er nicht das Recht, Angst zu haben: «Du bist groß, sei ein Vorbild!» Unter diesen Umständen wird der Jüngere jähzornig. Und der Allerjüngste begreift schnell, daß Angst ihm eine gesteigerte Aufmerksamkeit einbringt. Die Verteilung der Rollen hängt von einer Vielzahl unbewußter Faktoren ab.

Serge ist der Älteste, und er ist der Choleriker in der Familie. Er ist so «böse», wie sein kleiner Bruder «liebenswürdig» ist. Er steckt ebenso fest in seiner Rolle des Unruhestifters wie sein Bruder in der Rolle des netten Jungen.

Als sein Bruder geboren wurde, fühlte Serge sich verlassen. Er war nicht erwünscht gewesen, er war ein «Unfall». Er war braunhaarig, während das neue Baby blond war, er schrie viel, während sich der Kleine ruhig verhielt. Der kleine Neuankömmling machte seine Eltern so glücklich, wie es ihm niemals möglich gewesen war.

Als Serge erwachsen ist, streitet er sich mit allen Leuten. Beginnt er eine Beziehung, so ist anfangs alles wunderbar. Er ist freundlich und zuvorkommend, kann sogar als Beschützer aufreten. Doch eines Tages, ganz unvermittelt, regt Serge sich über irgend etwas furchtbar auf und bricht die Beziehung ab. Man könnte fast sagen, er bediene sich der anderen, um sich hin und wieder von einer Wut zu befreien, die aus uralten Kindertagen stammt. Wenn er wütend die Tür zuschlägt, so schieben die anderen das auf seine übergroße Empfindlichkeit. Da er immer sofort «hochgeht», wagt niemand mehr, ihm zu widersprechen. Alle bemühen sich, seinen Zorn nicht zu wecken. Durch seine Aggressivität gewinnt er Macht über andere, er beherrscht seine Umgebung; doch er zerstört, um nicht selbst zerstört zu werden. Er fühlt sich innerlich so verunsichert, daß er sich nicht erlauben kann, es zu zeigen.

Und nun ein paar Worte zu Christophe, Serges kleinen Bruder: Er kann nicht ohne Beruhigungsmittel leben. Seine Ängste lähmen sein gesellschaftliches wie emotionales Leben. Da er zu seinem Gefühl der Wut keinen Zugang hat, fällt es ihm sehr schwer, sich im Leben zu behaupten.

Die Transaktionsanalyse benutzt die Metapher der «Schutzgelderpressung» – ein Begriff aus der Welt der Mafia: man gewährt Sicherheit im Austausch gegen Geld – und bezeichnet damit jene Gefühle als Erpressung, die vorgegeben werden, um andere zu verbergen, wodurch dem Betreffenden von seiner Umgebung besondere Aufmerksamkeiten zuteil werden. Man erkennt die «Erpressung» an ihrer Systematik und ihrem Hang zur Wiederholung. Es ist ein altes Gefühl, das nicht auf die gegenwärtige Situation bezogen ist; es gründet sich auf ein System von Überzeugungen, das durch einseitige Wahrnehmungen bestätigt wird. Ein Mensch kann um so mehr in diesem emotionalen Gefängnis eingeschlossen sein, je mehr trügerische Sicherheit ihm seine erpresserischen Verhaltensweisen geben. Auch wenn sie nicht angenehm sind, so sind sie doch wenigstens vertraut und damit beruhigend. Sie machen die Reaktionen der anderen mehr oder weniger vorhersehbar. Nur daß alle Leute, denen wir in der Welt der Erwachsenen begegnen, nicht notgedrungen wie Vater oder Mutter reagieren, verblüfft uns zuweilen.

Nervenkrisen und Ohnmachten

Die ganze Gruppe ist seit einer Stunde versammelt und arbeitet konzentriert an dem Thema, das auf der Tagesordnung steht. Plötzlich wirft Jacqueline sich auf den Boden; sie meint zu ersticken. Ihr Röcheln klingt beängstigend, ihre Hände verkrampfen sich, und ihr Atem geht immer schneller. Ein Gruppenteilnehmer stürzt mit einer Plastiktüte zu ihr hin und läßt sie das eigene Kohlendioxid einatmen, das die Sauerstoffzufuhr vermindert. Bald darauf beruhigt Jacqueline sich wieder, der Anfall ist vorüber. Sie leidet unter

Spasmophilie und glaubt, sie habe keine Kontrolle über ihre Anfälle. Diese kommen aus heiterem Himmel und – was besonders unangenehm ist – meistens in aller Öffentlichkeit.

Mit Hilfe der Analyse fällt Jacqueline auf, daß jede Krise, die sie bekommt, mit einer Emotion verknüpft ist. Da sie unfähig ist, nein zu sagen, sich zu widersetzen oder ihre Gefühle vor anderen Menschen auszudrücken, verursacht die kleinste Verärgerung einen Erstickungsanfall.

Die «Nerven» entladen ein Übermaß an Spannungen, doch die tiefer liegende Emotion bleibt unterdrückt.

Ivana beginnt zu weinen, sobald man ihr etwas vorwirft. Ihre Kinder würden gerne mit ihr über ihre eigene Vergangenheit sprechen; sie können sie nicht einmal zu ihrer Geburt oder zu der Zeit befragen, in der sie die ersten Zähne bekamen. Ihre Mutter bricht dann jedesmal in Schluchzen aus und bekennt sich im voraus schuldig: «Ich mache nie etwas richtig!» Gleichzeitig beteuert sie ihre Unschuld: «Ihr wart glückliche Kinder – es ist nicht wahr, euch hat es an nichts gefehlt, ihr hattet es viel besser als andere . . .» Ihre Rechtfertigungen verbindet sie mit Vorwürfen darüber, daß ihre Kinder so undankbar seien. Nicht nur ist somit kein Gespräch möglich, sondern sie erreicht auch, daß ihre Kinder sie trösten. Diese fühlen sich dann machtlos und frustriert. Die Mutter errichtet zwischen sich und ihnen eine Mauer der übermäßigen Empfindsamkeit.

Diese «Nervenkrisen», Anfälle von Spasmophilie, Weinkrämpfe, bestimmte Asthma- oder Ohnmachtsanfälle (die Flucht in die Bewußtlosigkeit bedeuten) sind Abwehrhaltungen. Die oberflächliche Schicht der Übererregbarkeit überdeckt die wahren Gefühle. Es sind «Erpressungsversuche», mit denen man vermeiden will, daß man mit zu heftigen Affekten konfrontiert wird.

Die Krisen treten auf, wenn irgendeine Wahrnehmung, eine Information, ein Bild oder eine Frage droht, diese Schutzmechanismen zu durchdringen und vergrabene Emotionen zu wecken. Die Krisen sind einerseits Versuche, etwas vernehmlich auszudrücken, was niemand hören will, und andererseits, es auch wieder zu verschweigen.

Diese Reaktionen bringen einen weiteren Vorteil mit sich: die Kontrolle des Umfeldes. Sie machen angst; die Umgebung behandelt einen mit Rücksicht. Die Krisen schaffen Distanz zum anderen und verbannen die wahren Emotionen noch tiefer ins Unbewußte.

Die «Erpressung» ist ein unbewußter Prozeß. Auch wenn die anderen sich dadurch manipuliert fühlen können, so manipuliert sich der Betreffende doch in erster Linie selbst. Nichtsdestotrotz kommt es vor, daß manche Menschen auch einen bewußten Vorteil aus ihren emotionalen Exzessen und der Macht, die sie ihnen verleihen, ziehen.

Wenn die «Erpressung» zur bewußten Manipulation wird

Henri hat es sich allmählich angewöhnt, seine Wutanfälle ganz bewußt zu nutzen, um zu seiner Geliebten zu gehen, ohne daß im Hause jemand etwas ahnt und ohne die geringsten Schuldgefühle deswegen zu haben. Seine Strategie ist denkbar einfach: Er sucht eine Gelegenheit, sich über seine Frau aufzuregen. Ein abgerissener Hemdknopf, eine Bemerkung zu viel, die kleinste Unannehmlichkeit wird aufgebauscht. Dann brüllt Henri los, schlägt die Tür hinter sich zu – und verschwindet zu seiner Geliebten. Seine Frau macht sich Vorwürfe, weil sie ihn «aus dem Haus getrieben hat». Sie nimmt es sich übel, wieder einmal eine Szene verursacht zu haben, denn sie glaubt Henri; sie will weiterhin glauben, daß es der abgerissene Knopf war, der seine Wut auslöste. Sie wird immer unterwürfiger und gibt höllisch acht, ihren Mann ja nicht zu verletzen oder zu enttäuschen. Doch das macht die Situation noch schlimmer, denn Henri wird durch ihr Verhalten in die Enge getrieben. Er nimmt es ihr übel, daß sie so entgegenkommend, so unterwürfig ist, denn dadurch muß er sich über immer lächerlichere Dinge aufregen, um gehen zu können. Er beginnt, sie herabzusetzen. Er hätte (bewußt) nie so unfreundlich zu ihr sein wollen, aber sie «zwingt» ihn ja dazu! Und dann – man verachtet bekanntlich die, denen man weh getan hat ...

Henris «Erpressung» geschieht mehr oder weniger bewußt. Sein eigenes Spiel hat ihn viel weiter getrieben, als er geahnt hatte. Er tut auch nicht nur so, als überkäme ihn die Wut. Er fühlt sich wirklich gefangen, unter Druck, doch nicht etwa durch seine Ehe – wie er manchmal zu seiner Frau sagt –, sondern durch die Mechanismen, die er selbst in Gang gesetzt hat.

Eifersucht – natürliches Gefühl oder «Erpressung»?

Eifersucht ist ein natürliches Gefühl, eine Mischung aus Angst, Schmerz und Wut. Wenn sie allzu lange verschwiegen wird, kann sie sich in einer unkontrollierbaren emotionalen Flut entladen, in der sich Liebe mit Wut mischt, die man darüber empfindet, so behandelt zu werden, Neid mit Eifersucht, weil die Geliebte ihre Zuneigung einem anderen schenkt, Erniedrigung mit Ohnmacht, Wut mit Enttäuschung.

Eifersucht ist ein «Erpressungsversuch», wenn sie auftaucht, ohne daß irgendeine Untreue vorliegt, oder wenn sie ohne objektiven Grund anhält.

Stef sucht mich ganz verzweifelt auf, er leidet unter einer Depression, seit seine Frau ihm anvertraut hat, daß sie einen Freund hatte. Oh – nicht einmal einen Liebhaber, so weit ging das Ganze nicht, sondern einen Mann, mit dem sie reden konnte, einen Mann, der ihr zuhörte. Stef fühlt sich verraten, die Welt ist für ihn zusammengebrochen, er kann das nicht verwinden.

Die Intensität seiner Gefühle weist darauf hin, daß ihr Ursprung nicht in der tatsächlichen Situation zu suchen ist. Es handelt sich um eine «Erpressung». Stef entdeckt in der Therapie, daß er seine Eifersuchtsgefühle benutzt, um sein wahres Problem zu verstecken: Sein Leben ist leer. Er hat eine Frau, zwei Kinder, ein schönes Haus, aber er ist in seinem Innern leer. Seit seiner Heirat hatte er nur eines im Kopf: das Haus. Er mußte viel Geld verdienen, um sich ein behagliches Heim zu schaffen. Unbewußt war er voll Groll gegen diese Situation, die ihn zwang, für die Bedürfnisse der Familie aufzukommen; und er vergaß seine Frau, seine Kinder und sich selbst. Er meinte, er täte sich etwas Gutes, wenn er abends mit Freunden ausging ...

Nach und nach wird ihm bewußt, daß dies eine Illusion war. Er wich sich selbst aus und vermied die Konfrontation mit seiner Frau. Heute sieht er das. Er hatte nie die Gelegenheit, wirklich er selbst zu sein. Zwischen einer autoritären und wenig liebevollen Mutter und einem stets abwesenden Vater hatte er gelernt, sich anzupassen, zu gehorchen, der liebe kleine Junge zu sein. Er kennt seine wahren Bedürfnisse gar nicht, weil er nicht das Recht hatte, welche zu haben. Er hat seiner Mutter nie widersprochen. Er weiß gar nicht recht, wer er eigentlich ist.

Da er ganz davon besessen war, genug Geld zu verdienen, um sein Haus bauen zu können, lief er lange Zeit einem falschen Wunsch hinterher, einem Wunsch seiner Mutter. Und nun, wo das Haus gebaut und das Programm erfüllt war, was sollte er jetzt tun? Zu diesem Zeitpunkt führte ihn die Katastrophe in eine Krise, die sein Leben aus den Fugen geraten ließ.

Es bedurfte jener emotionalen Deflagration in einem eintönig grauen und wolkenverhangenen Himmel, damit er endlich sah, daß er nicht glücklich war – und seine Frau ebensowenig – und daß seine Ehe sich rapide verschlechtert hatte. «Dank» dieser harten Zeit spricht er nun endlich mit seiner Frau, hört ihr zu und versucht zu verstehen, was geschehen ist.

Jedes repetitive Gefühl ist eine «Erpressung». Wie soll man sich davon befreien? Indem man wieder lernt, zu fühlen und seinen wahren Emotionen Ausdruck zu verleihen.

«Ich weiß nicht, woher das kommt!»

Es kommt vor, daß wir von der Heftigkeit einer Emotion überrascht sind. Dabei ist der ausgelöste Affekt mit dem Auslöser kohärent. Handelt es sich um eine Drohung, die Angst verursacht, oder um eine Ungerechtigkeit, die Zorn erregt – ist es also keine Erpressung. Aber etwas sagt uns, daß diese Emotion nicht wirklich zu uns gehört, weil sie entweder zu stark oder unangemessen ist.

Verschiedene psychische Prozesse sind dabei im Spiel: transgenerationale Übertragungen, «elastische Verknüpfungen» oder Phobien, Affektverschiebungen, Übertragungen und Projektionen ...

Wenn der Tropfen das Faß zum Überlaufen bringt

Muriel kämpft in ihrem Ehealltag darum, daß Justin seinen Teil beim Aufräumen und im Haushalt übernimmt. Das heißt, die eigentliche Fehde findet nur in ihrem Kopf statt, denn sie spricht nie offen mit ihm darüber. Sie hat ihm ganz zu Anfang einmal gesagt, daß sie es gerne hätte, wenn sie sich beide die täglichen Hausarbeiten teilen würden; danach hat sie diesbezüglich nichts mehr verlauten lassen. Wenn sie eine Socke von Justin auf dem Boden findet, hebt sie sie ostentativ auf, ohne jedoch ein Wort zu sagen. Und immer, wenn ihr Gatte wieder einmal versäumt hat, ihren stillen Aufforderungen nachzukommen, wird ihre imaginäre Vorwurfsliste noch ein wenig länger. In ihrem Geist führt sie Buch über das, was jeder von beiden getan hat. Wenn diese Bilanz zu belastend wird oder wenn sie genug Groll angesammelt hat, um genügend Energie für einen Zornausbruch zu haben, gönnt sie sich eine Krise. Dann genügt etwas ganz Unbedeutendes, um sie auszulösen. Justin findet diese Szenen übertrieben. Er versteht sie nicht. «Du wirst doch nicht etwa ein großes Trara veranstalten, weil meine Zahnbürste zufällig nicht im Becher steht!»

Zwischen den Krisen läßt sie Justin in affektiver Münze bezahlen. Sie entfernt sich innerlich von ihm, erzählt nichts mehr von sich. Sie lehnt jeden Kuß von ihrem Mann ab, der sie, weil er sehr zärtlich veranlagt ist, gerne damit überschüttet. Und sie hat weniger Lust auf Sex.

Die Szene bringt das Eis zum Schmilzen. Es hagelt Vorwürfe, es fließen Tränen. Doch die jeweiligen Verhaltensweisen, die die Partner während einer Krise einander vorwerfen, werden keineswegs verziehen; sie bleiben im Schuldbuch des anderen vermerkt und werden – wenn nötig – bei der nächsten «Rechnungsbegleichung» wieder hervorgezerrt.

Nach dem Krach versöhnen Justin und Muriel sich im Bett und wiegen sich in der Illusion, daß die Atmosphäre wieder ungetrübt sei. Das Gewitter ist vorüber. Doch es wird wiederkommen, denn die Voraussetzungen für seinen Ausbruch bestehen immer noch.

Wenn es einem Menschen nicht gelingt, seinen Frustrationen und seinen Bedürfnissen nach und nach Ausdruck zu verleihen, staut sich Groll auf. Die vielen unausgesprochenen Dinge und kleinen Ressentiments häufen sich, und eines schönen Tages ist das Maß voll. Die Emotion, die dann hervorbricht, ist unangemessen und ergießt sich, ohne auf das wirkliche Problem einzugehen.

Unverständliche Krisen

Es kommt vor, daß wir Affekte empfinden, ohne ihren Ursprung ausmachen zu können. Wir schieben sie auf die Müdigkeit, den furchtbaren Streß ... Kommen diese inneren Aufwallungen, die so unverständlich zu sein scheinen, wirklich aus dem Nichts?

Odile hat sich letzten Sonntag über ihren Mann aufgeregt. Warum, weiß sie eigentlich nicht. Ich bitte sie, mir die näheren Umstände zu erzählen.

Sie waren mit Freunden ihres Mannes übers Wochenende weggefahren. Alles war gutgegangen. Doch als sie ihr Landhaus zuschlossen, war sie in gereizter Stimmung gewesen. Ein Schlüssel, der nicht an seinem Platz lag, hatte als Auslöser gedient; sie hatte ihren Zorn an ihrem Mann ausgelassen. Ich bitte Odile, mir noch mehr von diesem Wochenende zu erzählen. Wie hatte sie sich da gefühlt?

«Nicht besonders gut. Ich hatte den anderen nichts zu sagen, ich hatte das Gefühl, ich würde gar nicht zu ihnen passen.»

Odile hatte sich also ausgeschlossen gefühlt. Und doch, wenn man es recht betrachtete, waren die anderen im Grunde nett und freundlich gewesen. Sie hätte im Laufe des Wochenendes mehrmals die Gelegenheit gehabt, sich als Mensch einzubringen, doch sie hatte sich zurückgehalten. Warum? Aus Schüchternheit? Nein, aus Wunsch nach Vergeltung!

Odile hat kein Selbstvertrauen. Es fällt ihr häufig schwer, das Wort zu ergreifen, da sie Angst hat, nicht interessant genug zu sein oder ungebildet zu wirken oder ihre Meinung nicht vertreten zu können ... Da sie sich ihrer Kontaktschwierigkeiten wohl bewußt ist, hatte sie sich auf dieses Wochendende gut vorbereitet. Sie kannte die Gegend und hatte deshalb beschlossen, ihr Wissen zu nutzen, um darüber mit diesen Freunden in Kontakt zu treten. Sie wollte ihnen diesen Landstrich vorführen. Nur hatte die Sache einen Haken: Die Freunde hatten nämlich gar keine Lust, hinauszufahren. Sie zogen es vor, im Garten zu bleiben, und zeigten keinerlei Interesse für die Spazierfahrten, die Odile ihnen vorschlug. Darüber war sie so enttäuscht, daß sie das ganze Wochenende über kein Wort mehr sprach. Als sie und ihr Mann ihr Landhaus abschlossen, machte sich die angestaute Wut Luft, und Odile fuhr – ungerechterweise – ihren Mann an. Sie hatte seinen Freunden jedoch mit keiner Silbe mitgeteilt, warum sie sie so gerne herumführen wollte. Wie hätten diese also wissen können, daß ein Spaziergang in der Umgebung nicht nur bedeutet hätte, mit diesem Flecken Erde in Berührung zu kommen – sondern mit Odile selbst!

Das Herz hat seine Gründe, die der Verstand nicht immer wiedererkennt. Die Emotionen sind nicht so irrational, wie man zuweilen glauben mag. Und die Ursachen für unsere unzeitgemäßen «Ausbrüche» zu entschlüsseln kann verhindern, daß unsere wichtigen Beziehungen davon zerstört werden.

Die «heißen Kartoffeln»

Nathalie Zadje hat eine sehr bedeutende Studie über die Erfahrungswelt von Kindern erstellt, deren Eltern die Konzentrationslager der Nazis überlebt hatten. In ihrem Buch *Enfants des Survivants* (dtsch.: Kinder der Überlebenden) berichtet sie die folgende Geschichte: «Sylvie empfindet sich als eine Frau, die einfach zu sensibel für das Leben ist, die aus nichtigen Anlässen weint und die sich vom Unglück der anderen so stark betroffen fühlt, daß sie keinen Abstand dazu gewinnen kann. Sie ist immer für andere da und leidet darunter, daß ihre Freunde ihr zu wenig Aufmerksamkeit schenken.»[8] Der einzige Mensch, dem sie sich wirklich nahe fühlt, ist ihre Mutter Sarah, eine Überlebende des Konzentrationslagers Auschwitz. Noch heute, vierzig Jahre danach, hat Sarah zuweilen Alpträume und stöhnt nachts. Sylvie bewundert ihre Mutter sehr. Wie für viele Kinder von Überlebenden ist für sie die Geschichte noch ganz gegenwärtig... Sie versucht einen Sinn darin zu finden, geht ihren Ursprüngen nach.

«Meine Mutter ist eine sehr starke Frau, und sie ist voller Leben. Nie läßt sie sich gehen, und noch nie habe ich sie weinen sehen.»

Sylvie beschafft sich Informationen, wo es nur möglich ist, sie liest eine Menge Bücher und schaut sich alle Filme an, die zu diesem Thema erscheinen. Sie hört Sarah zu, aber sie stellt ihr keine Fragen. «Ich wage nicht, in sie zu dringen, weil ich Angst habe, daß es uns beiden weh tun könnte.» Sarah erzählt immer nur Bruchstücke aus ihrer Vergangenheit. «Obwohl Sylvie von frühester Kindheit hörte, wie über die Deportationen gesprochen wurde, hat sie noch heute den Eindruck, nichts darüber zu wissen. Es ist, als ergäben die Worte ihrer Mutter keinen zusammenhängenden Bericht, als besäßen sie keine narrative Logik. Infolgedessen bleibt Sylvies innere Welt voller Ängste und erschreckender Bilder; sie ist selbst entsetzt über diese rätselhaften Erscheinungen, die sie nicht zu kontrollieren vermag und die sie auch nicht deuten kann. Sie leidet unter Alpträumen wie ihre Mutter, hat aber noch nie jemandem davon erzählt.»

Sylvie findet sich zu emotional und zu sensibel. Ihre übermäßige Empfindsamkeit ist das Spiegelbild der Sensibilität ihrer Mutter. Da diese ihre Affekte verdrängt hat, bringt Sylvie sie an ihrer Statt zum Ausdruck.

Die Greuel der Lager waren so ungeheuer, daß die ganze Gesellschaft versucht hat, die seelischen Auswirkungen zu bagatellisieren, die dieses Martyrium auf die Überlebenden hatte. Diese erhielten danach keinerlei psychische Begleitung, ja man erkannte nicht einmal an, was sie durchgemacht hatten! Es bedurfte vieler, vieler Jahre, bis man begann, den Erlebnissen dieser Menschen Gehör zu schenken. Nicht wenige Überlebende sahen keine andere Möglichkeit, als die Emotionen zu verdrängen, die sie während dieser Zeit empfunden hatten. Doch alles Verdrängte wirkt im Unbewußten weiter.

Und die Kinder der Peiniger? Es geht ihnen nicht gut. Die Kinder der Nazis tragen die Last der Schuldgefühle, die ihre Eltern nicht auf sich nehmen wollten (siehe *Schuldig geboren. Kinder aus Nazifamilien* von Peter Sichrovsky).

Der Prozeß der Übertragung von einer Generation auf die nächste wird heute von den meisten psychotherapeutischen Schulen anerkannt. Seine Macht und seine Wirksamkeit sind beeindruckend. Die Transaktionsanalyse hat ihm den vielsagenden Namen «heiße Kartoffel» gegeben. Wie eine heiße Kartoffel, die man von einer Hand in die andere legt, um sich nicht daran zu verbrennen, geben die Menschen bestimmte Emotionen von einer Generation zur anderen weiter. Die nachfolgende Generation kann mit diesen Emotionen, die ja nicht ihre eigenen sind, nicht umgehen. Sie fühlt sich in ihnen gefangen, da sie ihren wahren Ursprung nicht ausmachen kann.

Heute sind Sie mit dem falschen Fuß aufgestanden. Morgens haben Sie den Bus verpaßt, dann ist Ihr Computer abgestürzt, kurz: Es war einfach nicht Ihr Tag. Sie hoffen, daß Sie nun wenigstens zu Hause ein wenig wohlverdiente Ruhe finden. Doch ausgerechnet an diesem Abend sind Ihre Kinder nun auch noch ganz besonders nervenaufreibend; Wutausbrüche und Tränen durchziehen die Stunden vor dem Schlafengehen.

Ihre Kleinen sind wie Schwämme – sie nehmen das wirre Durcheinander aufgestauter Emotionen in sich auf und sind unfähig, sich davon zu distanzieren, weil sie sie nicht einordnen können ... Sie haben dem verpaßten Bus ja nicht hinterhergesehen, hatten keinen Ärger mit dem Chef oder dem Computer, und Sie haben ihnen nichts von Ihren Aufregungen erzählt. Im Höchstfall haben Sie ihnen die reinen Fakten berichtet, so wie Sylvies Mutter mit ihrer Tochter gesprochen hatte, ohne ihr wirklich etwas zu sagen. Nicht die äußere Geschichte ist am wichtigsten. Die Kinder brauchen Zugang zur inneren, um nicht an die Affekte der Eltern gebunden zu sein.

Der einzige Weg, unsere Frustrationen, unsere Wut, unser Entsetzen und unsere Verzweiflung nicht auf andere Menschen zu übertragen, besteht darin, sie mitzuteilen.

Sie den Kindern mitteilen heißt nicht, sich ihnen anzuvertrauen, damit sie einem Trost und Hilfe geben; das ist nicht ihre Aufgabe. Es bedeutet vielmehr, daß wir ihnen unser Gefühlsleben offenlegen, damit sie damit zurechtkommen, damit sie lernen können, einen Unterschied zwischen ihren eigenen und unseren Emotionen zu machen, und letztere nicht übernehmen.

Unter dem Vorwand, unsere Kinder schützen zu wollen, erzählen wir ihnen allzuoft nichts von unseren Sorgen, den Schwierigkeiten und Ängsten, die uns quälen. Aber die Kinder nehmen sie wahr, und da sie keine Möglichkeit haben, sie in Worte zu fassen, laden sie die Verantwortung dafür auf sich. Und dann sind Sie baß erstaunt, wenn Sie sehen, daß Ihre Kinder Ihre verborgenen Gefühle ausagieren – und nicht nur die Emotionen, die Sie tagtäglich erleben, sondern auch die, welche Sie seit frühester Kindheit in sich tragen. Die Kinder zeigen Ihnen Ihre Schattenseite – das, was Sie von sich nicht zeigen oder sehen wollen. Und wenn sie es heute nicht tun, so haben Sie guten Grund zu fürchten, daß sie es tun werden, wenn sie selbst einmal erwachsen sind. Dann werden Sie sehen, wie Ihre Nachkommen in dieselben Situationen wie Sie geraten, so als wiederholten sie Ihr Leben, obwohl Sie vielleicht versucht haben, in der Erziehung Ihrer Kinder genau das zu vermeiden, was Ihre eigenen Eltern gemacht haben.

Adeline hat sehr darunter gelitten, daß sie mit ansehen mußte, wie ihre Mutter Paula von ihrem Vater betrogen wurde. Paula weinte oft und war unfähig zu irgendeiner konstruktiven Reaktion. Später hat Adeline geheiratet – und ihr Mann betrog sie. War es nur ein Zufall? Frauen, deren Mütter betrogen wurden, sind bereit, mehr zu ertragen als andere Frauen. Es ist nicht immer einfach, sich selbst zu erlauben, glücklicher zu sein als die eigene Mutter und sich von der Pflicht zu entbinden, sie zu entlasten.

«Elastische Verknüpfungen»

Wenn eine Emotion der jeweiligen Lage nicht angepaßt ist – sei sie übersteigert oder, im Gegenteil, unzulänglich –, so bezieht sie sich wahrscheinlich nicht auf die Gegenwart, sondern ist vielmehr die Reaktion auf eine frühere, nicht gelöste Situation. Die Transaktionsanalyse nennt diese Dynamik: «elastische Verknüpfung». Ein momentanes Ereignis führt uns – wie ein Band – zu einem schmerzlichen Vorfall der Vergangenheit zurück. Natürlich ist es zwecklos, das mit der Verknüpfung verbundene Gefühl zum Ausdruck zu bringen, denn es ist ja eine Reaktion, die zu vergangenen Lebensumständen gehört und mit der Gegenwart nichts zu tun hat. Die frühere Emotion muß im Zusammenhang mit dem damaligen Ereignis wiedererlebt und geäußert werden.

Hierzu ein Beispiel: Eines Abends liest Églantine ihren beiden Söhnen ein Buch vor. Es handelt von einem Säugling, der von seinen Eltern ausgesetzt und daraufhin von anderen Menschen gefunden und aufgenommen wird. Zur großen Verblüffung ihrer Söhne, die von der Geschichte nicht sehr berührt sind, bricht sie plötzlich in Tränen aus. Sie legt daraufhin das Buch weg und sagt ihren Kindern gute Nacht. Danach versucht sie, ihre Reaktion zu verstehen. Sie nimmt sich das Buch noch einmal vor – dieselbe Wirkung.

Diese Erzählung läßt eine Begebenheit aus ihrer frühen Kindheit wieder wach werden. Sie war vier Jahre alt, als ihre Eltern für mehrere Wochen verreisen mußten, um die ältere Schwester in ein 500 Kilometer entfernt gelegenes Pariser Krankenhaus zu bringen. Sie, die Jüngere, hatte man in aller Eile in die Obhut einer Frau gegeben, die sie nicht kannte; daher fühlte sie sich sehr allein und verlassen. Niemand nahm damals ihren Kummer zur Kenntnis, niemand kümmerte sich um das, was sie fühlte. Ihre Eltern, ganz in Eile und in Anspruch genommen von den gesundheitlichen Problemen der älteren Tochter – und im allgemeinen ohnehin wenig empfänglich für ihre Bedürfnisse –, hatten weder Zeit noch Aufmerksamkeit für sie. Jedesmal, wenn sie dieses Kinderbuch wieder las, das Emotionen in ihr weckte, die sie vor so langer Zeit schon verdrängt hatte, kamen ihr die Tränen.

In der Therapie konnte sie die Angst herausschreien, die seither in ihrem Inneren gewesen war, das verzweifelte Schluchzen loswerden, Zugang zu der Wut auf ihre Eltern finden, die ihr diese Tragödie zugemutet und es nicht verstanden hatten, ihren berechtigten Bedürfnissen Beachtung zu schenken.

Nach dieser emotionalen Entladung und nachdem sie nun als Erwachsene mit ihrem Verstand und ihrer distanzierten Sichtweise das erfaßte, was sie damals nicht begriffen hatte, nahm Églantine das Buch erneut vor, und zu ihrer Freude wie zu ihrem Erstaunen las sie es diesmal ohne übersteigerten Affekt.

Ein Verknüpfungsband besteht, wenn eine Situation nicht «beendet» worden ist. Die hervorgerufene Emotion konnte nicht ausgelebt werden, die Affekte konnten nicht Gestalt annehmen, die Bedeutung wurde nicht geklärt, der Trauerprozeß wurde unterbrochen.

Um das Band zu lösen, genügt es, dem Lauf der empfundenen Emotion zu folgen, indem wir unsere Erinnerungen bis zu dem Punkt verfolgen, wo wir sie zwar gefühlt, aber nicht zum Ausdruck gebracht haben. Sobald wir die Situation wiedergefunden haben, die so viele Affekte ausgelöst hat, können wir sie «heilen».

Man muß die Wunde zuerst wieder öffnen, um sie besser desinfizieren zu können, und alle Emotionen herauslassen, die man zuvor ignoriert hat; und indem man das Erlebte in Worte faßt und dem, was geschehen ist, einen Sinn gibt, kann man sie wieder schließen.

Empfindlichkeit

Die elastische Verknüpfung ist nicht immer an ein ganz bestimmtes Ereignis gebunden. Wir haben als Reaktion auf die herrschende häusliche Atmosphäre, auf viele kleine an uns gerichtete Bemerkungen, auf eine tägliche, immer wiederkehrende Funktionsweise unserer Familie bestimmte Verhaltensgewohnheiten und Überzeugungen entwickelt.

David trinkt genüßlich einen Fruchtsaft und räkelt sich in einem Liegestuhl. «Na, du läßt dir's aber gutgehen!» Diese freundschaftliche – und eigentlich banale – Bemerkung verletzt ihn zutiefst. Er hat das Gefühl, sein Freund verurteile ihn; er hat Schuldgefühle, weil man ihn nicht beim Graben, Pflanzen oder Unkraut jäten, kurz: bei der Arbeit angetroffen hat. Der Freund hat, ohne es zu wollen, ins Schwarze getroffen. Davids Eltern ließen keine Gelegenheit aus, um ihren Sohn als Faulenzer zu beschimpfen. Jahrelang hatte er das Gefühl, er sei nicht, «wie er sein sollte». Aus diesen elterlichen Vorwürfen hat er gefolgert, daß er nicht der kleine Junge war, den sich seine Eltern gewünscht hätten. Heute ist er achtunddreißig Jahre alt, aber alles, was einem Urteil über seine Person auch nur ähnelt, versetzt ihn wieder zurück in seine einsame, unverstandene Kindheit.

Um sich von dieser Verknüpfung zu lösen, muß David die elterlichen Vorwürfe aufdecken und verstehen, daß sie ungerecht waren. Wie wir noch sehen werden, ist die «Faulheit» ein Äquivalent der Depression. Um vor der Autorität des Vaters und seiner ständigen Abwertung bestehen zu können, war David ganz einfach in den Streik getreten ... David war nicht «faul», er litt unter der fehlenden Anerkennung seines Vaters. Da David seine Gedanken heute auf sein Leiden und nicht mehr auf das elterliche Urteil richtet, kann er das Band lösen, das ihn immer wieder zwang, sich allein und unverstanden zu fühlen.

Übertragungen und Projektionen

«Wie kannst du nur so knickrig sein!» Robert verhält sich sehr aggressiv gegenüber seiner Schwiegermutter Camille. Er wirft ihr all das vor, was er seiner eigenen Mutter nicht zu sagen wagt. Camille versteht das nicht. Sie ist sehr großzügig zu ihren Kindern (wie zu allen Leuten, übrigens). Roberts Beleidigungen verletzen sie, aber sie steckt sie wortlos ein. Sie möchte keinen Ärger machen. Das ist der Grund, weswegen Robert sie ausgewählt hat, um sich abzureagieren. Er mag seine Schwiegermutter sehr. Bei ihr traut er sich ...

Ob in einer Paarbeziehung oder an unserem Arbeitsplatz – die Menschen, die um uns herum sind, erinnern uns wegen irgendeiner Kleinigkeit, eines gemeinsamen Merkmals oder einer ähnlichen Position an irgend jemanden aus unserer Vergangenheit. Wir schreiben Menschen aus unserem gegenwärtigen Leben Charakteristika zu, die zu Menschen aus unserer Vergangenheit gehören. Und so kommt es, daß wir zuweilen Beziehungen, die uns wichtig sind, belasten, ja zerstören. Wir lassen an den Menschen, zu denen wir Vertrauen haben, unseren Groll und unsere Gefühle aus, die aus früheren Frustrationen stammen, die wir den Betreffenden aus unserer Kindheit gegenüber jedoch nicht äußern konnten.

Das ist der Mechanismus der Übertragung. Die Übertragung, die allzuoft auf ein Liebesgefühl des Analysanden gegenüber seinem Psychoanalytiker reduziert wird, ist in Wirklichkeit ein komplexer Prozeß. Der Patient projiziert auf den Analytiker Bilder aus seiner Kindheit, und das um so leichter, als dieser sehr wenig von sich offenbart. Er schreibt dem Analytiker Gefühle, Gedanken und Absichten zu, von denen er vermutet, daß seine Eltern (oder seine Brüder, Schwestern, Großeltern usw.) sie gehabt hätten.

Die Übertragung ist nicht der Psychoanalyse vorbehalten, sie ist ein häufig anzutreffender psychologischer Mechanismus. Die Übertragung ist eine Besonderheit der Projektion. Sie läßt uns in einer Welt der Täuschungen leben und wirkt sich störend auf unsere Beziehungen zu den anderen aus.

Stéphanie ist Krankenschwester. Sie sagt von ihrer Stationsleiterin: «Sie haßt mich, sie stellt mich in den Schatten. Und zu all dem trägt sie auch noch denselben Namen wie meine Schwester... Christiane war immer in allem besser, herausragender als ich. Sie ist hübsch, sie kommt bei Menschen gut an, sie ist ungezwungen. Ich bin immer das Schlußlicht, ich traue mir nichts zu, ich habe nichts zu sagen, ich stehe noch heute in ihrem Schatten.»

«Paranoide Phantasmen»

Man kann selbst paranoide Vorstellungen erzeugen. (Das Wort paranoid wird hier in einer weitreichenden Bedeutung verstanden und bezieht sich auf übertriebene und paranoide Angst, auf das Gefühl, daß der andere Mensch uns etwas Böses will. Es meint nicht die paranoide Störung, eine psychiatrische Pathologie, die den Rahmen dieses Buches sprengen würde.)

Christoph ist ein freundlicher Junge, eher schüchtern und zurückhaltend. Aber wenn er auf der Straße geht – oder auch in anderen Momenten, wo seine Aufmerksamkeit auf nichts Bestimmtes gerichtet ist –, drängen sich ihm Gewaltszenen auf, einzelne Bilder mit Messern und Unfällen, zuweilen sind es ganze Filme. Verfolgungsjagden,

Morde, Großbrände – Christophe hat eine ausufernde Phantasie, doch die Projektionen auf seiner «inneren Leinwand» haben immer mit viel Blut und Drama zu tun. Manchmal spielt er darin die Rolle des mutigen Helden, doch meistens ist er das geschädigte Opfer.

Im Kopf eines jeden Menschen laufen zahlreiche «Filme» ab, Handlungsabläufe, die sein Leben in Bilder umsetzen: das sind die Phantasmen. Die darin enthaltenen Elemente der Gewalt und die aggressiven Wünsche sind unsere eigenen, die wir auf unsere Mitmenschen projizieren. Es sind ebenso die Abbilder unserer verdrängten Emotionen wie Projektionen unserer eigenen – gegenwärtigen oder früheren – Affekte. Sie sind einerseits dazu da, den inneren Druck zu mindern, und andererseits, die Verleugnung der Gefühle aufrechtzuerhalten.

Es ist wichtig, diese «Flaschenpost» zu entschlüsseln, die unser Unbewußtes uns zukommen läßt. Hinter jedem paranoiden Phantasma steckt ein Leiden.

Christophe trägt viel aufgestaute Wut in sich. Seine Kindheit war einsam. Er erinnert sich, daß er als Jugendlicher stundenlang auf seinem Bett lag und nur darauf wartete, daß die Zeit verging. Nie interessierte sich irgend jemand für ihn. Für alle war er nur der brave Junge. Seine Gefühle der Ohnmacht und der Wut drückten sich nur in den Postern aus, die er in seinem Zimmer aufhängte, oder in der Musik, die er in voller Lautstärke hörte. Er war ein Revolutionär, aber nur in seinem Kopf. Er traute sich nicht, zu kämpfen. Er verachtete die Erwachsenen und ganz besonders die Reichen. Im Grunde haßte er alle Leute.

Wenn Christophe heute nach Hause zurückkehrt, geht er immer schnell. Er wohnt in einer Hochhaussiedlung. Er hat Angst, einer Bande untätiger Jugendlicher zu begegnen. Er fürchtet ihre Blicke, ihre Bemerkungen, ihre potentielle Gewalttätigkeit. Er schreibt ihnen den Haß und die Verachtung zu, die er selbst als Jugendlicher empfand. «Sie können mich nicht leiden», meint er. Christophe versetzt sich in die Köpfe dieser jungen Leute und schreibt ihnen aggressive Gedanken zu.

Ein Säugling ist von seinem Wesen her egozentrisch. Er befindet sich in Symbiose mit dem Menschen, der ihn betreut, er ist der Mittelpunkt der Welt. Er ist noch nicht in der Lage, von sich selbst abzusehen, und außerstande, hinter dem Verhalten andere Gründe zu vermuten, die nichts mit ihm zu tun haben. Hinter Christophes Egozentrik (er deutet das Verhalten anderer immer in Beziehung zu sich selbst) steckt das Bedürfnis, für andere wichtig zu sein. Er hat in den Augen seiner Eltern zu wenig existiert.

Wenn wir unsere wahren Emotionen erkennen und akzeptieren, können wir damit aufhören, unsere Vergangenheit, unsere Affekte und unsere Gedanken auf andere zu projizieren, und sind dadurch imstande, authentischere und intensivere Beziehungen aufzubauen.

Seine «paranoiden Phantasmen» mitteilen – eine Übung der Beziehungsgrammatik

Seit Beginn der siebziger Jahre leitet Claude Steiner, einer der Wegbereiter der Transaktionsanalyse, Gruppen, die sich in der «Beziehungsgrammatik» üben. Die Teilnehmer – unter denen zuvor vereinbart wird, daß nichts von dem Gesagten nach außen getragen werden darf – sitzen in einem Kreis und werden aufgefordert, ihre Gefühle und ihre Phantasmen nach folgendem Modus mitzuteilen:

Wenn ... (Situation oder Handlung)
ich mich ... fühle (Empfindung)
weil ich das Phantasma habe, daß du ...
stelle ich mir vor, daß du ...
habe ich den Eindruck, daß du ...

Jeder bringt seine Erlebniswelt ein: «Ich habe Angst, vor euch zu sprechen, weil ich glaube, daß ihr über mich urteilen werdet.» «Wenn ich spreche und du dabei wegschaust, stelle ich mir vor, daß du mich dumm findest.» «Ich bin wütend, weil du mich unterbrochen hast.» «Wenn du von diesem Mädchen sprichst, habe ich das Gefühl, daß du mir etwas sagen willst, es aber nicht wirklich wagst.» «Ich finde dich sehr attraktiv, und wenn ich dich sehe, finde ich mich häßlich, und dann bin ich eifersüchtig.»

Diese – auf den ersten Blick – einfache Übung ist in Wirklichkeit sehr schwierig. Wir haben gelernt, unsere Emotionen zu verschweigen, wir setzen uns nicht gerne dem Urteil der anderen aus, indem wir unsere Phantasmen preisgeben. Und doch sollten wir unsere «Intuitionen» und unsere Gewißheiten mit Hilfe der anderen überprüfen. Wir sehen oft keine Notwendigkeit dafür, da unsere paranoiden Projektionen die negativen Vorstellungen, die wir von uns selbst haben, bestätigen (schließlich sind wir ja ihre Urheber!). «Er findet mich dumm, das ist auch ganz normal, ich habe ja auch nie etwas zu sagen, ich war schon immer blöd.»

Uns gehen alle möglichen Dinge durch den Kopf, die zwar irrational sind, aber die Macht haben, unser Selbstvertrauen zu untergraben.

Welche «paranoiden Phantasmen» haben Sie? Finden Sie sie heraus, und bringen Sie sie einmal zur Sprache.

«Wenn du hinausgehst, ohne ein Wort zu sagen, bin ich ratlos, denn ich habe das Phantasma, daß du mich nicht interessant findest und daß du von mir genug hast.»

«Wenn du in dein Zimmer gehst, ohne mich zuvor anzuschauen oder ein Wort zu sagen, habe ich den Eindruck, ich hätte etwas Unpassendes gesagt.»

Ermitteln Sie Ihren emotionalen Quotienten

Der EQ, der emotionale Quotient, ist der neue Schlüssel zum Erfolg in den Vereinigten Staaten. Werten Sie ihn nicht ab, indem Sie ihn als Modephänomen oder amerikanischen Schnickschnack bezeichnen. Seine Entstehung und sein Erfolg verweisen auf ein neues Bewußtsein: darauf, daß die Notwendigkeit erkannt wurde, unser menschliches Potential zu entwickeln. Vielleicht werden einige befürchten, mit den Tests, die unsere Emotionen quantifizieren, könne Mißbrauch getrieben werden. Doch soll hier keine Rede davon sein, eine Typisierung unseres emotionalen Lebens in Zahlen zu fassen oder einen Richtwert einzuführen. Der Begriff emotionaler Quotient, der als Pendant zum berühmten Intelligenzquotienten zu verstehen ist, ist ein «Verkaufsschlager». Es ist ein medienwirksamer Begriff – und als solcher ist er zu verstehen. Der Intelligenzquotient genießt in den Vereinigten Staaten viel Geltung. In Frankreich hat er weniger Bedeutung als die Diplome (die keineswegs ein besseres Ausleseverfahren darstellen). Das Konzept des emotionalen Quotienten lädt uns dazu ein, unserem emotionalen Leben mehr Beachtung zu schenken.

Kreuzen Sie die Antwort(en) an, die Ihrem Erleben am nächsten kommen. Es gibt kein «richtig» oder «falsch», keine Zahl, die mit dieser Einschätzung verbunden wäre. Beurteilen Sie selbst Ihren Stand und die Fortschritte, die Sie noch machen sollten. Ziel des Tests ist es, Ihnen zu ermöglichen, sich Fragen zu stellen und Ihre Fortschritte festzuhalten – nicht, sich in eine bestimmte Kategorie einzuordnen.

Wie jeder Test hat auch dieser einen stark vereinfachenden Charakter. Wenn Sie Ihre Einschätzungen für jeden einzelnen Kompetenzbereich zusammenzählen würden, so hätte das kaum mehr Bedeutung, als wenn Sie die Zahl der grünen Pflanzen, Möbelstücke, Bücher, Früchte und Gemüse zusammenzählten, die Sie im Haus haben.

Setzen Sie den Cursor auf dem Pfeil, der hinter jeder Frage steht, an die Stelle, die Ihrer Einschätzung entspricht. Die Pfeile sind numeriert und werden am Ende des Tests zu einer Rosette zusammengesetzt, damit Sie sich eine visuelle Vorstellung von den Kompetenzen Ihrer emotionalen Intelligenz machen können.

Es ist Ihnen möglich, Ihrer Atmung bewußt zu bleiben, während Sie Ihren Beschäftigungen nachgehen:

❑ immer
❑ fast immer
❑ manchmal

❑ selten
❑ nie

1 ————————————————————→
nie immer

Sie können in sich erkennen:

❑ Angst
❑ Wut
❑ Trauer
❑ Liebe
❑ Freude
❑ alle Ihre Emotionen

2 ————————————————————→
keine Emotion alle meine Emotionen

Sie können den Auslöser Ihrer Emotion erkennen:

❑ immer
❑ fast immer
❑ manchmal
❑ selten
❑ nie

3 ————————————————————→
nie immer

Sie können die wahren Gründe Ihrer Emotionen erkennen:

❑ immer
❑ fast immer
❑ manchmal
❑ selten
❑ nie

4 ————————————————————→
nie immer

Wenn Sie traurig sind:

- ❏ ich bin nie traurig
- ❏ ich bin eher jähzornig, ich werde wegen jeder Kleinigkeit wütend
- ❏ bekomme ich eine Erkältung
- ❏ weine ich allein
- ❏ weine ich in den Armen eines Menschen, der mir zuhören kann

5 ——————————————————→
nie ich weine in den Armen eines Menschen

Wenn Ihnen etwas nicht paßt, sagen Sie es:

- ❏ immer
- ❏ fast immer
- ❏ manchmal
- ❏ selten
- ❏ nie

6 ——————————————————→
nie immer

Sie sprechen über Ihre tiefsten Ängste:

- ❏ mühelos mit allen Menschen
- ❏ mühelos, aber nur mit einem oder wenigen Menschen
- ❏ nur mit großer Überwindung
- ❏ kann ich nicht

7 ——————————————————→
kann ich nicht völlig mühelos

Sie können Ihre Freude zeigen, indem Sie schreien, lachen, jemanden in den Arm nehmen:

- ❏ ja, mühelos
- ❏ nur mit manchen Menschen
- ❏ ich sage, daß ich mich freue, aber ich zeige es nicht

- ❑ ich bin verlegen und senke die Augen
- ❑ überhaupt nicht, ich spreche dann von anderen Dingen, um davon abzulenken

8 ⟶

überhaupt nicht ja, mühelos

Damit Sie eine Arbeit gut ausführen, benötigen Sie jemanden, der Sie anspornt:

- ❑ immer
- ❑ fast immer
- ❑ manchmal
- ❑ selten
- ❑ nie, ich besitze viel Selbstdisziplin

9 ⟶

immer nie

Es kann vorkommen, daß Sie etwas tun, wofür Sie sich eigentlich verachten:

- ❑ sehr oft
- ❑ oft
- ❑ manchmal
- ❑ selten
- ❑ nie

10 ⟶

sehr oft nie

Wenn Sie mit Ihrer Meinung allein sind und eine ganze Gruppe von Leuten eine entgegengesetzte Auffassung vertritt:

- ❑ ich bin nie anderer Meinung
- ❑ sage ich nichts und tue so, als teilte ich die Meinung der anderen
- ❑ sage ich nichts, während ich mit den anderen zusammen bin, aber in einer Pause werde ich einem Menschen gegenüber, den ich gut kenne, meine Mißbilligung kundtun

❑ werde ich aggressiv und beschimpfe die anderen gegebenenfalls
❑ versuche ich, sie von meinem Standpunkt zu überzeugen
❑ höre ich mir ihre Ideen an, vertrete aber meine eigenen

11 ——————————————————————▶

ich bin nie anderer Meinung — ich höre zu und vertrete meine Auffassungen

Wenn Sie mit einer Ungerechtigkeit konfrontiert sind:

❑ gehe ich meiner Wege, ich will sie nicht sehen
❑ vergesse ich sie schnell und sage mir, so ist das Leben nun einmal; es ist traurig, aber da kann man nichts machen
❑ bin ich traurig und fühle mich ohnmächtig
❑ bin ich zornig und spreche mit meinen Mitmenschen darüber
❑ bin ich zornig und versuche, etwas dagegen zu unternehmen

12 ——————————————————————▶

ich gehe meiner Wege — ich bin zornig und versuche zu handeln

Angesichts eines Unglücks verlieren Sie den Mut:

❑ sehr schnell
❑ ziemlich schnell
❑ das kommt darauf an
❑ nicht schnell
❑ nie

13 ——————————————————————▶

sehr schnell — nie

Wenn Sie in der Öffentlichkeit reden müssen:

❑ bin ich gelähmt vor Angst und schrecke davor zurück
❑ habe ich nie Lampenfieber
❑ habe ich Lampenfieber und beherrsche mich
❑ sage ich mir, daß alle Leute Lampenfieber haben, und fange an

❑ akzeptiere ich mein Lampenfieber und nutze die Energie, die damit verbunden ist

14 ⟶

gelähmt vor Angst	nie Lampenfieber	ich nehme es hin	alle Menschen leiden darunter	ich nutze die Energie

Wenn in einer Gruppe plötzlich Schweigen entsteht:

❑ ertrage ich es nicht und tue alles, um das Schweigen zu brechen
❑ tue ich so, als sei ich mit irgend etwas beschäftigt
❑ fühle ich mich unwohl
❑ nehme ich es hin und warte ab
❑ fühle ich mich wohl und mit den anderen verbunden

15 ———

ich ertrage es nicht	ich fühle mich mit anderen verbunden

Wenn alle aufgeregt sind, lassen Sie sich davon anstecken:

❑ immer
❑ fast immer
❑ manchmal
❑ selten
❑ nie, ich bin immun gegen emotionale Übertragungen

16 ⟶

immer	nie

Sie sprechen von sich:

❑ mühelos und mit allen Leuten
❑ ziemlich mühelos, aber nur mit gewissen Menschen
❑ ich erzähle, was mir zustößt, aber ohne meine Empfindungen zu schildern

❑ nur, wenn es etwas Positives zu erzählen gibt
❑ nie

17 ——————————————————————→
nie immer

Sie grüßen:

❑ automatisch und unbeteiligt
❑ wenn man mir die Hand reicht
❑ indem ich meine feuchten Hände verstecke
❑ um die Oberhand zu haben, immer als erster
❑ zurückhaltend
❑ mit Herzlichkeit, Freude und Anteilnahme

18 ——————————————————————→
unbeteiligt | kurz und knapp | freundlich | herzlich und liebenswürdig

Sie haben für den/die Schalterbeamte(n) ein freundliches Wort:

❑ nie
❑ selten
❑ manchmal
❑ fast immer
❑ immer

19 ——————————————————————→
nie immer

Sie können «Ich liebe dich» sagen:

❑ nie
❑ selten
❑ manchmal
❑ fast immer
❑ immer

20 ——————————————————————→
nie immer

Wenn Sie sich von jemandem eingeschüchtert fühlen:

- ❑ bleibe ich im Hintergrund und sage kein Wort
- ❑ bleibe ich im Hintergrund und kritisiere ihn hinter seinem Rükken
- ❑ greife ich ihn an
- ❑ beherrsche ich mich, gehe zu ihm und versuche, meine Spannungen zu verbergen
- ❑ nutze ich diese Gelegenheit, um das schamhafte Kind in mir zu heilen, danach bin ich nicht mehr eingeschüchtert. Ich habe Selbstvertrauen, deshalb fällt es mir leicht, mit dem anderen Kontakt aufzunehmen.

21 ——————————————————————→

ich bleibe im Hintergrund	ich kritisiere	ich greife an	ich beherrsche mich und gehe zu ihm	ich heile das Kind in mir und gehe zu ihm

(der Pfeil geht in Richtung des allmählich aufgebauten Kontaktes mit dem anderen)

Sie bekommen ein Kompliment:

- ❑ ich beachte es nicht
- ❑ ich frage mich, was wohl dahintersteckt
- ❑ ich spiele es herunter
- ❑ ich fühle mich verpflichtet, meinerseits ein Kompliment zu machen
- ❑ ich nehme es entgegen
- ❑ ich nehme es entgegen und bedanke mich

22 ——————————————————————→

ich beachte es nicht — ich nehme es entgegen und bedanke mich

Sie sind imstande, zu verlangen, was Sie brauchen:

- ❑ immer
- ❑ fast immer

❑ manchmal
❑ selten
❑ nie

23 ⟶
nie immer

Sie können etwas ablehnen, was Ihnen nicht paßt:

❑ immer
❑ fast immer
❑ manchmal
❑ selten
❑ nie

24 ⟶
nie immer

Wenn Sie sich in einem Konflikt befinden:

❑ fliehe ich vor dem Problem
❑ füge ich mich, oder ich versuche, die Oberhand zu gewinnen
❑ suche ich einen Schlichter
❑ meistere ich die Angelegenheit

25 ⟶
ich fliehe ich meistere die Angelegenheit

Sie sind sich der Wirkung bewußt, die Ihr Verhalten auf die anderen hat:

❑ immer
❑ fast immer
❑ manchmal
❑ selten
❑ nie

26 ⟶
nie immer

Sie können von Ihrem eigenen Standpunkt abrücken und sich an die Stelle eines anderen versetzen:

- ❑ immer
- ❑ fast immer
- ❑ manchmal
- ❑ selten
- ❑ nie

27 ⟶
nie immer

Wenn man Sie angreift:

- ❑ fühle ich mich stets sofort schuldig
- ❑ kann ich heftig reagieren
- ❑ werde ich zornig und sage es
- ❑ sage ich nichts und gehe weiter
- ❑ versuche ich, zu verstehen, was den Menschen dazu gebracht hat, mich so anzugreifen, und reagiere mitfühlend

28 ⟶
ich fühle mich schuldig ich reagiere mitfühlend

Ich kann erkennen, was die anderen empfinden:

- ❑ immer
- ❑ fast immer
- ❑ manchmal
- ❑ selten
- ❑ nie

29 ⟶
nie immer

Wenn Sie jemand anderem zuhören, können Sie es sich nicht verkneifen, ihm Ratschläge zu geben:

- ❑ immer
- ❑ fast immer
- ❑ manchmal
- ❑ selten
- ❑ nie

30 ⟶

immer nie

Wenn jemand weint:

- ❑ ertrage ich es nicht und gehe aus dem Zimmer
- ❑ versuche ich, ihn auf andere Gedanken zu bringen
- ❑ kann ich nicht umhin, auch zu weinen
- ❑ versuche ich, ihn zu trösten
- ❑ bin ich einfach offen für seine Emotion und begleite ihn innerlich

31 ⟶

ich ertrage es nicht ich begleite ihn

Wenn es erforderlich ist, daß Sie in einem Team arbeiten:

- ❑ ich vermeide die Arbeit in einem Team
- ❑ habe ich die Neigung, mich abzusondern
- ❑ richte ich mich nach der Gruppe und passe mich der Mehrheit an
- ❑ habe ich Angst, aber ich arbeite mit
- ❑ ergreife ich Initiativen, ich engagiere mich, ich kooperiere mit dem ganzen Team

32 ⟶

ich vermeide es ich kooperiere

Einen emotionalen Quotienten kann man nicht auf eine Zahl reduzieren; machen Sie sich ein Bild von Ihren Stärken und Schwächen, indem Sie die Pfeile des Testes zu einer Blume zusammensetzen. Verbinden Sie daraufhin die Curser miteinander.

So könnte das Resultat zum Beispiel aussehen:

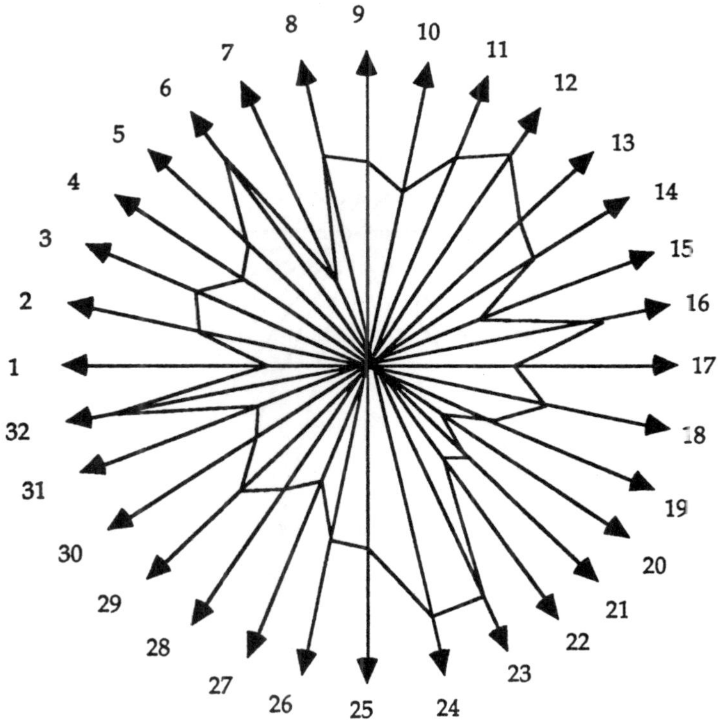

Übertragen Sie Ihre Curser auf diese leere Rosette, und verbinden Sie sie miteinander:

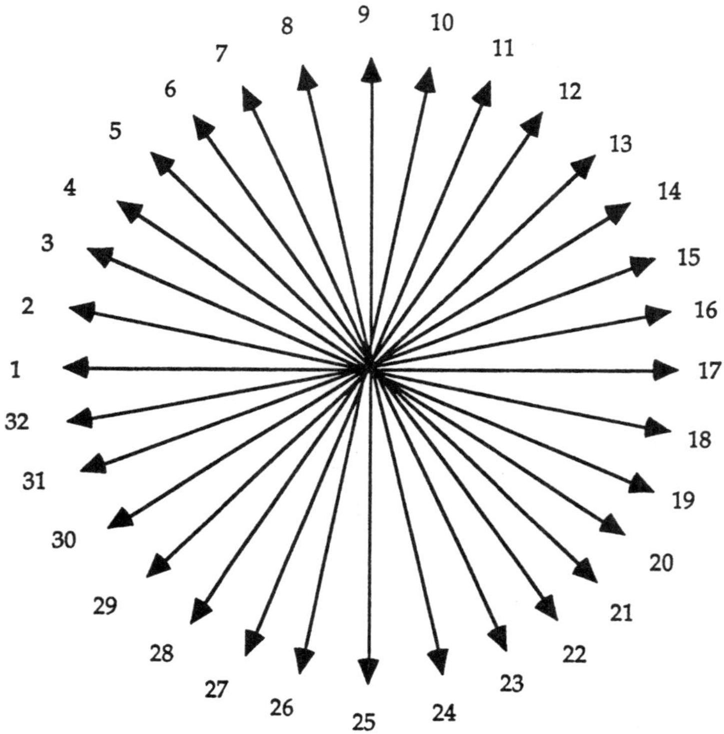

Wo schneiden Sie am besten ab? Welches sind Ihre Stärken in punkto Beziehungen?

Entdecken Sie Bereiche in Ihrer Persönlichkeit, die nur schwach ausgebildet sind?

Welche emotionalen oder beziehungsbezogenen Kompetenzen möchten Sie in Anbetracht Ihrer Resultate gerne entwickeln?

Hier sind einige Anhaltspunkte:

- Die Pfeile von 1 bis 4 zeigen an, inwieweit Sie sich Ihrer selbst bewußt sind;
- die von 5 bis 8 messen Ihre Möglichkeiten, sich emotional auszudrücken;
- die von 9 bis 13 sagen Ihnen, welchen Grad der Autonomie Sie erreicht haben;
- die von 14 bis 17, wieviel Selbstvertrauen Sie besitzen;
- die von 18 bis 25, welche Einstellung gegenüber anderen Menschen Sie haben;
- die von 26 bis 31, inwieweit Sie fähig sind, zuzuhören und den anderen zu akzeptieren;
- und der Pfeil mit der Nummer 32 steht für Ihre Eignung, sich in einer Gruppe zu entwickeln.

Wie bereits gesagt, sind diese Trennungen willkürlich; fassen Sie diese Rosette als ein Spiel auf. Ziel des Testes ist, Sie zum Nachdenken über sich selbst zu veranlassen, indem Sie sich Fragen stellen; Sie sollten ihn nicht dazu verwenden, ein Urteil über sich zu fällen.

Analysieren Sie die Punkte; was sagen sie über Ihre Seinsweise aus? Bei den Resultaten unseres Beispiels erreichen die Pfeile mit den Nummern 6, 11, 12, 16, 23, 24 und 32 – sie stehen alle für Reaktionen des Zorns – die höchsten Punkte.

Und tatsächlich neigt Yvan, die Testperson für unser Beispiel, zum Jähzorn; er geht mühelos aus sich heraus, er behauptet sich gut. Dagegen vermeidet er es nach Möglichkeit, seine Verletzlichkeit zu spüren oder sie gegenüber anderen Leuten zu offenbaren, was seine Beziehungen beeinträchtigt. Die schlechtesten Resultate erreicht er bei den Fragen mit den Nummern 1, 7, 15 und 20; das heißt, er ist nicht in Verbindung mit sich selbst, kann weder Ängste zeigen noch in Schweigen verharren und vor allem nicht «Ich liebe dich» sagen. Seine Wut verbirgt seine Angst vor Vertrautheit.

5 Die vielfältigen Gesichter der Angst

Im Angesicht der Gefahr

Pauline ist mit ihrer kleinen Schwester auf die Weide gegangen, um die Kühe hereinzuholen. Ihr Vater hat vergessen, ihnen zu sagen, daß auch der Stier dabei ist. Die beiden Mädchen passieren die Absperrung und gehen auf die Rinder zu. Der Stier erblickt sie – und stürmt auf sie los. Die kleine Schwester hat gerade noch die Zeit, wegzurennen und über den Zaun zu klettern. Pauline nicht. Sie wirft sich auf den Boden und rührt sich nicht. Sie ist sechs Jahre alt. Sie denkt nicht nach, sie weiß nicht, warum sie so gehandelt hat, ihre Angst hat ihr das einzige Verhalten vorgeschrieben, das sie retten kann. Der Stier bleibt stehen und riecht an ihr. Pauline ist gelähmt vor Entsetzen. Sie bleibt am Boden liegen, bis die kleine Schwester den Vater zu Hilfe geholt hat.

Angst ist die Reaktion unseres Körpers angesichts der Gefahr. Sie schlägt Alarm im Organismus und mobilisiert all unsere verfügbaren Mittel, mit denen wir der Bedrohung trotzen können. Das Gehirn ist hellwach und analysiert die Situation, indem es die verschiedenen Fakten blitzschnell miteinander abwägt. Es sorgt für unseren Schutz und wählt die bestmögliche Haltung: fliehen, kämpfen oder sich totstellen.

In manchen Situationen steigert die Angst unsere Fähigkeiten. Viele Schauspieler behaupten, sie könnten ohne Lampenfieber nicht konzentriert und intensiv spielen. Sportler geben ihr Bestes in Wettkämpfen, wo die Belastung am größten ist. Warum aber versagen manche Menschen in Prüfungen oder stottern, wenn sie in der Öffentlichkeit sprechen müssen? Oder sind wie gelähmt vor einem

Sprung ins Leere, vor der Verabredung mit einer neuen Liebe oder einem Telefonat, mit dem sie ein Abendessen absagen sollen?

Wir deuten unser Herzklopfen, unsere feuchten Hände und unseren Drang, wegzulaufen, negativ. Wir versuchen, unser Entsetzen zu kontrollieren, wir verwenden all unsere Energie darauf, es zu unterdrücken.

Selbst in Situationen äußerster Gefahr ist die Angst unsere beste Beraterin (vorausgesetzt, daß sie weder künstlich erhöht noch vermindert wird). Entgegen der allgemein akzeptierten – und aus der Kinowelt stammenden – Vorstellung meistern nicht diejenigen am besten schwierige Situationen, die «den starken Mann spielen», sondern die, die auf ihre Affekte achten. Die Freiwilligen der I. F. T., der Internationalen Friedenstruppen, engagieren sich in krisengeschüttelten Ländern, in denen die Menschenrechte verletzt werden. Sie sind unbewaffnet, sie ergreifen nicht Partei. Ihr Ziel ist es, durch ihre bloße Anwesenheit Menschenleben zu schützen und die Eskalation von Gewalt zu verhindern. Ihre Rolle besteht darin, einfach dazusein, hinzuschauen und zu berichten, was sie gesehen haben. Da es viel schwieriger ist, im Angesicht von Zeugen Ausschreitungen zu begehen, bieten sie durch ihre friedliche, gewaltlose Gegenwart anderen Menschen Schutz. Obwohl die jeweiligen Regierungen zuvor ein Abkommen über ihren Einsatz schließen, befinden sich die Teilnehmer der Friedenstruppen immer in Gefahr, und mehrere sind bereits ums Leben gekommen.

Jean-Jacques Samuel gehört den I. F. T. an. Er nahm an einer Mission in El Salvador teil und erzählte uns, was er dort erlebte. «Ohne Angst gäbe es keinen Kampf.» Er bildet die Leute aus, die sich an den Einsätzen beteiligen. «Man muß anerkennen und akzeptieren, daß man Angst hat, ohne sich deswegen wie ein Feigling vorzukommen; auch darf man nicht versuchen, den Helden markieren zu wollen. Auf dieser geistigen Grundlage muß man die Lage betrachten, wie sie ist, ohne sich von eigenen Gedanken und der Phantasie so weit leiten zu lassen, daß man sich von der Realität löst. Ein wirksames Mittel kann darin bestehen, einfach ganz bewußt zu atmen.»

Die Kämpfer von salvadorianischen Volksorganisationen sind ständig dem Risiko ausgesetzt, gefoltert und umgebracht zu werden. Sie behaupten, ihre Furcht helfe ihnen, wirksame Taktiken auszuarbeiten. Wenn man seine eigene Angst kennt, ist man auch imstande, die des anderen zu spüren. Man soll nicht davon phantasieren oder sie sich vorstellen, sondern sie an dem Menschen, der vor einem steht, wahrnehmen.

Die Angst kann uns das Leben retten, vorausgesetzt, man vertraut ihr, ohne sie künstlich zu verringern oder zu erhöhen.

Die Bergsteiger sprechen oft von jener «Bewußtseinstrübung», die sie befällt, wenn sie besonders gefährliche Gletscherspalten überwinden, wo der geringste Fehler fatal sein kann.

Ist jede Art von Angst gerechtfertigt? Es ist unnötig und belastend, vor seinem Chef zu zittern, das Urteil anderer Menschen, das Gerede irgendwelcher Leute zu fürchten, Angst vor Flügen, Mäusen und Spinnen zu haben. Ein übermäßiges oder unangemessenes Entsetzen ist eine «elastische Verknüpfung» oder eine «Erpressung»; in diesem Fall braucht die Emotion nicht empfunden oder ausgedrückt werden, sondern man muß ihr den Boden entziehen, indem man das damit verbundene lange zurückliegende Trauma oder den tieferen Affekt enthüllt.

Die Angst vor der Gefahr meistern

«Seien Sie ganz in Ihren Fingern, in Ihren Händen, in Ihren Beinen, in Ihrem Körper – und bei dem Felsen!» Der Bergführer hat uns zu einer Exkursion verleitet, die in der Nacht stattfindet, damit der Geist durch nichts abgelenkt werden kann. Das Ganze hat etwas Zauberhaftes. Es ist meine erste Bergtour. Ich, die ich gewöhnlich so wenig wagemutig bin, bewege mich mit erstaunlicher Geschicklichkeit an der Felswand entlang. Es ist viel zu dunkel, als daß ich die Leere unter mir sehen könnte. Um mich zurechtzufinden, habe ich nur den Kontakt mit dem Felsen unter meinen Händen. Die Berührung lindert die Angst.

Auch das Lampenfieber, das man vor einem Publikum hat, muß in dieser Weise umgewandelt werden. Die Gefahr ist nicht real, denn schließlich wird einen niemand «fressen». Dennoch ist das Lampenfieber eine Anpassungsleistung. Um vor fünfzig oder zweihundert Menschen zu reden, braucht man mehr Kraft, als wenn man nur mit seinem Nachbarn spricht. Ohne Lampenfieber hätten Sie möglicherweise nicht genug Energie, um Ihre Mitteilung mit dem nötigen Schwung «herüberzubringen». Große Redner, Schauspieler und Sänger schöpfen daraus ein Mehr an Energie, das ihr Charisma erhöht. Lampenfieber wirkt sich hemmend aus, wenn wir es – da negativ gedeutet – zu kontrollieren und zu verbergen suchen. Die «Expansionsenergie», die es für eine Aktion liefert, wird dann nicht genutzt, und die psychische Energie, die Sie für Ihre Versuche, es zu unterdrücken und zu beherrschen, aufwenden, ist so groß, daß Sie davon wie «ausgepumpt» sind. Das Lampenfieber ist eine Ressource – oder vielmehr stellt es Ihre Ressourcen bereit. Bleiben Sie bei sich selbst, spüren Sie den Kontakt Ihrer Füße mit dem Boden. Nehmen Sie eventuell einen Gegenstand in die Hand, aber spielen Sie nicht damit herum. Begnügen Sie sich, die Empfindungen zu registrieren, die er in Ihren Fingern und der Handfläche hervorruft. Und bleiben Sie in Kontakt mit Ihrem Publikum, schweifen Sie nicht in Gedanken ab, indem Sie sich bange fragen, was die Leute, die Ihnen zuhören, wohl von Ihnen denken mögen ... Schauen Sie sie an, stützen Sie sich auf ihre Blicke, wenn Sie reden. Seien Sie aktiv, seien Sie vielmehr derjenige, der schaut, als derjenige, der angeschaut wird.

Die Angst im voraus

Bernard wacht in einem weißen Krankenhauszimmer auf, das unablässige Geräusch eines elektrischen Apparates, den er nicht identifizieren kann, erfüllt den Raum. Er versucht eine Bewegung zu machen, doch der Schmerz hindert ihn daran. Er tastet nach der Klingel. «Ich habe Schmerzen», sagt er zu der Krankenschwester, die an der Tür erscheint. Die Wirkung der Narkose läßt nach; Bernard war nicht darauf gefaßt, Schmerzen zu haben, er ist ratlos. Und der Arzt hatte doch gesagt: «Machen Sie sich keine Gedanken, es wird alles gutgehen.» Bernard ist im vollen Vertrauen darauf in die Klinik gekommen. Er sah keine Veranlassung, dem Chirurgen über den kommenden Eingriff Fragen zu stellen. «Ich vertraue ihm ganz und gar, ich habe keinerlei Bedenken – eine Woche, und dann ist's vorbei», hatte er zu seiner Schwester gesagt, die sich über einen solchen Mangel an Wißbegier wunderte. Drei Wochen später ist Bernard noch immer in der Klinik. Postoperative Komplikationen haben einen weiteren Eingriff notwendig gemacht; Bernard hatte eine schwerwiegende Infektion, leidet große Schmerzen und hat nun jegliches Vertrauen in seinen Arzt verloren.

Im Nachbarzimmer ist Émilie eben dabei, sich zu erholen. Da sie sich sehr vor der Operation gefürchtet hatte, hatte sie den Chirurgen mehrmals aufgesucht, um ihm alle nur erdenklichen Fragen zu stellen. Als sie in den Operationssaal gefahren wurde, war ihr der gesamte vorgesehene Ablauf des Eingriffs bekannt. Beim Aufwachen empfand sie es als beruhigend, daß sie die vorhergesehenen Symptome erkannte. Dank der intensiven Vorbereitung und ihrer Fragen fühlte sie sich sicher. Man nimmt Schmerz weniger intensiv wahr, wenn man ihn identifizieren, benennen und seine Ursachen ausmachen kann.

Das Pflegepersonal stellt täglich fest – und systematische Untersuchungen haben es bestätigt –, daß Patienten, die vor der Operation Angst haben (vorausgesetzt natürlich, diese ist nicht grenzenlos), sich besser und schneller wieder erholen. Diejenigen, die «Vertrauen haben», bleiben passiv; sie erwarten alles von denen, die sie pflegen … und sind dann enttäuscht, wenn der Schmerz sie daran erinnert, daß ihr Körper ja ihnen gehört. Das Antizipieren erlaubt es, sich vorzubereiten.

Ängstlichkeit angesichts einer Prüfung oder einer Veränderung

Ein Examen, eine Aufnahmeprüfung, ein sportlicher Wettkampf, ein Umzug, eine Entlassung, eine neue Arbeit, eine wichtige Verabredung, das Treffen mit der neuen Liebe … Das Risiko ist zwar psychologischer Natur, doch ist es nichtsdestotrotz vorhanden. Die Angst vor der Zukunft scheint eine spezifisch menschliche Emotion zu sein; sie ist untrennbar verbunden mit dem Wissen um die Zukunft, mit der Fähigkeit, sich verschiedene Möglichkeiten vorzustellen. Die Angst, sich zu täuschen, zu versagen, einer Sache nicht gewachsen zu sein, nicht gewürdigt zu werden – all das sind natürliche Ängste, die jeder Mensch kennt.

Es gibt ein Maß an Ängstlichkeit, das angesichts unsicherer Zukunftsaussichten normal ist. Das, was es ermöglicht, sie zu akzeptieren, sie zu ertragen, ohne gleich den Wunsch zu haben, sie um jeden Preis mit Tabletten, einer Zigarette oder einem Glas Wein zu beseitigen, ist die innere Sicherheit, das Selbstvertrauen.

An einem Freitagabend erhalte ich einen Anruf; man bittet mich, am folgenden Montag an einer Fernsehsendung teilzunehmen. Ich bin noch nie im Fernsehen aufgetreten. Ich nehme das Angebot an – eine solche Gelegenheit schlägt man nicht aus –, aber ich bin sehr aufgeregt. Ich habe zwei Tage, um mich vorzubereiten. Zunächst einmal muß ich Ordnung in meine Gedanken bringen. Ich erstelle eine provisorische Liste. Ich habe Angst davor:

1. keine Antwort auf Fragen zu wissen, die man mir stellen könnte,
2. nicht kompetent genug zu sein,
3. dummes Zeug zu reden,
4. einen ungeschickten Eindruck zu machen,
5. eine Null zu sein,
6. zu stottern,
7. es nicht fertigzubringen, gutklingende Sätze zu bilden,
8. nicht zu wissen, was ich sagen soll.

Für jede Angst gibt es ein Gegenmittel.

1. Um antworten zu können, benötige ich Informationen. Ich mache mich an die Arbeit und befasse mich eingehend mit meinem Thema. Ich denke über mögliche Fragen nach, die man mir stellen könnte, trage zusammen, was ich weiß – das heißt, ich werte die vorhandenen Informationen aus, um daraus ein kohärentes Ganzes zu bilden und damit den verschiedenen Anforderungen meiner Gesprächspartner gewachsen zu sein.
2. Ich erinnere mich an mehrere Situationen, in denen ich von der-

selben Angst, inkompetent zu sein, gequält wurde, die sich hernach jedoch positiv entwickelten.

3. Angesichts der Angst, dummes Zeug zu reden, arbeite ich innerlich daran, mich selbst zu akzeptieren. Jeder Mensch macht Fehler. Es ist mein allererster Auftritt im Fernsehen, ich habe ein Recht auf Nachsicht.

Am Samstagabend rufe ich eine Freundin an, die ebenfalls für diese Sendung eingeladen worden ist. Ich erzähle ihr, wie ich mich fühle, und sie lacht darauf und sagt: «Ich habe überhaupt keine Angst. Dazu besteht wirklich kein Grund, es ist doch nur eine kleine, unbedeutende Sendung, die montagmorgens um zehn Uhr ausgestrahlt wird. Kein Mensch wird sie ansehen. Also, mach dir nichts draus.» Das ist ihre Strategie, sie spielt die Sache herunter. Ich fahre mit meiner inneren Arbeit fort. Im Geist sehe ich mich unter den Scheinwerfern, vor den Kameras sitzen. Ich stelle mir vor, wie ich mit den eingeladenen Gästen spreche und alle meine Kompetenzen bewahre (2).

Die Angst zu stottern (6), ein miserables Bild abzugeben (4) kommt der Furcht gleich, für erbärmlich schlecht gehalten zu werden.

Mein Gefühl, miserabel, eine Null zu sein, hat seinen Ursprung in meiner Kindheit. Meine Brüder sagten so oft zu mir: «Du bist eine Null», daß ich die Gründe, weswegen sie mich so bezeichneten, vergaß und ihnen glaubte (heute weiß ich: sie schützten sich vor dem Neid auf ihre ältere Schwester, die ihnen zwangsläufig «voraus» war). Um dieses Gefühl auszugleichen, muß ich mir meine Kompetenzen vor Augen halten. Ich zähle meine Erfolge zusammen und analysiere meine Mißerfolge. Dann suche ich in Gedanken das kleine Mädchen auf, das ich einmal war, und erzähle ihm mein Leben. Ich erkläre ihm, warum es sich miserabel und uninteressant fühlt und wie wenig gerechtfertigt das ist. Ich schenke ihm Liebe und Vertrauen.

Am Sonntagabend rufe ich meine Freundin noch einmal an. Wieder lacht sie über meine Sorgen: «Hast du immer noch Schiß? Ich überhaupt nicht, übrigens nehme ich ein Beruhigungsmittel.

Ich habe mit dem Moderator telefoniert, er hat mir anvertraut, daß er sogar eine ganze Schachtel nehmen wird!» Sie will ihre eigene Angst noch immer nicht eingestehen. Für den Moderator steht mit dieser Sendung – der ersten einer neuen Serie – sicherlich eine ganze Menge auf dem Spiel, aber er ist ein namhafter Fernsehmann und anerkannt. Nimmt auch er Beruhigungsmittel? Wie man sich zuweilen doch über andere Leute täuschen kann.

Als wir schließlich vor den Kameras saßen, wirkte meine Freundin wie erstarrt auf ihrem Stuhl. Sie war sehr angespannt und brachte kaum ein Lächeln zustande. Der Moderator war ungeheuer aufgeregt, die Anspannung drang ihm aus allen Poren. Sobald ich das Studio betrat – war ich bereit, locker ... fast zu locker im Vergleich zu der Nervosität, die um mich herum herrschte. Mein Auftritt war nicht hervorragend, aber gut.

Später habe ich mir die Aufzeichnung angesehen. Um mich nicht allzu hart zu kritisieren, tat ich es mehr mit dem Herzen als mit dem Kopf; ich schaute mir den Film mehrmals hintereinander an – mit einem zärtlichen Gefühl, bis ich mich vollkommen akzeptierte mit meinen sprachlichen Ungeschicklichkeiten und linkischen Gesten. Nachsichtig gegenüber sich selbst zu sein ist gar nicht so einfach!

Die einzelnen Schritte, um die Angst vor einem bestimmten Ereignis zu meistern:

1. Erkennen Sie Ihre Angst an, akzeptieren Sie sie.
2. Sprechen Sie darüber, teilen Sie sie mit.
3. Entschlüsseln Sie ihren Ursprung: Aus welchen Gefühlen setzt sich diese Angst zusammen?
4. Suchen Sie sich alle Informationen zusammen, die Sie benötigen könnten.
5. Geben Sie sich Rückversicherung, rufen Sie sich Ihre Erfolge ins Gedächtnis, erstellen Sie eine Liste mit Ihren Stärken, lieben Sie sich selbst. Wenn Sie zu sich selbst sprechen, sollten Sie es mit Achtung und Zärtlichkeit tun. Suchen Sie das Kind in sich, heilen Sie es.

6. Bitten Sie jemanden, Sie körperlich zu berühren. Wenn der andere hinter Ihnen steht oder sitzt und seine Hände auf Ihre Schultern legt, spüren Sie die Wärme seiner Brust und seines Bauches in Ihrem Rücken. Er «stärkt Ihnen den Rücken», Sie können nach vorne sehen, er hält Sie. Frägen Sie sich die Empfindung gut ein, um sie besser in Ihre «Prüfung» mitnehmen zu können.
7. Lassen Sie sich genügend Raum, um positiv vorauszuschauen. Vergegenwärtigen Sie sich die Szene, sehen Sie sich zu, wie Sie agieren, wie Sie sich verhalten und wie Sie ganz nach Ihrer Wunschvorstellung sind.
8. Halten Sie sich beim Agieren immer Ihr Idealbild, Ihre positive Vorausschau und die Unterstützung des Menschen, den Sie dafür ausgewählt haben, vor Augen.
9. Nachdem Sie die Herausforderung gemeistert, den Erfolg errungen und die Angst überwunden haben, rufen Sie sich ins Gedächtnis, wie Sie zuvor waren. Sehen Sie sich im Geist vor dem Sprung in die Tiefe oder vor dem Examen, als Sie noch Angst hatten. Und teilen Sie Ihre Gefühle des Stolzes, die Sie heute haben, dem Menschen mit, der Sie noch gestern waren.

Dieser neunte Schritt ist besonders wichtig, um immer weniger Angst im Leben zu haben, um positive Erfahrungen zu sammeln und Selbstvertrauen zu bekommen.

Von der Angst zum Verlangen

Es ist fünf Uhr morgens, jemand klopft an die Tür meines Hotelzimmers. «Aufstehen, es ist Zeit.» Heute ist der große Tag: Ich werde mit einem Seil von einer Brücke springen. Wir sind zwölf Personen, die beschlossen haben, ihre Angst zu überwinden und sich, angeseilt, in vierzig Meter Tiefe zu stürzen. Wir haben uns ernsthaft und über einen längeren Zeitraum hinweg vorbereitet. Am ersten Tag wurde anhand von verschiedenen Übungen unser gegenseitiges Vertrauen getestet. Der zweite Tag war der Vorbereitung des Aufstiegs gewidmet.

Der dritte Tag ist angebrochen. Wir marschieren fast eine Stunde lang zu der Stelle, von wo aus wir springen werden. Angst steigt in mir hoch. Ich habe Angst vor Höhen, habe Schaukeln immer gehaßt, und ich fürchte mehr als alles andere, die Kontrolle zu verlieren. Und hier geht es sogar darum, sich in den Abgrund zu werfen und ganz der Schwerkraft anheimzustellen. Unser Gruppenleiter erklärt uns überzeugend, daß keinerlei Gefahr besteht. Vier dicke Seile sind oben an der Brücke befestigt, unser Leben hängt also keineswegs an einem einzigen elastischen Band. Für jede Gruppe werden neue Seile verwendet. Wenn drei von ihnen je reißen sollten, wäre da immer noch das vierte! Um zusätzliche Sicherheit zu gewährleisten, werden zwei Seile unten befestigt und zwei von den Gruppenmitgliedern gehalten. Eine Erschütterung ist nicht zu befürchten, da der Körper, der in die Tiefe geschleudert wird, in eine Pendelbewegung gerät. Nach einigem Hin und Her kommt man dann ein paar Meter über der Erde in Ruhestellung. Dann wird man auf den Boden hinuntergelassen. Was die Sicherheitsfrage angeht – kein Problem.

Nach mehreren Aufwärmübungen fragt der Leiter: «Wer will beginnen?» Furchterregende Bilder schießen mir durch den Kopf. Mein Entschluß steht fest; ich gehe auf den Leiter zu und verkünde: «Ich werde nicht springen, ich habe Angst.» Der Leiter ist enttäuscht, aber er akzeptiert meine Weigerung. Ich steige hinab, unter die Brücke, um zuzusehen, wie die anderen in den Abgrund stürzen. Manche heulen dabei schauerlich auf und kommen zitternd unten an. Andere pressen die Kinnbacken zusammen. Ich kuschele mich eng an einen Freund. Er hat genauso Angst wie ich und ebenfalls beschlossen, nicht zu springen. Ich bitte ihn, seine Arme um mich zu legen und mir ein paar Freundlichkeiten zu sagen. Allmählich bekomme ich mehr Festigkeit. Ich schaue weiterhin zu, wie die anderen sich von oben in die Tiefe werfen. Da ich jetzt weniger mit meiner Angst beschäftigt bin, kann ich sie besser beobachten. Jeder erlebt den Sprung anders, und alle sind stolz, ihn gewagt zu haben. Langsam fühle ich in mir das Verlangen aufkeimen, auch zu springen. Ja, es ist mehr ein Verlangen als eine Herausforderung. Weil ich die Herausforderung abgelehnt habe, weil ich mir erlaubt habe, ganz ich selbst zu sein, stehe ich nicht mehr unter Druck. Ich kann in mir die Vorahnung eines Vergnügens spüren.

Ich steige also wieder auf die Brücke, seile mich an – und springe ... Nach einer Tausendstelsekunde der Panik, die auf das Gefühl völliger Haltlosigkeit zurückgeht, spüre ich tatsächlich ein intensives Vergnügen.

In unserer Welt des Wettbewerbs können sich viele Menschen nur durch Herausforderungen motivieren. Aber die Herausforderungen sind mit Spannungen und Streß verbunden. Die Motivation wird in äußeren Dingen gesucht, da sie im Inneren nicht mehr existiert. Wir vergessen, daß der Mensch es liebt, vorwärtszustreben, etwas zu entdecken und – sogar – zu arbeiten. Die Überzeugung: «Wenn ich mich dazu nicht zwinge, tue ich nichts», stürzt uns in eine Verpflichtungsdynamik, die uns jede Lust aufs Handeln nimmt ...

Man sagt: Hinter jeder Furcht steckt ein Verlangen. Dieser Satz wird häufig mißverstanden: Angst vor seinem Chef zu haben würde demnach bedeuten, man wolle mit ihm sexuell verkehren, und hinter der Furcht, in der Öffentlichkeit zu reden, verberge sich der Wunsch, betrachtet, bewundert zu werden ... Nein, das stimmt nicht, aber wenn man sich von der Angst befreit, kommt man in den Zustand des Verlangens. Legt man den Zwang des «man muß» ab, kann man das «ich habe Lust» spüren.

Jemanden durch seine Angst begleiten

Wie können Sie jemandem helfen, der Angst hat? Respektieren Sie seine Unruhe und Aufregung. Machen Sie seine Furcht nie lächerlich. Hören Sie zu, ohne eine Lösung für ihn zu suchen. Versuchen Sie nicht, ihn zur Vernunft zu bringen oder ihm Ratschläge zu erteilen. Versuchen Sie auch nicht, ihn zu beruhigen oder ihm seine Furcht auszureden, gestehen Sie ihm zu, sie auszuleben. Sein größtes Bedürfnis ist, sich mit seiner Emotion akzeptiert zu fühlen. Vertrauen Sie auf seine Fähigkeiten, seine eigenen Lösungen zu finden. Dann – indem Sie den Sachverhalt mit Ihren Worten neu formulieren und offene Fragen stellen – helfen Sie ihm, das in Worte zu fassen, was er fühlt. Die Worte werden ihm ermöglichen, Abstand von der ursprünglichen Emotion zu gewinnen. Indem er sie ausspricht, wird er sich der Triebkräfte seiner Angst bewußt werden. Nehmen Sie seine Hand, berühren Sie seine Schulter. Wenn Sie vertraut genug miteinander sind, schlagen Sie ihm vor, daß Sie sich einige Minuten hinter seinen Rücken setzen oder stellen, um ihm die «Stütze» zu geben, die er braucht.

Regen Sie ihn dazu an, Ihnen die Zukunft so zu beschreiben, wie er sie sich vorstellt, bis seine Bilder positiv sind und er wirklich voller Vertrauen ist.

Soziale Schüchternheit und Ängste

Die Angst vor dem Sprechen in der Öffentlichkeit – sei es, um ein Referat zu halten, dem Vortragenden Fragen zu stellen oder bei einer Versammlung seine Meinung abzugeben – ist eine Angst, zu der sich mehr als die Hälfte aller Franzosen bekennt. Und das ist angesichts unseres Schulsystems nur logisch! Schüchternheit ist eine sehr weit verbreitete Störung. Es gibt ängstliche Menschen – ich selbst zähle dazu – und falsche Schüchterne. Letztere verstecken sich hinter einer heiteren Fassade, haben scheinbar vor nichts und niemandem Angst und beruhigen sich, indem sie anderen Ratschläge erteilen.

Die Schüchternheit ist deshalb so verbreitet, weil auch die Scham es ist – selbst wenn sie nicht immer als solche erkannt wird. Die Scham vor sich selbst wird oft ins Unbewußte verbannt. Sie verbirgt sich ganz gewiß hinter der Aggressivität (Wutanfälle ermöglichen uns, die anderen auf Distanz zu halten, damit sie unser Geheimnis nicht entdecken). Sie gehört mit Bestimmtheit zum Wesen eines Menschen, der ein T-Shirt mit der Aufschrift «Ich bin der Beste» trägt, und steht hinter jedem Selbstvertrauen, das allzu ostentativ zur Schau gestellt wird.

Allen Schüchternen ist ein Schamgefühl gemeinsam, das aus ihrer Kindheit stammt.

Ich war zwanzig Jahre alt, als eine Schulfreundin mich ganz direkt auf die Leere in meiner Existenz ansprach. «Du lebst gar nicht», warf sie mir schonungslos an den Kopf. Das war hart, aber es stimmte. Ich ging nicht aus, ich sah nie andere Menschen. In meine Bücher vertieft, tat ich nichts außer studieren. Neben meinen Vorlesungen an der Universität befaßte ich mich noch eingehend mit Biologie, Chemie und Astrophysik. Ich häufte Wissen über das Leben an, aber ich mied Menschen. Ich hatte Schwierigkeiten, mit anderen in Kontakt zu treten.

In der darauffolgenden Nacht schlief ich nicht viel. Doch im Morgengrauen hatte ich einen Entschluß gefaßt – ich wollte von nun an leben! Ich nahm mir vor, gleich zu Semesterbeginn einiges in meinem Leben zu ändern. Warum nur hatte ich solche Angst vor den anderen?

Ein negatives Selbstbild

Ich dachte über mich nach. Ich fand mich «häßlich, dumm und nichtssagend». War ich das wirklich? Woher kamen diese Vorstellungen? Ich grübelte über der Antwort. Es war das Urteil meiner jüngeren Brüder. Aber meine Geschwister konnten unmöglich objektiv sein. Sie grenzten sich von mir ab, so gut sie konnten. Im Laufe meiner zwanzig Jahre hatte ich jedoch eine ganze Reihe negativer Erfahrungen gesammelt, die mir bewiesen, daß sich andere Menschen wirklich nicht für mich interessierten.

Jetzt sah ich mir die Situationen im einzelnen an. Die Katze biß sich in den Schwanz: Überzeugt davon, daß ich dumm und uninteressant war, drängte ich mich nie in den Vordergrund. Ich ergriff nur selten das Wort. Und wenn ich es tat, versuchte ich, mit meinem Wissen zu glänzen, um mir bei den anderen Geltung zu verschaffen ... Diese Haltung kam schlecht an, besonders im Gymnasium. Allmählich war eine Kluft zwischen mir und den anderen entstanden. Sie brachten ihre Zeit damit zu, mit Freunden ins Café zu gehen, wohingegen ich immer las. Sie machten sich lustig über die «Streberin», wodurch ich mich abgestempelt sah. Kurz, ich befand mich in einem Teufelskreis: Meine negativen Ansichten über mich selbst hatten zur Folge, daß ich mich zurückzog oder zu viel Wert auf geistiges Wissen legte. Die anderen reagierten, indem sie mich ausschlossen, sich über mich lustig machten und mich herabsetzten – was mich wiederum in meinen Grundüberzeugungen bestärkte.

Am Tag des Semesterbeginns war ich schon lange vor Anfang der ersten Vorlesung in der Universität. Ich ging in die Bibliothek, schaute mich unter den Studenten um, entschied mich für einen und ging auf ihn zu. Mein Herz schlug mir bis zum Halse, aber ich sprach ihn an. Morgens meditierte ich, um mir Kraft zu geben. Abends weinte ich, um meine Spannungen loszuwerden.

Acht Tage später hatte ich einen kleinen Kreis von Freunden um mich versammelt. Einmal, nachdem eine Studentin mich einer Freundin vorgestellt hatte, sagte sie den gewöhnlichen, aber für mich so bedeutenden Satz: «Myriam fand dich sehr nett.»

Seither habe ich immer mehr Selbstvertrauen erlangt. Nach und nach habe ich mich im Umgang mit Menschen – mit einzelnen oder mit Gruppen – immer wohler gefühlt. Heute leite ich mit großem Vergnügen Gruppen und halte Vorträge. Wenn ich heute Fotos anschaue, die mich als Jugendliche zeigen, kann ich sehen, was für einen weiten Weg ich zurückgelegt habe. Ich betrachte das hübsche Mädchen, das ich – ohne es zu wissen – war, und ich übermittle ihm in Gedanken das Vertrauen, das ich nun besitze.

Welche Überzeugungen engen Sie ein? Unsere Überzeugungen lenken unser Verhalten. Die anderen Menschen reagieren auf unsere Geisteshaltungen und bestärken uns damit in unseren Vorstellungen. Jede Überzeugung, die man von sich oder anderen hat, neigt dazu, bestätigt zu werden. Man befreit sich davon, indem man den Ursprung der gehegten Überzeugung versteht, sie in Zweifel zieht und das eigene Verhalten ändert. Sie sind der Mensch, der zu sein Sie beschließen, und nicht nur der, der Sie aus Ihrer Gewohnheit sind.

Fühlen Sie sich innerlich so frei, daß Sie sich zeigen können, wie Sie sind? Können Sie vor den Augen eines anderes Auto fahren, laufen, arbeiten, tanzen oder Musik machen, ohne sich gehemmt zu fühlen?

Die Menschen, die das Glück hatten, als Kinder von ihren Eltern – und von ihren Geschwistern – angeschaut, geliebt und geachtet zu werden, können ein Vergnügen dabei empfinden, wenn man sie beobachtet; sie laufen, fahren, arbeiten oder tanzen dann nur um so besser. Die anderen dagegen fühlen sich unbeholfen, machen Fehler oder halten irritiert in ihrem Tun inne.

Um uns von unserer Schüchternheit zu heilen, müssen wir Vergangenes umgestalten und uns selbst bedingungslos akzeptieren. Und wir sollten wagen, uns unseren Emotionen zu stellen, wenn wir auf die anderen zugehen.

Soziale Phobien

Fällt es Ihnen immer leicht, neuen Menschen zu begegnen? Ihr Interesse oder auch einmal Ihre Mißbilligung kundzutun? Ihre Gefühle zu zeigen? «Ich liebe dich» zu sagen? Bringen Sie es fertig, Ihren Nachbarn um einen Gefallen zu bitten? In einem Restaurant das Essen zurückgehen zu lassen?

Als soziale Phobie bezeichnet man eine anhaltende, irrationale Angst vor einer sozialen Situation: die Angst, beobachtet zu werden, sich lächerlich zu machen, sich auf eine demütigende oder peinliche Weise zu benehmen. Ein Mensch, der diese Ängste erlebt, erkennt an, daß sie übertrieben sind, aber er kann sie nicht kontrollieren. Die Ängste bringen ihn dazu, jene Situationen, die sie wekken könnten, möglichst zu vermeiden. Jeder, der zur sozialen Phobie neigt, hat Angst, die anderen könnten seine Störung bemerken, und verbirgt sie deshalb so gut wie möglich hinter mehr oder weniger glaubhaften Rationalisierungen.

Als Jugendliche hatte Caroline Angst, Jeansgeschäfte und andere Boutiquen für Teenagermode zu betreten. Sie fühlte sich eingeschüchtert von den jungen, gutaussehenden Verkäuferinnen. Vor allem fürchtete sie, sie könnten über sie lachen, sich über ihren Körper lustig machen. Auch hatte sie Angst, sich ihnen nicht widersetzen zu können, sich etwas Unpassendes aufschwatzen zu lassen – so unfähig war sie, nein zu sagen – und für ihren Geschmack und ihre Wünsche einzustehen. Sie sprach jedoch nicht darüber und sagte jedem, der es hören wollte, daß sie diesen Kleidungsstil nicht ausstehen könne und deshalb vorzugsweise in Kaufhäusern einkaufe.

Angst vor dem anderen – oder vor sich selbst? Das Schamgefühl

Rémi zieht es vor, in Supermärkten einzukaufen, um nicht mit den Verkäufern sprechen zu müssen. Er erträgt die Höflichkeitsfloskeln nicht, die man austauscht, wenn man bedient wird. Er behauptet, nichts für Banalitäten übrig zu haben. Doch in Wirklichkeit weiß er nicht, was er sagen soll. Er hält diese Rituale für uninteressant, doch im Grunde fühlt er sich selbst uninteressant.

Marion dagegen fällt diese Art oberflächlicher Konversation leicht. Für sie werden die Dinge erst danach komplizierter. Sobald sie mit jemandem vertrauter wird, hat sie Angst, ihn zu enttäuschen. «Er wird merken, daß ich nicht die bin, für die er mich hält.» Trotz ihres Wunsches, eine Familie zu gründen, beendet sie ihre Liebesaffären immer vorzeitig – aus Angst, ihr wahres Wesen könne entdeckt werden.

Wie Rémi empfindet auch Marion Scham über sich selbst. Aber wie kommt es, daß sie meint, sie sei es nicht wert, geliebt zu werden? Sie versteht es selbst nicht, weder ihr Vater noch ihre Mutter haben sie je herabgewürdigt. Rémi war unablässig der Kritik ausgesetzt, sie dagegen nicht.

Als Marion sich in die Erlebniswelt ihrer Kindheit zurückversetzt, erinnert sie sich, daß niemand sich je darum kümmerte, was sie fühlte. Ihre Mutter ließ ihr nur wenig Autonomie. Sie entschied darüber, was ihre Tochter aß, welche Kleider sie trug, ob sie draußen spielen durfte oder drinnen bleiben mußte – und das bis in die Teenagerzeit hinein. Marion hat gelernt, daß sie nicht das Recht hatte, eigene Wünsche zu äußern. Da man sie nicht respektierte, folgerte sie daraus, daß sie nicht wert sei, geachtet zu werden. Da man ihr nicht zuhörte, schloß sie daraus, daß sie uninteressant sei.

Scham führt in die Isolation. Wenn man sich schämt, möchte man sich verstecken, verschwinden. Und doch will man nicht darüber reden, obwohl genau das es ermöglichen würde, sich davon zu befreien. Würde Marion darüber reden, so wäre sie damit zum ersten Mal ungehorsam gegen ihre Mutter, es wäre ein Zeichen ihrer Autonomie.

In einer Therapiegruppe erinnert sich eine Frau an ihre ärmliche Kindheit auf dem Lande. Ihre Eltern waren Bauern; bei ihr zu Hause war es schmutzig, es gab nur wenige Möbel und kein schönes Geschirr. Sie schämte sich wegen ihres Elternhauses, vermied es tunlichst, davon zu sprechen, und lud nie Freundinnen zu sich ein. Sie beneidete die reichen Familien ...

Danach ergreift eine andere Frau aus derselben Gruppe das Wort: «Meine Eltern waren reich, ich hatte alles, was ich wollte, eine Unmenge Spielzeug, schöne Kleider – wir hatten ein sehr schönes Haus, schöne Möbel, schöne Teppiche, Bilder an den Wänden –, und trotzdem schämte ich mich für mein Zuhause. Ich lud nie jemanden zu uns ein, denn ich wollte nicht, daß die anderen meine Eltern sahen.»

Nicht alle armen Kinder schämen sich ihrer Eltern – und auch nicht alle reichen. In Wirklichkeit ist es nicht der gesellschaftliche Status, der Schmutz oder die Dürftigkeit des Mobiliars, dessen sich die Kinder schämen, sondern der affektive Mangel. Man schämt sich seiner Eltern nicht, wenn man die Möglichkeit hat, mit ihnen über diese Dinge zu sprechen, wenn man mit ihnen spielen, lachen, weinen und sich mit ihnen austauschen kann.

Das Schuldgefühl

Wer fühlt sich schuldig – das Opfer eines Diebstahls oder der Dieb? Das Opfer einer Vergewaltigung oder der Vergewaltiger? Das kleine mißbrauchte Mädchen oder der Vater, der sich an ihr vergangen hat? Die Mutter, die sich liebevoll um ihre Kinder kümmert, oder die, die ihre Kinder mißhandelt? Es ist überall dieselbe Geschichte: Das Opfer fühlt sich schuldig. Der wahre Schuldige hat gar keinen Zugang zum Schuldgefühl, denn ein gesundes Schuldgefühl ist das Zeichen, daß man den Empfindungen seines Nächsten Beachtung schenkt. Nur wenn dieses Schuldgefühl fehlt, ist es möglich, einen gewaltsamen Akt zu begehen. In dem Augenblick, wo ein Verbrecher seine Missetat vollbringt, weigert er sich, das zu fühlen, was sein Opfer durchmacht; ansonsten würde er in seinem Tun innehalten.

Warum fühlen sich die Opfer – ungerechtfertigterweise! – schuldig? Ihr Schuldgefühl hat seine Ursache darin, daß sie den Zorn, den sie spüren und den sie gegenüber dem Angreifer nicht ausdrücken können, gegen sich selbst richten. Sie empfinden Zorn und Scham darüber, daß sie schwach und hilflos waren, daß sie gepeinigt und gedemütigt wurden.

Wenn ein Opfer Zugang zu seinem Zorn hat, Zorn darüber, daß es angegriffen wurde, so wird es weder von Scham noch von ungerechtfertigter Schuld gequält. Es kann seine Wut auf den Schuldigen projizieren und ihn die Scham spüren lassen. Das ist nicht leicht, wenn man in der Kindheit Scham und Schuldgefühle als Anteile der eigenen Person integriert hat.

Wenn ein Kind eine Frustration erlebt, wenn es verletzt oder beleidigt wird, so ist es ganz natürlich und gesund, daß es seine Wut auch zeigt. Wenn, wie es so häufig der Fall ist, die Erwachsenen diese Wut nun nicht akzeptieren, dem Kind nicht zuhören und zudem noch behaupten, sie hätten ihm «zu seinem Besten» weh getan, ja es müsse ihnen dafür auch noch dankbar sein, dann ist das Kind gezwungen, seine Eltern für gut zu halten. Daraus folgert es, daß es selbst schlecht ist. Und die Erwachsenen – seine Eltern, aber auch seine Lehrer – bestärken das Kind in diesem Gefühl, wenn sie sagen: «Du bist böse, unerträglich, unausstehlich ...»

Für das Kind ist klar, daß es, wenn es frustriert ist, wenn seine Bedürfnisse und seine Wünsche nicht beachtet werden, zwecklos ist, seine Verärgerung zum Ausdruck zu bringen, denn es ist ja ohnehin immer der «Böse». Die Scham entsteht also durch diese Umkehrung des Frustrationserlebnisses gegen sich selbst. Da die Erwachsenen, von denen das Kind abhängt, es als nicht würdig erachten, gehört, geachtet und geliebt zu werden, verinnerlicht es dieses Gefühl, nichtswürdig zu sein.

Sagen wir es noch einmal deutlicher: Die Scham impliziert die Vorstellung, daß die eigene Person mit einem Mangel behaftet ist, suggeriert den Gedanken, irgend etwas sei mit einem selbst nicht in

Ordnung. Fühle ich mich schuldig, so stimmt etwas mit meinem Verhalten nicht: Ich habe etwas Schlechtes getan, habe eine Regel, ein Gesetz überschritten, ich habe deshalb Angst vor Strafe.

Das Schuldgefühl als Schutz

Das Schuldgefühl kann auch als Abwehrmaßnahme gegen andere, stärkere und unerträgliche Affekte benutzt werden. Es ist ein häufiges Erpressungsmittel.

Catherine hat Leberkrebs. Wir sprechen gemeinsam über ihre Krankheit, und sie sagt mir: «Ich fühle mich schuldig, denn für meine Mutter ist das einfach furchtbar; ohne dem hätte sie ihr Leben in Frieden beenden können ...» Catherine flieht vor dem inneren Leiden, indem sie sich an die Stelle anderer Menschen versetzt. Anstatt zu sagen: «Ich bin unglücklich», sagt sie: «Ich mache die anderen unglücklich.» Als ich sie mit dieser Diskrepanz konfrontiere, entgegnet sie mir:

«Ja, aber dann weine ich doch die ganze Zeit.»

«Und Sie glauben, daß Sie, wenn Sie einmal anfangen zu weinen, nicht mehr damit aufhören können?»

«Ja».

«Sicherlich sind viele Tränen in Ihnen. Aber weinen ist der einzige Weg, auf dem Sie wirklich mit sich selbst in Kontakt kommen, und damit die einzige Chance, Ihre Kraft in Ihr Inneres zurückzuführen. Hinter dem Schluchzen steckt Ihre Kraft – die brauchen Sie.»

Das Weinen paßt nicht zu dem Bild, das Catherine sich von sich selbst macht: dem Bild einer starken und rundherum perfekten Frau. Ein Bild, an dem sie um so mehr festhält, als sie versucht, mit ihm ein Gegengewicht zu ihrer inneren Scham zu bilden.

Um sich von irrationalen Scham- und Schuldgefühlen zu befreien, sollten Sie:

1. Ihre Frustration(en) – oder auch den Verlust – anerkennen, die die Ursache für das Gefühl der Schuld oder der Scham sein können.
2. Ihre Emotionen zum Ausdruck bringen.

Wenn man in Kontakt mit seinen wahren Emotionen ist, wenn man ausdrückt, was man tief in seinem Inneren empfindet, hat die Scham keine Macht mehr über einen.

Angst im Blut

Manche Menschen haben in ihrer Kindheit einen so großen Schaden erlitten, daß ihr gesamtes soziales Leben davon gehemmt ist. Angst und Entsetzen prägen alle ihre Beziehungen.

Die Folgen von Mißhandlungen werden noch zu wenig anerkannt. Wenn die Opfer darüber sprechen, versuchen die Gesprächspartner häufig, sie zum Schweigen zu bringen, indem sie sagen: «Vergiß es, lebe dein Leben, gewinne Abstand davon – deine Mutter hat eben getan, was sie für gut hielt, in deinem Alter mußt du ihr verzeihen können ...» Selbst Psychotherapeuten beeinflussen ihre Patienten zuweilen in diesem Sinne, womit sie nur erreichen, daß diese sich noch mehr in sich zurückziehen.

Mißhandelte Männer und Frauen sind mit der Angst großgeworden. Sie haben immer mit ihr gelebt. Da sie als Kinder geschlagen, gequält, aber auch vernachlässigt, gedemütigt, herabgesetzt oder so sehr kontrolliert wurden, daß sie nicht sie selbst sein durften, haben sie den Terror, die Gewalt und die Gleichgültigkeit von anderen so in ihr Leben integriert, als wären sie normale Bestandteile.

Manche bleiben ihr ganzes Leben lang von den entsetzlichen Erfahrungen wie gelähmt. Einigen ist das bewußt, anderen nicht. Letztere führen ein «Leben auf Sparflamme», wählen immer den Weg der Sicherheit oder werden Alkoholiker oder Drogenabhängige und betäuben sich, um die Leere und das Grauen nicht zu fühlen.

Ihr Hauptbedürfnis ist es, daß man ihnen zuhört, ihnen ihre ungeheueren Leiden glaubt. Es fällt ihnen oft schwer, ihrem eigenen Erleben zu trauen. Sie nehmen es sich übel, daß sie nicht «wie die anderen» einen Strich unter ihre Kindheit setzen können.

Alles, was Sie auf einem schwankenden Boden aufzubauen versuchen, ist nicht sehr stabil. Um einem schwergeschädigten Menschen wieder feste Grundlagen zu geben, muß man geduldig seine

Vergangenheit erhellen, ihn verstehen und das Unaussprechliche und Entsetzliche in Worte fassen. Man muß dem Betreffenden das Recht zugestehen, sein Leiden herauszuschreien, ihm Gehör schenken, damit das Kind in ihm nicht glaubt, es sei seine Schuld, es sei böse, es sei nicht so, wie seine Eltern es von ihm erwartet hätten, es sei dumm, häßlich oder verrückt.

Ängste und Phobien

Phobien, Angst, Ängstlichkeit, Panikanfälle, Zwangshandlungen und posttraumatische Streßzustände gehören zu derselben Kategorie der «Angststörungen». Doch hinter all diesen Beschwerden stekken sehr unterschiedliche individuelle Realitäten.

Manche Menschen leben in einem ständigen Angstzustand und fürchten fortwährend das Allerschlimmste. Sie sind angespannt, klagen über Muskelschmerzen und Verdauungsprobleme. Obwohl sie erschöpft sind, sind sie unfähig, sich zu entspannen, und sie schlafen schlecht. Andere spüren ihre Angst nur in speziellen Situationen: wenn sie mit jemandem in einem Raum oder bei offener Türe schlafen, wenn sie sich behaupten oder etwas erfragen müssen, wenn sie ausgehen ... Manche versuchen, ihre Angst zu verbergen, doch ein nervöser Lidschlag, Ticks, Schweißausbrüche, kalte oder feuchte Hände verraten sie. Wieder andere spüren die Angst ganz einfach nicht, sie haben sie in sich begraben. Nur müssen sie sich ständig mit etwas beschäftigen, arbeiten andauernd bis in die späte Nacht hinein, kauen an den Fingernägeln, knabbern ständig irgend etwas oder rauchen. Nachts schnarchen sie. Niemand würde behaupten, sie seien ängstliche Menschen; und auch sie selbst sind sich dessen nicht bewußt.

Von der Ängstlichkeit zur Angst

Fachleute machen keine klare Trennung zwischen Ängstlichkeit und Angst. Dennoch hat es sich eingebürgert, mit dem Begriff Angst vor allem eine anfallsweise auftretende Ängstlichkeit zu bezeichnen, die von körperlichen Störungen begleitet wird. Ängstlichkeit und Angst stehen also in einem Kontinuum.

Wie wir gesehen haben, ist es natürlich und sogar zweckmäßig, eine gewisse Ängstlichkeit vor einem Examen, vor einer Prüfung, einer einschneidenden Veränderung oder angesichts einer ungewissen Zukunft zu empfinden. Sie wird nur dann pathologisch, wenn sie übertrieben oder unangebracht ist und chronisch auftritt. Die Ängstlichkeit unterscheidet sich von der Angst darin, daß ihr Gegenstand unbestimmt und nicht stichhaltig ist. Sie ist nicht mehr so sehr eine Emotion, die einen Auslöser, einen Anfang, einen Verlauf und ein Ende hat, als vielmehr eine Stimmung, die anhält und das gesamte Erleben prägt. Das Verschwinden der Gefahr lindert die Angst, aber nicht die Ängstlichkeit.

Erstickungsgefühle, Herzklopfen, heiße und kalte Wallungen, Kribbeln, leerer Kopf, Schweißausbrüche, feuchte Hände, Todesangst: Guillaume hat Krisen, die er nicht bewältigen kann. Sie treten auf, wenn er sich zu behaupten versucht.

Die Angst ist eine Mischung aus verschiedenen Emotionen. Sie entwickelt sich, wenn zwei Seiten im Inneren eines Menschen sich feindlich gegenüberstehen – eine versucht, sich anzupassen, um geliebt zu werden, die andere strebt nach Autonomie. Der Konflikt entsteht, weil es unmöglich ist, gleichzeitig die Bedürfnisse nach Sicherheit und nach Freiheit, nach Schutz und nach Schöpfung zu befriedigen. Mit anderen Worten, die Angst ist das Abbild einer schwer zu bewältigenden Ambivalenz – zwischen einer Angst und einem Wunsch, zwischen Angst und Wut oder auch zwischen zwei gegensätzlichen Wünschen ...

Nur ein Mensch, der ein stabiles inneres Sicherheitsgefühl aufbauen konnte, gerät nicht in die Falle dieses Konflikts.

Die Angst tritt natürlich in sehr unterschiedlicher Intensität zutage. Sie wird in verschiedenen Formen erlebt: als Angst vor Vernichtung, vor Zersplitterung, als Angst, verschlungen zu werden, als Angst vor Zerstörung, Kastration und Minderwertigkeit – entsprechend dem Alter, in dem die Emotionen blockiert wurden, und entsprechend der Art des Traumas. Denn sie wird zwar durch gegenwärtige Ereignisse ausgelöst, hat ihre Wurzeln jedoch in der Kindheit. Die schlimmsten Ängste werden durch Trennung, elterliche Gleichgültigkeit, Verlassenwerden oder absolute Gehorsamspflicht gegenüber gewalttätigen, geringschätzigen, vergewaltigenden und/oder sehr ängstlichen Eltern geweckt.

Dennoch kann es keinem Kind erspart werden, im Laufe seiner Entwicklung Ängste zu erfahren. Jede Phase, die zur Autonomie führt: das Neinsagen, das Alleinelaufen, der Schulanfang, bedeutet eine Distanz von seiner Mutter. Auch Trennungen und das erzwungene Teilen der Mutter durch die Geburt eines Geschwisters gehören zur Entwicklung dazu. Dank der bedingungslosen Liebe seiner Eltern lernt das Kind jedoch, seine Ängste zu überwinden.

Einige Strategien, um die Angst zu meistern

1. Atmen Sie tief durch!

Es ist unmöglich, Angst zu verspüren, wenn man im entspannten Zustand tief durchatmet. Machen Sie sich's bequem, dehnen Sie Ihre Brust, und atmen Sie ruhig bis in den Unterleib hinein. Angst ist mit einem Spannungszustand und einer beschleunigten Atmung verbunden.

Es ist zwecklos, eine unangemessene Angst zum Ausdruck zu bringen, sie verstärkt den Zustand der Ängstlichkeit nur. Daher sollten Sie besser nicht schreien, zittern und weinen. Nehmen Sie lieber ein Stück Papier und einen Bleistift, und zeichnen oder schreiben Sie alles auf, was Ihnen momentan durch den Kopf geht.

2. Suchen Sie die Wut hinter der Angst. Erleben Sie im Augenblick eine Frustration, oder sind Sie Opfer einer Ungerechtigkeit? Empfinden Sie Groll gegen jemanden? (Es kann sich auch um die Reaktivierung eines lange zurückliegenden Zorns handeln.)

Tun Sie das, was Ihnen wahrscheinlich in diesem Augenblick am allerletzten in den Sinn käme: Schlagen Sie mit den Fäusten auf ein paar Kissen ein.

3. Verleihen Sie Ihrem Gefühl immer und immer wieder Ausdruck: Schreiben Sie, malen Sie, zeichnen Sie, modellieren Sie, spielen Sie ihr bevorzugtes Musikinstrument, singen Sie – seien Sie kreativ!

Der kreative Akt, der Ausdruck der eigenen Persönlichkeit, befreit von dem Druck der Angst. Claire ist selbst überrascht, daß sie so gute Gedichte schreibt, sie wußte gar nichts von ihrer Begabung. Zu einem bestimmten Zeitpunkt ihrer Psychotherapie, als die Angst sie packte und sie nachts aufweckte, gingen ihr Verse durch den Kopf; sie nahm einen Stift und schrieb die Worte, die Emotionen, die in ihr hochstiegen, auf ein Blatt Papier. Sie wurde erst wieder ruhig, als das Gedicht fertig war. Andere Menschen beginnen zu malen, zu zeichnen oder bringen ihre verdrängten Affekte im Knüpfen von Wandteppichen zum Ausdruck.

Viele Maler, Musiker, Schriftsteller sprechen über die Angst, die dem kreativen Akt vorausgeht (oder währenddessen anhält). Es ist so, als wenn die Energie sich sammelte, ehe sie Form annimmt und zu einer Schöpfung führt.

4. Um ruhig zu werden, zählen Sie Ihre Atemzüge, bis Sie bei zehn angelangt sind, und fangen Sie dann wieder bei eins an. Schalten Sie alle störenden Gedanken aus, konzentrieren Sie sich nur aufs Zählen.
5. Um die Angst zu überwinden, die mit einer spezifischen Situation verbunden ist, sollten Sie sich im Verlauf einer Entspannung so intensiv wie möglich Ihre Kräfte vorstellen.
6. Um sich von einer tieferen Angst zu befreien, spüren Sie das Kind auf, das Sie einmal waren, beruhigen Sie es, lieben Sie es.

Phobien

Es gibt drei Haupttypen der Phobie: die sozialen Phobien, die bereits erwähnt wurden, die Agoraphobie und die einfachen (spezifischen) Phobien, die sich auf einen bestimmten Gegenstand beziehen. Oft ist es die Angst vor einem Tier, vor Höhen oder einem geschlossenen Raum.

Die Agoraphobie ist eine panische Angst vor öffentlichen Plätzen, zum Beispiel überfüllten Orten, die man nicht verlassen kann (öffentliche Verkehrsmittel, Menschenansammlungen, Kaufhäuser), oder abgeschiedenen oder geschlossenen Räumlichkeiten, in denen man fürchtet, irgend jemandem hilflos ausgeliefert zu sein

(Tunnels, Brücken, Fahrstühle). Da der Betreffende den Wunsch hat, den Situationen auszuweichen, die ihm angst machen, verringert die Agoraphobie nach und nach den Radius, in dem er sich bewegt; zudem hat er häufig das Bedürfnis, begleitet zu werden. Die Störung kann so schlimm werden, daß der Mensch seine häuslichen Gefilde nicht mehr verlassen kann und nur noch in der Obhut einer ihm nahestehenden Person – oft der Mutter – nach draußen zu gehen vermag.

Es ist vielleicht kein Zufall, daß die Agoraphobie häufig um das zwanzigste Lebensjahr herum auftritt – in dem Alter, wo ein Mensch gewöhnlich autonom wird. Sie scheint im Zusammenhang mit einer Trennung während der Kindheit zu stehen, einem plötzlichen Verlust, der nicht überwunden werden konnte. Die Angst, von neuem etwas zu verlieren, macht abhängig. Menschen, die an Agoraphobie leiden, fällt es schwer, sich zu behaupten und ihren Eltern zu widersprechen. Am Ende der Adoleszenz reaktiviert die Aussicht auf ein selbständig geführtes Leben Gefühle der Panik, die mit dem Verlust zusammenhängen, der zu früh und ohne emotionalen Beistand erlitten wurde. Hinzu kommt ein furchtbarer Zorn gegen den Elternteil, der die Schuld an diesem vorzeitigen Verlassenwerden trägt. Dieser Zorn kann nicht ausgedrückt werden, aus Angst, den Menschen, den man so sehr braucht, noch einmal zu verlieren. Eine Art und Weise, den Menschen dafür «bezahlen» zu lassen, ist, ihn zu zwingen, einen überallhin zu begleiten, mit seinem ganzen Gewicht auf ihm zu lasten, um zu prüfen, wieviel Bedeutung man für ihn hat, und sich bei dieser Gelegenheit für den erlittenen Schaden zu rächen. Es kommt auch vor, daß eine Ersatzperson gewählt wird (beispielsweise der Ehegatte anstelle der Mutter).

Die Situation des Leidenden ist um so komplizierter, als der Elternteil, den er auswählt, um sich nach draußen begleiten zu lassen, oft nicht sehr eigenständig ist und seinerseits ungestillte affektive Bedürfnisse hat. Für ihn besteht der affektive Gewinn darin, daß der an Agoraphobie Leidende die ganze Last der «Krankheit» trägt – obwohl es eine Störung ist, die zwei Menschen betrifft. Der Begleiter zieht unbewußte Vorteile aus der Abhängigkeitssituation seines Schützlings: Er ist nicht mehr seiner Einsamkeit ausgesetzt, fühlt sich nützlich und hat die Chance, sich von seinem Schuldgefühl zu lösen, das er wegen der einstigen Vernachlässigung empfindet. Manche Menschen verbergen auf diese Weise ihre eigene Furcht – indem sie jemanden schützen, der noch mehr Angst hat als sie selbst.

Um sich von seinen maßlosen Ängsten zu befreien, muß der an Agoraphobie Leidende seine Trennungsängste ausheilen (und dazu muß er sie erkennen), die verdrängten Emotionen der Angst, des Zorns und der Traurigkeit zum Ausdruck bringen und nach und nach lernen, sich als unabhängiger Mensch zu behaupten.

Angst vor geschlossenen Räumen, Flugzeugen, Fahrstühlen oder Angst vor dem Zahnarzt, Mikroben, Schlangen, Spinnen oder Blut... Die Objekte der Phobie sind vielfältig, aber der Verlauf ist immer ähnlich. Es handelt sich entweder um eine reine «elastische Verknüpfung» oder um eine «elastische Verknüpfung», die mit dem Ersatz für einen Affekt (was wir «Erpressung» genannt haben) zusammenhängt.

Julie hat eine Spinnenphobie. Sie erinnert sich, daß sie als Kind – sie muß etwa vier Jahre alt gewesen sein – im Fernsehen einen Dokumentarfilm über Tiere von Frédéric Rossif anschaute. Sie saß auf dem Sofa, ihre Mutter wusch ein paar Schritte von ihr entfernt Teller ab. Auf dem Bildschirm erschien eine Großaufnahme von einer Spinne. Die schwarzen behaarten Beine bewegten sich so, also würden sie gleich aus dem Bildschirm herauskommen. Julie starrte sie gebannt und erschreckt an und wagte nicht, loszuschreien. Sie blieb vor dem Fernsehapparat sitzen und sagte kein Wort darüber zu ihrer Mutter, die ihr allerdings auch keine Fragen gestellt hatte. Doch seither erinnern Julie die harmlosesten Spinnen an dieses Gefühl des Terrors auf dem Sofa; ihr Körper reagiert schon, ehe sie überhaupt daran denkt; sie erstarrt dann und atmet fast nicht mehr.

Julies Phobie ist eine einfache «elastische Verknüpfung»; ein Objekt von heute ähnelt einem Objekt von gestern und weckt Emotionen aus der Vergangenheit.

Lucie hat eine Phobie vor dem Autofahren; ihre ständige Vorstellung, sie könne jemanden überfahren, hindert sie daran. In Wirklichkeit assoziiert sie das Autofahren mit Autonomie, mit einem Freiraum, den ihre Mutter nie gehabt hat. Auto fahren – das würde für sie bedeuten, aus der klassischen Frauenrolle herauszutreten, in der ihre Mutter ihr ganzes Leben lang verharrte. Auto fahren, das hieße, ihrer Mutter widersprechen und sie überholen. Lucie ist unfähig, ihre Mutter in Frage zu stellen und sich ihr gegenüber zu behaupten. Symbolisch gesehen hat das natürlich seine Logik: sie könnte ihre Mutter überfahren!

Lucies unterdrückte Emotion ist Zorn. Diesen Zorn darf sie sich nicht erlauben, daher verwandelt sie ihn in Angst und verlagert diese auf eine Handlung: Auto fahren. Ihre Psyche hat diese Phobie nicht zufällig gewählt. Ihrer Gewohnheit zufolge (und sie hat darin eine wahre Meisterschaft erlangt) offenbart sie alles, indem sie es verbirgt. Lucies Phobie ist eine Metapher für ihren inneren Konflikt.

Damit die unaussprechliche Emotion gut im Unbewußten verborgen bleibt, kommt hier eine doppelte Verschleierungstaktik zur Anwendung: eine Verlagerung, eine Projektion auf ein Objekt oder eine Handlung und zudem eine Substitution.

Es gibt verschiedene Techniken, um eine Phobie zu heilen:

Eine Möglichkeit besteht darin, in Gedanken zurück zu der Ursprungssituation zu gehen und sie zu verändern, indem man dem Kind, das man einmal war, Unterstützung und Vertrauen vermittelt. Dorothée litt unter einer phobischen Angst vor toten Tieren. Als sie klein war, fuchtelte ihr Bruder ihr einmal mit den Krallen eines soeben getöteten Fasans vor der Nase herum. Sie war entsetzt, doch ihr Bruder machte sich über ihre Angst lustig ... Seither fällt es ihr schwer, Fleisch zuzubereiten. Als sie sich wieder in das kleine Mädchen zurückversetzte, sah sie sich im Geist ihrem Bruder Widerstand leisten.

Bernadette hatte eine Mäusephobie. Sie erinnert sich nicht an ein spezifisches Ereignis, das ihrer Angst zugrunde liegt. Ich setzte mich neben sie, um ihr ein Gefühl der Sicherheit zu vermitteln, und schlug ihr vor, sich am anderen Ende des Zimmers eine Maus vorzustellen. Danach bat ich sie, die Farbe des Tieres zu verändern und daraufhin seine Größe. Nachdem sie die Maus in Grün, Rosa und allen Blautönen gesehen hatte, nachdem sie sie – ganz nach Wunsch – erst ganz klein, dann geradezu winzig, dann wieder riesengroß hatte werden lassen und sie dazu gebracht hatte, zurückzuweichen oder näher heranzukommen, wurde sie sich ihrer Macht über die Maus bewußt. Dennoch verließ sie mich voll Skepsis über die Wirksamkeit einer so einfachen Technik. Einen Monat später erschien sie zu ihrer zweiten Kurssitzung, wo sie uns voll Begeisterung von ihrem am Vortag erlebten Abenteuer berichtete: Sie hatte sich in ihrem Garten ganz plötzlich einer sehr niedlichen grauen Maus gegenübergesehen. Zu ihrer großen Verblüffung blieb die Maus, anstatt sogleich davonzulaufen, mehrere Sekunden lang auf dem Weg stehen und blickte sie unverwandt an. «Es war, als wolle sie mein neues Zutrauen testen», sagte Bernadette, die keinen Augenblick lang Angst gehabt hatte.

Die Heilung von komplizierten Phobien – und insbesondere der Agoraphobie – kann eine Umgestaltung der Persönlichkeit erfordern (oder ermöglichen). Einfache Phobien oder «elastische Verknüpfungen» sind heute leicht zu heilen. Es ist bedauerlich, daß dieses Wissen nicht weiter verbreitet ist und daß so viele Menschen darunter leiden, wo doch oft einige Minuten genügen, um sich davon zu befreien!

Schocks und Traumen

Paris, Metrostation Saint-Michel, 25. Juli 1995. Eine heftige Explosion und dann – überall Blut, hingestreckte Körper am Boden, Schreie, Geheul. Es herrscht Bestürzung, Schock, Entsetzen. Eine Bombe, von einem Terroristen gelegt, ist soeben hochgegangen. Bilanz: sieben Tote (ein achter stirbt vier Monate später), zweihundert Verletzte ... und wieviel Traumatisierte? Ein Krankenhaus hat einen psychologischen Hilfsdienst eingerichtet, um den ohnmächtigen Zeugen, deren emotionales Gleichgewicht heftig erschüttert wurde, Beistand zu leisten.

Überschwemmungen, Erdbeben, Vulkanausbrüche, Großbrände, Naturkatastrophen, Kriege, Gewalterfahrungen aller Arten prägen einen Menschen für alle Zeiten. Zu den Erste-Hilfe-Teams gehören heute auch Psychologen, deren Aufgabe es ist, die Menschen in ihrem Leid zu begleiten. Vom psychischen Standpunkt aus ist das Leid, das durch andere Menschen zugefügt wurde, schwerer zu verarbeiten als ein Unglück, welches die Natur verursacht hat. Sein Bein durch eine Personenmine zu verlieren ist schlimmer, als es durch ein Lawinenunglück zu verlieren, denn im ersten Fall hat der Betroffene zu dem Gram über den Verlust auch noch das Gefühl, daß ihm dies ungerechterweise widerfahren ist.

Menschen, die in einen Krieg verwickelt oder in einem Konzentrationslager interniert wurden, die Opfer der Folter, eines kriminellen Aktes oder einer Vergewaltigung wurden, erleiden schwere Schocks. Heute wird die psychische Integrationsleistung allgemein anerkannt, und es gibt Psychologen, die speziell auf dem Gebiet der Viktimologie ausgebildet sind (einem Spezialfach, das an der Universität studiert und mit einem Diplom abgeschlossen wird). Das Opfer muß seinen Schockzustand überwinden und danach wieder zu neuem Leben erwachen, es muß frischen Elan entwickeln und sich allmählich von den Nachwirkungen des Erlebten lösen.

Ein Trauma muß nicht immer von einem punktuellen Ereignis verursacht werden, das die emotionalen Fähigkeiten eines Menschen übersteigt. Erziehungsterror, banale, Tag für Tag wiederholte Mißhandlungen lassen ähnliche psychische Schäden entstehen.

Die Symptome eines traumatischen Schocks sind unterschiedlich. Häufig stellen die Opfer keine Verbindung zwischen dem traumatischen Ereignis und ihren derzeitigen Störungen her, zumal sich die Spätschäden unter Umständen erst nach langer Zeit bemerkbar machen. Menschen, die traumatisiert sind, leiden unter Konzentrationsschwierigkeiten, Schlaflosigkeit, Alpträumen, Ängstlichkeit, Depressionen und Schuldgefühlen. Und sie neigen paradoxerweise dazu, gefühllos zu sein. Die «normaleren» Emotionen werden kaum zum Ausdruck gebracht, ja oft nicht einmal empfunden.

Zuweilen ist der Alltag eines traumatisierten Menschen von Gefühlen der Gleichgültigkeit und sogar der Fremdheit geprägt. Er hat die Tendenz, seiner Umgebung, der ganzen Welt zu mißtrauen, so als liefe er ständig Gefahr, angegriffen zu werden. Und möglicherweise fällt es ihm schwer, Vergnügen an Intimität, Zärtlichkeit und Sexualität zu haben. In seinen Alpträumen, aber auch beim Aufwachen drängen sich ihm Bilder aus der Vergangenheit auf, die ihn von der Realität entfernen.

Es kommt vor, daß die Unmöglichkeit, mit einem Trauma fertig zu werden, einen Menschen zwingt, sich zu spalten, um zumindest einen Teil seiner selbst intakt zu halten. Ein Teil bleibt tot, für immer zerbrochen, der andere überlebt. Diesem Menschen gelingt es zwar, sich beruflich zu etablieren, doch sein affektives Leben ist tot (oder umgekehrt).

Wenn der Mensch seine Emotionen zum Ausdruck gebracht, wenn er geweint und seinen Schmerz im Beisein eines anderen Menschen herausgeschrien hat, treten die Schattenbilder nicht mehr auf. Die Gegenwart eines Dritten – eines Freundes oder Therapeuten – ist notwendig, um wieder eine Verbindung zu sich selbst und den anderen herzustellen, um anstelle des Terrors Sicherheit, Liebe, Zärtlichkeit und Vertrauen entstehen zu lassen. Man kann nicht geheilt werden, wenn man Tag für Tag allein in seinem Zimmer dasselbe schmerzliche Ereignis neu durchlebt. Auch wird es zu keiner Heilung kommen, wenn man es vor einem ungerührten Zuschauer – ob Elternteil, Freund oder Therapeut – erneut durchlebt. Was tatsächlich hilft, ist das Band des Vertrauens, das man in dem Augenblick fühlt, wo der Schmerz zum Ausdruck gebracht wird. Es handelt sich nicht darum, die Vergangenheit erneut zu durchleben, sondern darum, die Affekte, die mit dem Ereignis assoziiert werden, in einem sicheren, beschützenden Rahmen und mit einem Beistand, das heißt in einer liebevollen und begleitenden Gegenwart, zu reaktivieren (oder sie überhaupt zum ersten Mal zu fühlen).

Will man ein Trauma überwinden, so ist es auch wichtig, eine

Bedeutung für das Geschehene, eine Antwort auf das «Warum» zu finden. Was waren die äußeren Ursachen, wie kam es dazu, welche psychischen Prozesse können sich beim Angreifer möglicherweise abgespielt haben … Aber es gilt auch – und vielleicht vorrangig – die Frage «Warum gerade ich?» zu beantworten. Die Antwort muß man nicht unbedingt in seiner Person suchen. Man kann persönliche, generationsübergreifende, historische oder allgemeine Gründe anführen; Gründe, die in der Gegenwart, der Vergangenheit oder auch der Zukunft liegen; körperliche, seelische, soziale oder spirituelle Gründe (wobei letztere all das beinhalten, was über unser Fassungsvermögen hinaus geht).

Angst vor dem Tod

Es gibt eine Angst unter den Ängsten, der wir uns nur mit dem größten Widerstreben stellen, weil es eine Situation ist, auf die wir uns nur äußerst ungern vorbereiten: der Tod. Er schlägt unweigerlich zu und läßt sich den Zeitpunkt dafür nicht vorschreiben. Er kommt zu alten Menschen, die ihn herbeiwünschen, aber auch zu Menschen, die in den besten Jahren sind, und manchmal auch zu Kindern. Wir sind ihm machtlos ausgeliefert. Angst vor dem Tod zu haben hilft uns nicht, ihn zu vermeiden, im Gegenteil – diese Angst ist so mächtig, daß sie uns am Leben hindern kann.

In unserer Gesellschaft ist der Tod ein Tabuthema. In dieser Welt des schönen Scheins lehnt man Leiden, Alter und Tod ab. So ist man ihm nicht gewachsen, wenn man unerwartet damit konfrontiert wird.

Immer seltener sterben die Menschen zu Hause, sie beenden ihr Leben in Krankenhäusern. Doch auch dort hat der Tod einen besonderen Status. Man betrachtet ihn häufig als einen Mißerfolg, ein Scheitern, anstatt als unweigerliche menschliche Realität, durch die man den Betreffenden begleiten sollte. Die relativ neue Einrichtung von Hospizen, die das Ziel haben, die Schmerzen von Sterbenden zu lindern und sie bis zum Ende ihres Lebens zu begleiten, darf nicht darüber hinwegtäuschen: Noch immer weichen wir dem Tod nach Möglichkeit aus.

Liegt ein Mensch im Sterben, so kommt es nicht selten vor, daß die Ärzte sein Zimmer nicht mehr betreten und auch die Krankenschwestern und das übrige Pflegepersonal ihm nur noch die nötigste Pflege zukommen lassen. Sie rechtfertigen dieses Verhalten mit Behauptungen, wie: «Er benötigt Ruhe», «Da kann man nichts mehr machen», «Ich bin hier, um Menschen zu pflegen, nicht um zuzuschauen, wie sie sterben». Manchmal wagen aufrichtigere Betreuer und Betreuerinnen (letztere häufiger) zu sagen: «Ich habe Angst», «Ich wüßte nicht, was ich ihm sagen soll», «Ich komme mir so hilflos vor». Oft ist die Familie des Sterbenden nicht zugegen. Kurz: Allzu viele Menschen sterben isoliert, ohne daß jemand da wäre, der ihnen beim Hinübergehen die Hand hielte, ohne zuvor über ihre Ängste, ihre Wünsche, über das, was sie bedauern, sprechen zu können – und ohne daß sie in diesem so entscheidenden Moment ihres Lebens jemandem ihre Gefühle mitteilen dürfen. (Ich persönlich habe mich einmal in einem Krankenhaus eingeschaltet, als ich erfuhr, daß selbst der Krankenhauspfarrer die Zimmer der Sterbenden mied). Und doch ist ein Gespräch mit einem Menschen, der dem Tod nahe ist, eine wichtige Erfahrung. Alle, die sich auf dieses Wagnis einlassen, sagen einhellig: Man geht gestärkt daraus hervor.

Angesichts dieser letzten Prüfung ist der Mensch nackt, er legt seine Masken, seine Waffen ab und liefert sich so, wie er ist, in aller Unverstelltheit aus. Ist es das, was angst macht? Wenn er zuvor streng und reserviert war, kann er nun zartfühlend werden. Wenn er autoritär und rigide war, kann er aufnahmebereit werden. Und nicht etwa aus Schwäche, sondern ganz einfach, weil ihm klar wird, daß all das keine Bedeutung mehr hat. Wozu sollten ihm die Spiele der Macht auch noch dienen? Jetzt tritt das in den Vordergrund, was wirklich lebenswichtig ist. Dem Menschen, der sich dem Tod nahe weiß, werden oft seine Bedürfnisse – und auch die seines Nächsten – ganz stark bewußt. Doch muß das nicht immer so sein. Manche Menschen sterben, ohne daß sie es fertiggebracht haben, ihren Anverwandten ein liebes Wort zu sagen. Aber hat man ihnen auch die Gelegenheit gegeben, es zu tun? Hat man wirklich das Gespräch mit ihnen gesucht? Der nahende Tod eröffnet die Chance, Kränkungen aus der Vergangenheit zu heilen, die Bilanz seines Lebens zu ziehen und da wiedergutzumachen, wo es möglich ist. Ein Mensch, der dieses Bestreben hat, ist darauf angewiesen, daß man ihm Gehör schenkt und ihn in seinen Emotionen begleitet. Oft hat nicht der, der aus dem Leben scheidet, am meisten Angst. Es ist ungemein wichtig, daß die Zurückbleibenden lernen, ihre Ängste zu bewältigen, damit sie mutig sind, mit dem Sterbenden in Verbindung zu treten.

Im Grunde haben die meisten Menschen mehr Angst vor den Emotionen, die den Tod begleiten, als vor dem Tod selbst. Sie sind beunruhigt bei der Vorstellung, mit den Emotionen des anderen nicht fertig zu werden, diesem Übermaß an Leiden, an Entsetzen hilflos gegenüberzustehen. Sie haben Angst, mit ihren eigenen Emotionen nicht fertig zu werden.

Übrigens spricht man von *der* «Angst vor dem Tod», als sei es eine feststehende Tatsache, daß alle Menschen Angst vor dem Tod haben und auch alle unter derselben Angst leiden. In Wirklichkeit verbergen sich hinter diesem Ausdruck sehr unterschiedliche Erfahrungen.

Angst vor Trennung

Die häufigste Todesangst in unserer Gesellschaft ist ganz sicher die Angst vor der Trennung. Sterben, das bedeutet, die zu verlassen, die man liebt. «Die Vorstellung, von meinen Töchtern und von meinem Mann getrennt zu werden, ist für mich unerträglich», sagt Juliane. Sie hat Krebs und will leben. Oder, um es genauer zu sagen, sie will nicht sterben. Der Schmerz ist ihr gleichgültig, sie stellt sich auch keine Fragen über das, was nach dem Tode kommt. Wovor sie Angst hat, ist die Trennung. Ihre Töchter sind ihr ganzes Leben, sie will sie nicht verlassen. Ihre Furcht wird durch die Krankheit noch gesteigert, aber Juliane fiel es schon immer schwer, sich von jemandem zu trennen.

Als sie klein war, fühlte sie sich im Stich gelassen, als ihre Mutter sie einmal zwei Monate lang bei Verwandten unterbrachte, ohne ihr vorher Bescheid zu sagen. Sie war damals vier Jahre alt. Nun ist sie diejenige, die fortgeht, aber sie ist es auch, die Angst vor dem Verlassenwerden hat. Über ihre Töchter sagt sie: «Sie werden immer irgendwie zurechtkommen.» Ein Toter kann nichts mehr fühlen, und Julianes Angst entbehrt der Logik – aber was hilft's?

Adriennes Angst ist anderer Art. Sie wird sterben und hat Angst um ihre Kinder. Sie sind erst zwei und vier Jahre alt. «Was werden sie ohne mich tun? Was wird aus ihnen? Ich habe nicht das Recht, sie alleine zu lassen.» Die Angst hat sie dazu bewegt, mit dem Vater der Kinder, mit dem Patenonkel und der Patentante Gespräche zu führen; sie hat ihnen Anweisungen gegeben, sie hat sich von ihnen verabschiedet, und sie ist in Frieden aus dem Leben geschieden. Eine reaktive und echte Angst ist konstruktiv.

Angst vor dem Unbekannten

Was geschieht danach? Was kommt nach dem Tod? Die Angst vor dem Unbekannten ist natürlich, sie veranlaßt uns, nachzudenken und uns auf das Ende vorzubereiten. Wenn dies nicht der Fall ist, so kommt zu der natürlichen Angst auch noch ein Mangel an Vertrauen, der zu der bangen Frage führt: «Werde ich der Situation gewachsen sein?»

Solange wir nicht selbst die Reise angetreten haben, können wir nicht wissen, was nach dem Tode geschieht. Aber es gibt immer mehr Bücher über die Erfahrungen von Männern und Frauen, die, nachdem sie einige Minuten lang klinisch tot waren, wieder zum Leben erwachten. Diese Berichte bestätigen die althergebrachten Überlieferungen (Tibetanisches Totenbuch, Ägyptisches Totenbuch ...) und die Aussagen von weitblickenden Menschen. Wir alle haben – mehr oder weniger bewußte – Anschauungen über das, was danach kommt. Aber eine Anschauung genügt nicht, um die Angst vor dem Unbekannten zu besänftigen. Um uns innerlich gefaßt mit dem Übergang zum Tod befassen zu können, müssen wir uns mit dem Phänomen des Todes auseinandersetzen und darüber nachdenken, damit sich nach und nach echte, eigene Überzeugungen herausbilden können.

Angst vor Vernichtung

Nach dem Tod löst sich der Körper auf, wird zu Staub; jeder Mensch kehrt ins Nichts zurück. Josépha erträgt diese Vorstellung nicht. Sie löst panisches Entsetzen in ihr aus. Es fiel ihr so schwer, sich eine Persönlichkeit aufzubauen (da sie Eltern hatte, die sie nicht beachteten und nicht mit ihr sprachen), daß bei der Vorstellung, zu verschwinden, allzu viele kindliche Ängste in ihr wach werden. Bewußte Entspannung, aber auch Wut haben ihr geholfen, diese Angst zu verringern. Die Wut ermöglicht ihr, zu spüren, daß sie existiert.

Angst vor dem Leiden

Maxime flößt die Aussicht auf die möglichen Schmerzen Entsetzen ein. Er hat mit angesehen, wie sein Vater litt. Maximes Angst ist vollkommen irrational. Er ist weder krank, noch befindet er sich in Gefahr. Aber seit sein Vater gestorben ist, hat er eine heimtückische Angst vor dem Tod. Er hat Angst, ihm nicht gewachsen zu sein, zu weinen, zu stöhnen, nicht den Mut zu haben, den Schmerz zu konfrontieren. Es ist schwer, ein positives Selbstbild zu bewahren, wenn man leidet und weint. Die Angst zu leiden vereinigt sich mit der Angst vor dem Verlust der Kontrolle. Wir alle haben sehr unterschiedliche Schmerzgrenzen. Man kann über die Reaktion eines Menschen angesichts seines Leidens nicht urteilen, und es wäre an der Zeit, daß wir aufhörten, uns so unflexible Ziele zu setzen.

Um das Leiden erträglich zu machen, sollte man es weder bekämpfen noch versuchen, ihm zu widerstehen, sondern sich in Richtung der Strömung treiben lassen – und vor allem nicht schweigen! Besser ist es zu schreien, zu stöhnen – noch wirksamer: zu singen, um die Empfindung zu begleiten.

Angst vor Abhängigkeit

Ihr ganzes Leben lang stand Huguette auf eigenen Füßen; sie hat sich stets um andere gekümmert, aber nie jemanden um etwas gebeten. Die Aussicht, abhängig zu werden, ängstigt sie entsetzlich. Vielleicht, weil es sie an die ersten Lebensmonate ihrer Existenz erinnert – und die waren äußerst schwierig für Huguette. Für Außenstehende war ihre Mutter nahezu vollkommen: liebevoll, aufmerksam ... Doch in Wirklichkeit ließ diese Mutter sie in ihrem Bettchen liegen, ohne sich um ihre Schreie zu kümmern, und verschanzte sich hinter Erziehungsratschlägen wie: «Man darf ein Baby nicht hochnehmen, sonst gewöhnt es sich daran, in den Armen der Mutter zu sein» *(sic)*.

Huguette hatte bald begriffen, daß ihre Bedürfnisse nicht beachtet würden, vor allem, wenn sie sich im Wettstreit mit den Wünschen ihrer Mutter befanden. Und was noch schlimmer war, ihre Bedürfnisse wurden nur dann befriedigt, wenn sie sie unterdrückte: Ihre Mutter fütterte sie nur dann, wenn sie still und ruhig war, und nicht etwa, wenn sie schrie.

Huguette lernte, still zu sein, wenn sie Hunger hatte. Für einen Säugling ist das eine Anpassung, die eine schier übermenschliche Energie erfordert. Auch später hatte sie sich anzupassen, mußte brav sein und durfte vor allem keine Bedürfnisse haben. Huguette hat Angst, ihre Bedürfnisse nach Aufmerksamkeit und affektivem Kontakt einzugestehen; sie tut alles, um «allein zurechtzukommen» und «von niemandem abhängig zu sein».

Angst vor körperlichem Verfall

Sylvie macht sich Sorgen um das Bild, das die anderen sich von ihr machen könnten. Sie hat Angst vor dem körperlichen Verfall. Gérard hat Angst, seine geistigen Fähigkeiten zu verlieren. Wenn die gespielte Rolle an die Stelle der Identität getreten ist, wenn der Schein Vorrang vor dem Sein hat, fällt es einem Menschen schwer, sich in der einfachen menschlichen Wirklichkeit des Leidenden zu zeigen. Wenn man als Kind nicht bedingungslos angenommen wurde, wenn man seine wirklichen Gefühle hinter einer Maske verbergen mußte, wenn man gelernt hat, mehr auf das Äußere als das Authentische zu setzen, hat man Mühe, «nur» man selbst zu sein.

Angst vor dem Unvollendeten

Für Thierry ist das Gefühl, manche Dinge nicht abgeschlossen zu haben, das Schlimmste: «Ich bin noch nicht fertig, es gibt noch so vieles zu tun.»

Die Lösung könnte sein, seine Sehnsüchte auszuleben, ohne etwas aufzuschieben. So würde er nach und nach das erreichen, was möglich ist, und in den Beziehungen nichts unausgesprochen lassen. Die Angst vor dem Unvollendeten weist wahrscheinlich darauf hin, daß es im Leben des Betreffenden momentan etwas gibt, das er noch nicht verwirklicht hat, von dem er aber meint, er müßte es bereits realisiert haben – und das er dann, mehr oder weniger bewußt, doch wieder auf später verschiebt. Das Heute ist unfertig.

Angst vor der Verurteilung

Das «Wiegen der Seelen», von dem die Bibel spricht, die Vorstellung von einem göttlichen Gericht, ist in den meisten unserer Kulturen zu finden: Wie kann man der Angst davor entgegentreten? Manche Menschen bedrückt diese Vorstellung mehr als andere, was sie aber nicht notgedrungen dazu veranlaßt, rechtschaffener als andere in ihrem Leben zu sein – weit gefehlt. Was diesen Punkt betrifft, so haben sich die Religionen gründlich geirrt: Aus Angst lernt man nicht.

Quentin hat Angst vor dem Jüngsten Gericht. Sein Gewissen macht ihm zu schaffen. Hat er Angst vor Gottes Urteil oder seinem eigenen? Bei Quentin muß immer alles perfekt sein. Er ist streng mit den anderen und verlangt auch sich selbst viel ab. Im Grunde seines Herzens hat er ein unbestimmtes – mehr oder weniger unbewußtes – Gefühl, schuldig zu sein.

In seiner Herkunftsfamilie fühlte er sich nicht bedingungslos akzeptiert. Man erwartete von ihm, daß er immer alles richtig machte. Um von Grund auf stolz auf sich sein zu können, ist es notwendig, sich auch unvollkommen zu akzeptieren, sich mit seinen Fehlern und Leiden zu lieben. Das Gefühl einer tiefgehenden Unzufriedenheit wird oft dadurch verursacht, daß der Betreffende einem Ideal hinterherläuft oder versucht, an einem bestimmten Bild festzuhalten.

Angst vor der Angst

Und schlußendlich: die Angst, Angst zu haben. Sie fällt mit der Angst vor allen Emotionen zusammen. Es ist die Angst zu fühlen, die Angst, sich hilflos und inkompetent vorzukommen. Aus diesem Grund vermeiden wir es möglichst, daran zu denken – und machen uns eben damit inkompetent und ohnmächtig. An der Schwelle zum Übertritt in die andere Welt ist es die Angst vor den Emotionen, die einen Menschen daran hindert, das unmittelbar Bevorstehende, das Aus-dem-Leben-Scheiden, anzusprechen. Er kann dann zur Dissoziation neigen, kann sich von der Realität entfremden, sich in einer Haltung der Verweigerung verlieren, ja sogar wahnsinnig werden. Wenn der Mensch darüber reden kann und Gehör findet, kann er seine Emotion durcharbeiten und somit zur Ruhe kommen. Wenn die große Furcht ausgesprochen wurde, wenn sie gehört und mit jemandem geteilt wurde, kann man durch sie hindurchgehen. Zumindest lehrt uns dies die Arbeit mit Sterbenden. Die meisten Menschen haben Angst vor dem Tod, aber diese Angst hat für jeden ein anderes Gesicht. Um diese vielfältigen Formen der Angst zu überwinden, sollte ein Mensch:

1. lernen, sich zu lieben und wieder Selbstvertrauen aufzubauen, indem er erkennt, inwiefern seine Eltern Druck auf das Kind, das er war, ausübten, und indem er sich seine wahren Emotionen wieder zu eigen macht;
2. das Leben seiner Wahl führen, ganz und gar er selbst sein und seine Bedürfnisse und Gefühle zum Ausdruck bringen.

Angst vor dem Leben

Zuweilen sagt man, die Angst vor dem Tod sei die Wurzel aller Ängste. In Anbetracht meiner Erfahrung als Therapeutin behaupte ich jedoch, daß die Angst vor dem Leben die Wurzel unserer Ängste vor dem Tod und aller übrigen Ängste ist – ganz gleich, ob sie sich auf Schlangen, auf das Unbekannte, den anderen oder die Intimität beziehen. Es ist die Angst, zuviel Leben in sich zu spüren, verbotene Emotionen zu fühlen.

Manche Menschen haben sogar mehr Angst vor dem Leben als

vor dem Sterben; sie wollen sich lieber umbringen als in eine Scheidung einwilligen oder ein Geheimnis gestehen oder sich den eigenen Eltern entgegenstellen.

«Ich möchte mich umbringen. Das alles ist zu hart für mich, ich werde es nie schaffen», sagt Véronique, am Ende ihrer Kraft.

Gérard kapituliert vor der Schwierigkeit, sich zu behaupten: «Ich kann mich nicht gegen meine Mutter auflehnen – lieber sterbe ich.»

Der Selbstmord ist ein Akt der Verzweiflung und eine Mitteilung. Leider wird er selten als solche verstanden. Die Eltern fühlen sich manchmal schuldig – aber selten verantwortlich. Und doch muß Menschen, die sich selbst auslöschen, etwas in ihrer Kindheit gefehlt haben, denn sie waren nicht imstande, das Gefühl, für ihre Mitmenschen wertvoll zu sein, zu integrieren, das ihnen das Weiterleben ermöglicht hätte.

Existentielle Angst

Was ist das Leben? Was ist der Mensch? Existiert Gott? Welchen Platz nehme ich im Unendlichen ein? Wohin bewegt sich das Universum? Welchen Sinn hat all das? Was ist der Sinn meines Lebens? Wer bin ich? Woher komme ich? Wohin gehe ich? All diese Fragen sind zutiefst menschlich, da wir offenbar die einzigen sind – wenn auch vielleicht nicht im Universum, so doch auf der Erde –, die sich diese Fragen stellen können. Dieses Nachdenken über die Grundlagen unserer Existenz macht unseren inneren Reichtum aus; es veranlaßt uns, vorwärts zu gehen, unseren Weg zu suchen und im vollen Bewußtsein geistig zu wachsen.

Manchmal bekommen die gewöhnlichsten Ängste eine existentielle Dimension für uns. Wir meinen, die Erde müsse aufhören, sich zu drehen, wenn wir eine Versetzungsprüfung nicht bestehen würden, wenn der Mann unseres Lebens uns verließe, wenn wir die so erhoffte Beförderung nicht erreichten ... Reduzieren wir diese Ereignisse lieber auf ihre wahre Bedeutung. Das Nachdenken über das ungeheure Ausmaß des Universums, über unsere Bestimmung oder über den phantastischen Aufbau des Organismus kann uns helfen, weniger abhängig von unseren Prüfern, unseren Liebesangelegenheiten oder unseren Vorgesetzten zu werden.

Nicht nur sollte man existentielle Angst nicht bekämpfen, sondern man sollte sie bei sich akzeptieren, ihr ins Auge sehen, um wahrhaft menschlich zu sein. Durch unseren Zugang zum Bewußtsein erkennen wir, daß wir einen recht unbedeutenden, wenn auch privilegierten Platz im Universum haben. Das Bewußtsein von unserer Endlichkeit, von der Allgegenwärtigkeit des Todes kann unseren täglichen Handlungen eine weitreichendere Dimension verleihen. Die existentielle Angst lädt uns zur Suche nach dem Sinn des Lebens ein. Sie führt zur Spiritualität. Sie fordert uns auf, nicht zu vergessen, daß wir unser Leben auf Werte gründen sollten. Alle Menschen stehen vor denselben Fragen. Uns alle verbindet dieselbe Angst.

6 Von Gewalt und Macht

Von der Macht zur Stärke

Ein Samurai sucht Antworten auf Fragen über den Sinn des Lebens. Er legt weite Strecken zurück, um einen Mönch zu treffen, der auf dem Gipfel eines entlegenen Berges haust; dieser steht im Ruf, unendlich weise zu sein. Als der Samurai bei ihm ankommt, bittet er ihn: «O Mönch, lehre mich, was die Hölle und was der Himmel ist.» Der Mönch schleudert ihm, ohne ihn eines Blickes zu würdigen, entgegen: «Wie käme ich dazu, einem hochmütigen Kerl, wie du es bist, etwas beizubringen!» Voll Wut zieht der Samurai daraufhin seinen Säbel und schreit: «Du wirst gleich sehen, daß du mich nicht ungestraft beleidigen kannst!» In dem Augenblick, wo der Säbel im Begriff ist, auf den Kopf des Mönchs niederzusausen, sagt der ruhig: «Das ist die Hölle.» Der Arm des Samurais erstarrt, der Säbel hält in seiner Bewegung inne. Ungläubig stammelt der Mann: «Willst du damit sagen, daß du dein Leben riskiert hast, um mich dies zu lehren?» Der Mönch schaut ihm ins Gesicht und sagt: «Das ist das Paradies.»

Der Samurai hat Gewalt, der Mönch Macht. Der Samurai war von seinen Trieben beherrscht, ein Satz genügte, um ihn in die Hölle der Gewalttätigkeit zu stürzen. Der Mönch hatte keine Angst, er blieb im Zustand der Macht und zeigte dem Samurai seine Wahrheit: «Das ist die Hölle.» Die Bewußtwerdung befreite den Samurei von seiner Gewalttätigkeit und eröffnete ihm den Zugang zum Paradies.

Triebe?

«Und Sie? Hatten Sie noch nie Lust, jemanden umzubringen?» fragte Henry Adolphe Busch die Polizeibeamten immer wieder. Er hatte seine vierundfünfzigjährige Tante erdrosselt, ferner eine Freundin der Tante, eine alte vierundsiebzigjährige Frau, und aller Wahrscheinlichkeit nach noch acht weitere Frauen – Prostituierte und ältere Damen.

Als man von ihm wissen wollte, welche Motive er gehabt habe, seine Tante zu erwürgen, antwortete er: «Ich weiß nicht. Wir schauten zusammen fern. Ich stand auf, um aus einer Schublade Zigaretten zu holen. Als ich hinter ihr vorbeiging, sah ich ihren Hals. Ich habe meine Hände um diesen Hals gelegt und so lange zugedrückt, bis sie tot war. Ich tötete sie, weil mich die Lust überkam, zu töten. Haben Sie denn nie den Drang gehabt, jemanden zu töten?»

«Doch», antwortete der Polizist, der ihn festgenommen hatte, «immer dann, wenn ich mich mit meiner Schwiegermutter gestritten habe; wenn ich danach hinter ihr vorbeigehe und ihren Hals sehe, überkommt mich auch die Lust, sie zu erdrosseln. Nur – ich tue es nicht.»

Jeder Mensch wird in seinem Leben mindestens einmal von einem zerstörerischen Trieb gegen einen anderen erfaßt, dem Drang, ihn zu unterwerfen, auf ihn einzuschlagen ... Wir alle haben schon den Wunsch gehabt, zu morden, den Wunsch, die Urheber unserer Leiden zu töten, einen Rivalen aus dem Weg zu räumen. Wir alle kennen Gefühle des Hasses, des Rassismus, des Faschismus ... Aber in den allermeisten Fällen schreiten wir nicht zur Tat.

Manchmal sind wir versucht, der inneren Spannung ein wenig nachzugeben. Wir gehen nicht so weit, daß wir töten, aber es kommt vor, daß wir seelische, ja sogar körperliche Verletzungen zufügen, zumal uns der Zorn einen Vorwand liefert. «Du verstehst, ich war so furchtbar wütend ...» Erstaunlich – in einer Gesellschaft, die die Affekte unterdrückt, dient eine Emotion als Entschuldigung. Der Umstand, ärgerlich zu sein, enthebt Sie der Verantwortung für das, was Sie sagen und tun! Selbst vor Gericht bringt es einem Menschen die Milde der Geschworenen ein, wenn er angibt, er habe seine Tat im Affekt begangen.

Nein, der Zorn darf keine Rechtfertigung für Gewalt sein. Wie der Samurai seinen Säbel hebt, anstatt in sich selbst die Wurzel seines Zornes zu sehen, ist die Gewalt, die man einem anderen zufügt, ein passiver Prozeß, eine Weigerung oder Unfähigkeit, die Verantwortung für seine Gefühle, sein Verhalten oder seine Gedanken zu übernehmen.

Im allgemeinen will ein Gewalttäter keinerlei Verantwortung tragen – weder für die Ursache des Problems noch für die eigenen Bedürfnisse, noch für die Mittel, die er benutzt, um die Differenzen beizulegen. Für ihn ist immer der andere schuldig. Es ist das Kind, das ihn provoziert hat, der andere, der sich bedrohlich gebärdete oder ihn schräg ansah.

«Als ich in Sarcelles und in anderen Vorstädten der Pariser Umgebung arbeitete, habe ich überall immer nur *Opfer* gesehen und gehört, nur Leute, die meinten, sie täten das Beste und das allein Richtige. Niemand bekannte sich dazu, seine Mitmenschen zu mißhandeln und zu unterdrücken – im Gegenteil: Jeder rechtfertigte sein Handeln und beschuldigte *die anderen*», erklärte Charles Rojzman. Niemand möchte sich gerne in der Rolle des Gewalttäters sehen.

Aggressivität oder Destruktivität?

Manchmal hört man, Gewalt sei unvermeidlich, denn die Aggressivität gehöre nun einmal zum Menschen. Von den meisten Experten wird Aggressivität als angeboren betrachtet, weil es schließlich notwendig ist, sein Leben zu schützen. Manchen genügt das, um eine semantische Verschiebung vorzunehmen: Sie schließen daraus, daß auch Gewalttätigkeit angeboren ist und zur Natur des Menschen gehört. Diese Schlußfolgerung ist ein wenig kurzsichtig, und der Begriff Aggressivität wird hierbei etwas sorglos verwendet. Denn ein und dasselbe Wort bezieht sich bspw. auf ein Kind, das sich mit anderen prügelt, auf einen Chef, der in Geschäftsangelegenheiten unnachgiebig ist, auf einen reißerischen Werbespot oder einen verantwortungslosen Autofahrer. Dagegen ist es sehr wohl möglich, einen Menschen kaltblütig, ohne jegliche Aggressivität zu töten und einen Überfall ohne Aggressiviät zu verüben. Wie soll man sich da auskennen?

In seinem Buch *Anatomie der menschlichen Destruktivität* macht Erich Fromm eine Unterscheidung zwischen der defensiven Aggressivität, die ein angeborener Anpassungsprozeß ist, der dem Individuum und seiner Gattung dient, und der Destruktivität, einer speziellen Grausamkeit der menschlichen Rasse. Fromm nennt erstere: biophile Aggressivität (*bio* = das Leben, *philia* = der liebt). Es ist der Trieb, der das Leben liebt, der es schützt und es daher nicht zerstört. Das Wort Aggressivität kommt aus dem Lateinischen: *ad-gredior* (Partizip Perfekt: *ad-agressus*) und heißt «auf etwas zugehen». Es ist das Vorwärtsstreben eines Lebewesens, sein Elan vital. Die biophile Aggressivität ist etwas Natürliches, die Destruktivität hingegen nicht. Bei den meisten Säugetieren existiert letztere so gut wie nicht, sie ist weder phylogenetisch vorprogrammiert noch biologisch adaptiv. Das ist für mich die Gewalttätigkeit. Es ist unvorstellbar, daß ein erwachsener Mensch, der immer akzeptiert, geliebt und geachtet wurde, Lust hat, einen Mitmenschen zu vernichten. Dagegen stumpft sich ein Mensch, der verletzt und erniedrigt wird, selbst ab, um nicht mehr so sehr zu leiden, und sammelt Groll in sich an. Er kann später dazu neigen, seinerseits aggressiv zu werden, da er versucht, sich von seiner Wut zu befreien, aber auch, weil er unempfindlich für das Leiden seiner Mitmenschen geworden ist.

Die biophile Aggressivität ist die Energie, die für die Bedürfnisse von Selbstbehauptung, Liebe und Verwirklichung eingesetzt wird. Sie dient der Verteidigung des Selbst, seiner Grenzen und seiner Werte. Sie unterscheidet sich von der Destruktivität vor allem durch ihre Dauerhaftigkeit, insofern als sie aufhört, sobald das Phänomen, das sie ausgelöst hat, nicht mehr besteht. Die destruktive Wut hat ihren Ursprung in unserer persönlichen Geschichte; sie richtet sich gegen Ersatzpersonen und ist daher nicht zu stillen. Aggressive Triebe sind etwas Natürliches. Die Lust zu zerstören, weh zu tun, ist kein Trieb, sondern es handelt sich hierbei um Impulsreaktionen auf diese unbefriedigten Triebe. Gewalttätigkeit und der Versuch, Macht über einen anderen zu erlangen, kommen aus einem Gefühl der Ohnmacht.

Aggressivität bei Kindern

Bereits beim Kleinkind beobachtet man eine gewisse Aggressivität. Es stößt, schlägt, beißt oder entreißt einem anderen ein Spielzeug. Diese «Gewalt» ist normal, sie gehört zur Entwicklung. Die Experten sind sich einig, daß der Höhepunkt dieser unkontrollierbaren Triebe ungefähr im Alter von zwei Jahren[9] erreicht wird, wenn das Kind das Gefühl für die eigene Identität und seine Grenzen ausbildet. Die aggressiven Verhaltensweisen sind Reaktionen auf Triebe, die das Kind noch nicht verarbeiten kann. «Das ist mein Ball, meine Schaufel, meine Puppe, rühr sie nicht an, geh da weg, das ist mein Platz» bedeutet: «Ich existiere, ich bin ein Mensch, du bist ein anderer, ich versuche, die Grenzen zwischen meinem Ich und dem Nicht-Ich festzulegen.» Selbstbehauptung, Reaktion auf eine Bedrohung oder Frustration, Schutz vor Schmerz und Entbehrung – all das gehört in den Bereich der biophilen Aggressivität, die sich noch unbeholfen ausdrückt. Beißt das Kind einmal seinen kleinen Bruder oder seinen Spielkameraden in der Kinderkrippe, dann bedeutet das möglicherweise: «Ich habe nicht genug Raum, du nimmst mir meinen Platz weg, ich bekomme nicht genug Aufmerksamkeit; mein Papa ist traurig, meine Mama liebt mich nicht so, wie ich bin . . .» Der kleine Zweijährige kann seinen Drang, jemandem weh zu tun, noch nicht kontrollieren; in Wahrheit ist er sich noch nicht wirklich bewußt, was er dem anderen zufügt, denn er kann sich noch nicht genügend von sich distanzieren, um sich an die Stelle des anderen zu versetzen. Er macht seiner Wut und seiner Angst Luft, er testet damit aus, inwieweit er fähig ist, einen anderen zu verletzen, und prüft, wieviel Macht er hat, die Erwachsenen zu mobilisieren.

Wenn das Kind sprechen lernt, lernt es auch, seine Frustrationen und Wünsche in Worte zu fassen. Andererseits stößt sein aggressives Verhalten auf Widerstand: Die Eltern sind ungehalten, seine kleinen Opfer weinen oder reagieren, indem sie zurückschlagen. Es gewöhnt sich daran, daß der andere existiert und sich von ihm unterscheidet. Es lernt, den anderen und seine Wirklichkeit zu berücksichtigen, lernt, zu denken und zu verhandeln. Dieser positive Umgang mit seiner Aggressivität ist nur möglich, wenn es seinen Platz hat, wenn keine Bedrohung auf ihm lastet, wenn es in seinen Emotionen begleitet wird und wenn es nicht durch die Gefühllosigkeit seiner Eltern ihm gegenüber gefühllos geworden ist.

Wenn die elterlichen Reaktionen ihrerseits gewaltsam sind, nach dem Motto: «Wenn du schlägst, schlage ich dich auch, du hast gebissen, also beiße ich dich ebenfalls», wenn das Kind für seine aggressiven Akte bestraft wird, ohne die Möglichkeit zu haben, darüber zu sprechen und besser zu verstehen, was in ihm vorgegangen ist, ist es nicht imstande zu lernen, seine Gefühle zu erkennen und mit ihnen umzugehen. Zudem verinnerlicht es ein Gefühl der Ohnmacht, was den Weg zu späterer Gewalttätigkeit (die sich gegen andere oder gegen sich selbst richtet) bereiten kann.

Die Sprache der Gewalt

Um Gewalt zu vermeiden, um sie aus der Welt zu räumen, ist es notwendig, den Dialog einzuführen, Worte an die Stelle von Schlägen zu setzen. Gewaltlosigkeit entsteht durch die Sprache – aber welche Sprache? Jeder Mensch weiß ja, wie leicht ein Wort bei einem anderen Menschen Wut auslösen kann, wie leicht ein Satz einen anderen in eine Schublade «einschließen» kann – mehr als Gitterstäbe es vermögen. Es gibt eine Sprache der Gewalt. Es ist eine Sprache, die verurteilt, herabsetzt, die Existenz des anderen leugnet und jegliche Emotion ablehnt. Als der Nationalsozialist Adolf Eichmann in Jerusalem in Haft saß, erklärte er in seinem Geständnis, er habe stets eine «Fachsprache» benutzt, eine Sprache, die ihn jeglicher Verantwortung enthob («Es waren die Befehle meiner Vorgesetzten, es war die politische Leitlinie»). Und es gibt die Sprache der Gewaltlosigkeit, die Emotionen mitteilt und Bedürfnisse zum Ausdruck bringt.

Die Sprache der Gewalt ist die, die wir (fast) alle gelernt haben. Denn ein Kind lernt die Sprache seiner Eltern, und für die meisten Eltern früherer Generationen war es die der Machtspiele. Die Eltern hatten immer recht, und sie wußten besser als wir, was gut für uns war. Es verstand sich von selbst, daß alles, was sie taten, zu unserem Besten war, auch wenn wir darunter litten. Unsere Emotionen hatten kaum Bedeutung. Wut zu zeigen war untersagt, und es wurde ganz besonders schlecht aufgenommen, wenn man zeigte, daß man auf seine Eltern wütend war.

Also lernen wir diese Sprache der Macht, und sobald wir erwachsen werden, haben wir die Neigung, sie selbst zu verwenden. Sie ist dadurch charakterisiert, daß sie Emotionen leugnet; dagegen räumt sie dem Urteil einen großen Platz ein. Die Sprache der Gewaltlosigkeit müßte demnach erlauben, Emotionen zu erkennen und mitzuteilen und zudem jegliches Urteil zu vermeiden.

Wir werden ihre Regeln und ihr Vokabular in den Kapiteln «Die Kunst, glücklich zu sein» und «Empathie und Konfliktlösung» entdecken.

Die Wurzeln der Gewalt

Entgegen einer gängigen Vorstellung steht die Gewalt weder mit Ungerechtigkeit noch mit dem Verletzt- oder Frustriertwerden in direktem Zusammenhang, sondern mit der Unfähigkeit, in solch schwierigen Situationen mit seinen Affekten umzugehen, seine Bedürfnisse auszudrücken und Befriedigung zu erhalten. Diese Unterscheidung ist wichtig: Die Ohnmacht steuert die Gewalt.

Wenn die Emotionen, die man bei einer Verletzung, einer Ungerechtigkeit oder einer Frustration spürt, ausgedrückt und gehört werden, kann der Mensch, der sie hinnehmen mußte, seine Unversehrtheit wiederherstellen. Gewalt ist nicht Wut, sie ist die Unmöglichkeit, seine Wut anderweitig zu zeigen.

Wenn man keine Gelegenheit hat, sich zu behaupten, gehört zu werden, ein Problem zu lösen, fühlt man sich ohnmächtig und immer mehr vom anderen abhängig. Man fühlt sich klein und hat immer mehr Angst. Zu dem Schmerz kommt die Verbitterung. Zuviele unbefriedigte Bedürfnisse, aber vor allem das Fehlen von wirklicher Macht über das eigene Leben bereiten der Gewalt den

Boden. Haß ist die Ansammlung von *Gefühlen* der Ungerechtigkeit, der Verzweiflung und der Frustration, die keinen Ausweg gefunden haben.

Die Unmöglichkeit, Gehör zu finden

Heutzutage herrscht sogar in unseren Schulen Gewalt. Kinder, die noch gestern gehorsam waren, wagen es nun, die Vertreter der Autorität anzugreifen. Es ist alarmierend, wenn ein Schulleiter attakkiert, ein Lehrer verprügelt wird. Und viele Leute prangern den Niedergang der Gesellschaft und den Verlust der Werte an. Man macht die Arbeitslosigkeit oder die Eltern, die bei der Erziehung versagt haben, dafür verantwortlich und schickt ihnen die Polizei ins Haus. «Man muß diesen Jugendlichen Grenzen setzen!» Grenzen haben sie – viel zu viele. Was ihnen fehlt, ist mehr Achtung, mehr Macht über das eigene Leben, mehr Gerechtigkeit und Zukunftsperspektiven. Mit ihrer Gewalt versuchen sie, die Aufmerksamkeit der Erwachsenen auf ihre verzweifelte Lage zu lenken. Wie laut müssen sie schreien, damit man sie endlich hört?

Man regt sich über die Gewalt der Jungen gegen die Erwachsenen auf, doch vergißt man dabei allzuschnell die Zahl der Kinder, die von gewissenlosen Eltern oder Lehrern in ihrer Seele verletzt werden. Wie viele haben zu Hause, aber auch in der Schule Schläge bekommen? Wie viele wurden vor ihren Schulkameraden erniedrigt? Wie viele wurden in aller Stille von einem pädophilen Lehrer sexuell mißbraucht? Sind jene Jugendlichen, die zerstören und andere schlagen, immer von den Erwachsenen respektiert worden? All ihre Leiden, die man nicht hören wollte, wurden zu Haß. Die Gewalt von Kindern ist eine Reaktion auf die institutionelle Gewalt, die ihnen angetan wird; sie ist zudem Ausdruck des Grolls gegen Eltern, die es nicht verstehen, ihrer Rolle gerecht zu werden, und gegen die Gesellschaft, die ihre Eltern zu einer Art Sklaven gemacht hat und sie zu gedankenlosen Rädchen einer Zivilisation reduziert, die immer anonymer und immer sinnloser wird.

Wenn Worte nicht mehr ankommen, wenn die Bedürfnisse zu etwas geworden sind, mit dem das Umfeld nichts anfangen kann, stellt die Gewalt ein letzter Versuch dar, eine Botschaft mitzuteilen, das verzweifelte Bemühen, einen Kontakt zu erzwingen und gegen die furchtbare Ohnmacht, sich Gehör zu verschaffen, anzukämpfen.

In den Gymnasien wie in den Vorstädten ist die polizeiliche Aufsicht nicht dazu geeignet, die Destruktivität zu beseitigen; bestenfalls (oder schlechtestenfalls) unterdrückt sie sie. Solange die Affekte nicht gehört und anerkannt werden, erhöht die Unterdrükkung nur die Frustration und leistet der Wut Vorschub. Es ist, als bastele man an einer Bombe mit Zeitzünder. Jedes menschliche Wesen will gehört werden und muß tatsächliche Macht über sein eigenes Leben haben.

Es ist nicht nur die materielle Not – die an und für sich schon nicht hinnehmbar ist –, die die von Arbeitslosigkeit erschütterten Vorstädte zum Explodieren bringt, sondern es sind auch das Gefühl der Ungerechtigkeit und der Mangel an Kommunikation, die fehlende Anerkennung und Wertung. Nicht in den ärmsten Siedlungen herrscht am meisten Gewalt, sondern in denen, welche an die reichsten Städte grenzen. «Als sei der Auslöser der städtischen Kriminalität vor allem die gesellschaftliche Kluft»[10] – dort, wo die Gefühle der Ungerechtigkeit und der Ohnmacht besonders stark zutage treten.

Zahlreiche Aktionen blieben bislang ohne die erwünschte Wirkung, weil sie der Bedeutung der irrationalen und affektiven Faktoren nicht Rechnung trugen. Stellen Sie wieder Kommunikation her, und der Haß wird abnehmen! Der bereits erwähnte Organisator und Leiter des «Büros für Umgestaltung und gesellschaftliche Therapie» Charles Rojzman macht diese Erfahrung jeden Tag in den Stadtvierteln der sozial Schwachen. In seinen Gruppen bringt er Jugendliche, Postbeamte, Polizisten und Hausmeister an einen Tisch und gibt ihnen die Chance, ihre Emotionen auszudrücken, ihrer Wut Luft zu machen, ihre Angst in Worte zu fassen. Das Ergebnis muß demjenigen geradezu phantastisch vorkommen, der das menschliche Herz und sein Bedürfnis nach Anerkennung nicht kennt. Leute, von denen man annahm, sie seien dazu verdammt, sich zu hassen, beginnen hier freiwillig und spontan miteinander zu kooperieren.

Geschieht ein Mord, so werden jedesmal die Nachbarn des Mörders zu dessen Person befragt, und immer wieder hört man dann die Antwort: «Ich hätte das nie von ihm geglaubt, er war ein so netter Kerl, nie wurde er laut ... Er hat wohl die Kontrolle über sich selbst verloren.» Niemand hat je versucht, zu wissen, was sich hinter seinem Lächeln verbarg, bis er seiner Not durch einen endgültigen Akt, einen Mord, Ausdruck verlieh. Ihm selbst war früh beigebracht worden, seine Emotionen nicht zu zeigen, ja nicht einmal zu fühlen. Die meisten Menschen, die eines Tages zur Tat schreiten, zeigen ihre Gefühle nicht. Sie können nicht mehr weinen, können ihre Zweifel und ihre Ängste nicht artikulieren, und oft können sie auch nicht nein sagen. Eines schönen Tages stürzen die Mauern ein, die dazu errichtet worden sind, um die Angst oder die Wut in Schranken zu halten, und ein – wahrscheinlich unschuldiges – Opfer ist der oder die Leidtragende.

In einem großen französischen Krankenhaus fand man einen Säugling tot auf den Fliesen neben seinem Bettchen. Sein Vater hatte ihn auf den Boden geworfen und mit Fußtritten getötet. Das Kind war mit einer Mißbildung geboren und kurz zuvor operiert worden. Gemeinsam mit dem Pflegepersonal versuchten wir diesen Akt zu verstehen. Was war in dem Kopf dieses Vaters vorgegangen? Handelte es sich um eine narzißtische Kränkung? Um die Unfähigkeit, die Vaterschaft für ein mißgebildetes Kind zu übernehmen? Die Krankenschwestern hatten bemerkt, daß der Mann unter Folgeerscheinungen der Kinderlähmung litt. Hatte er seinen Sohn töten wollen, um ihm seinen Leidensweg zu ersparen? Wenn dies der Fall war: warum dann diese brutalen Schläge? Oder war es das Gefühl der Ungerechtigkeit, der Ohnmacht vor Gott, dem Schicksal ...? Sein Leiden war so unerträglich groß, daß er sein eigenes Kind, die scheinbare Ursache für sein Unglück, tötete. Niemand hatte sich die Mühe gemacht, diesem Vater Gehör zu schenken, um ihm die Möglichkeit zu geben, seine Emotionen mit Worten und Tränen anstatt durch Schläge auszudrücken. Niemand half ihm, die Ursache seines Leidens in sich selbst zu sehen.

Gewalttätige Menschen fühlen sich meistens hilflos angesichts ihres eigenen Verhaltens. Oft wissen sie gar nicht, weswegen sie zugeschlagen haben. Sie fühlen sich von einer Kraft überwältigt, der sie nicht gewachsen sind. Sie verstecken sich hinter Deutungen, Rechtfertigungen: «Er hat mich provoziert, er ging mir auf die Nerven, er ist ein Versager...» In Wirklichkeit müssen die Wurzeln der Gewalt in der Geschichte des Betreffenden gesucht werden.

Wut, die aus früher Kindheit stammt

Françoise gerät leicht in Wut gegen ihre ältere Tochter: «Ich falle dann einfach über sie her, ich weiß, daß das nicht richtig ist, aber sie geht mir auf die Nerven, ich kann nicht anders!»

Dagegen bringt sie dem kleinen Sohn nur Liebe und Zärtlichkeit entgegen. Zu ihrer Rechtfertigung sagt sie, daß Karine ein schwieriges Kind ist, daß sie schnell weint und sehr eifersüchtig auf ihren Bruder ist. Zu Recht – da Françoise einräumt, mit ihr nicht gut zurechtzukommen.

In ihrer eigenen Kindheit wurde Françoise immer sehr gut angezogen und verwöhnt. Aber es gab keine Zuneigung zwischen ihren Eltern und ihr. Als Erwachsene konnte sie ihrem Sohn Zuneigung schenken, ihrer Tochter jedoch nicht. Warum diese unterschiedliche Behandlung? Karine ist die ältere Tochter, wie sie selbst es war. Sie ähnelt ihr zu sehr. Sie ist blond wie sie, anstrengend wie sie. Françoise verweigert ihr Liebkosungen und schlägt sie. Sie behandelt sie so, wie sie selbst behandelt wurde. Françoise weiß, daß sie in ihrer Kindheit an Einsamkeit litt, aber sie ist ihren Eltern nicht böse deswegen. Um zu überleben, mußte sie das Bewußtsein um diesen Mangel verdrängen. Oder wenn sie diese Gleichgültigkeit gegenüber ihren affektiven Bedürfnissen nicht als falsch anprangern würde, wenn ihre Eltern nicht verantwortlich für ihr emotionales Manko sind, könnte sie sich nur selbst die Schuld dafür zuschreiben. Das aber geht nicht, denn dann wäre sie selbst die «Böse». Die ganze Wut, die sie als Kind hinunterschlucken mußte, entlädt sich deswegen auf einen jüngeren, schwächeren Menschen: ihre eigene Tochter. Sie schiebt Karine die Rolle der «Bösen» zu.

Die Destruktivität entspringt der Weigerung, in sich selbst die wirkliche Ursache der eigenen Frustrationen zu sehen. Es ist so leicht, dem anderen alle Verantwortung zuzuschieben!

«Ich schlage ihn ab und zu, dabei reagiere ich mich ab, und dann tut ihm das ja nicht weh, das gewöhnt ihn an die Härte des Lebens», sagt Hervé, der seinen Sohn schlägt, «um ihm die Dinge in den Schädel einzutrichtern». Sich abreagieren befreit nicht. Eine Gewalttat baut keine Spannungen ab. Es mag erleichtern – zumindest behaupten das manche Leute –, aber nur für den Augenblick. Das Ventil des Schnellkochtopfes läßt ein wenig Druck ab, aber unter dem geschlossenen Deckel brodelt es immer noch, auch weiterhin sammelt sich Dampf an, und bald wird man das Ventil von neuem heben müssen ...

Niemand ist vollkommen. Es ist schwierig, ein Kind zu begleiten, oft auch anstrengend, zuweilen sogar nervenaufreibend, aber wir sollten Gewalt und Ungerechtigkeit dennoch nicht banalisieren, denn damit tragen wir zu ihrem Fortbestehen bei. Sich an einer Ersatzperson abzureagieren ist immer nutzlos und schädlich. Erzählt man dagegen seinen Eltern von seinen Leiden und seiner Wut, so hilft einem das, sich von der Last der Vergangenheit zu befreien. Man ist überrascht, wieviel Toleranz man dann mit einemmal gegenüber den eigenen Kindern aufbringt – einerseits, weil man es nicht mehr nötig hat, ein Übermaß an Frustrationen auf sie abzuladen, andererseits, weil man sich mehr mit ihrer Erlebniswelt identifizieren kann.

Die lange Abhängigkeit des Kindes

Jeder, der sieht, wie ein Kind geboren wird, ist berührt von seiner Verletzbarkeit. Da es nicht in der Lage ist, für seine elementarsten Bedürfnisse zu sorgen, hängt es vollständig vom guten Willen der ihn umgebenden Erwachsenen ab. Der Mensch wird als noch unfertiges Wesen geboren. Lange Zeit kann er weder alleine essen noch alleine laufen. Diese ausgedehnte Periode der Abhängigkeit kann ihn für sein ganzes Leben prägen. Natürlicherweise ruft dieser Zustand der Abhängigkeit bei seinen Eltern Aufmerksamkeit, Mitgefühl und den Wunsch zur Fürsorge hervor. In dieser Zeit sollte das Kind lernen können, daß es vertrauen kann. Doch manchmal hindern die noch nachwirkenden Leiden ihrer eigenen Kindheit die Eltern daran, wirklich aufmerksam und fürsorglich zu sein.

Danièle vertraut mir an: «Mein Arzt hatte mir gesagt, ich solle zwischen den einzelnen Mahlzeiten drei Stunden lang warten und meinem Kind auf keinen Fall mehr geben. Im allgemeinen begann meine Tochter nach eineinhalb Stunden zu weinen. Ich ging mit ihr spazieren, ich sang ihr Lieder vor, aber ich wartete, die Augen auf meine Uhr geheftet. Ich hatte Angst, sie könne sterben, wenn ich ihr vorher die Brust gäbe. Das war fruchtbar, aber wie hätte ich seine Vorschriften anzweifeln können? Er war zu jener Zeit der beste Kinderarzt, den es gab, er hatte einen hervorragenden Ruf, galt als Autorität ...»

Danièle befolgte die Vorschrift. Ihre eigene Kindheit hatte sie dazu prädestiniert, gegenüber den Schreien ihres Babys gefühllos zu sein. Von sehr autoritären Eltern erzogen, hatte sie schnell gelernt, sich zu unterwerfen. Sie hätte sich schuldig gefühlt, wenn sie sich nicht strikt an die Weisungen ihres Arztes gehalten hätte. Ihren Bedürfnissen und Gefühlen war nie Beachtung geschenkt worden, und auch ihren Eltern war es in deren Kindheit nicht anders gegangen, weil ihre Eltern wiederum ... Sie war taub für die Bedürfnisse ihres Kindes, so wie ihre Eltern es gewesen waren. Das Weinen des Babys weckte die eigene Verzweiflung in ihr. Diesem Gefühl mußte sie sich entziehen, um zu vermeiden, daß sie sich des Leidens ihrer eigenen Kindheit bewußt wurde; sie mußte ihrer Tochter dieselbe schlechte Behandlung zufügen.

Man könnte meinen, es sei nicht so schlimm, wenn ein Baby eine halbe Stunde auf die nächste Mahlzeit warten muß. Ein Irrtum – es ist äußerst einschneidend, denn der Säugling entwickelt damit von den ersten Stunden und Tagen seines Lebens an ein Gefühl der Ohnmacht, das alle seine zukünftigen Erfahrungen prägen wird.

Hat man einen Säugling in den Armen, so hört man oft: «Nutzen Sie die Zeit gut; wenn sie klein sind, gehören sie einem. Wenn sie zu laufen anfangen, ist es zu Ende.» Das will heißen: Mit den

Größeren kann man nicht mehr machen, was man will, sie haben bereits ihren eigenen *Charakter.* Solche Bemerkungen sind sehr aufschlußreich. Sie verweisen darauf, daß das Kind als Fortführung seiner Eltern geliebt wird und nicht um seiner selbst willen.

Kinder sind gezwungen, sich zu unterwerfen; sie lernen, ihre Emotionen zu unterdrücken, ihr inneres Wesen zum Schweigen zu bringen ... bis sie sich selbst in einer Position befinden, die ihnen ermöglicht, über andere zu herrschen, sei es in der Schule oder als «Chef» eines Unternehmens. Aber niemals werden sie über andere soviel Macht haben wie über ihre eigenen Kinder.

Phantasmen der Allmacht

Es gibt ein Unmenge Filme, Comics und Zeichentrickfilme über das Thema: Ein Mann will Macht über die Welt erlangen und sie zerstören. Woher kommt es, daß diese Allmachtsphantasie so verbreitet ist? Dieses Problem betrifft nicht nur einige wenige oder kranke Menschen, diese Phantasien teilen Millionen von Zuschauern.

Das Phantasma der Allmacht ist ein ungeschickter und fataler Versuch, seine Identität wiederherzustellen, die durch die schreckliche, als Kind gefühlte Ohnmacht verletzt wurde. Um sich in der Illusion von Macht zu wiegen, kann das ehemals verletzte Kind sich mit einem Menschen oder einer Gruppe, die Macht hat, identifizieren, oder es kann selbst gewalttätig werden.

Der Zorn ist eine der am schwersten zu regulierenden Emotionen, denn er ist belebend, ja sogar berauschend. Ist man zornig, so fühlt man sich stark. Man kann auch ein gewisses Vergnügen dabei empfinden, den anderen zu beherrschen. Sobald man sich in einer Position der Macht befindet, gleitet man leicht in die Gewalttätigkeit ab. Die in der Kindheit angestaute Wut kann sich endlich äußern. Doch der ganze Prozeß muß unbewußt bleiben. Der Gewalttätige will nicht wahrhaben, daß sein Zorn aus ihm selbst kommt. Er gibt dem Kind (der Frau, dem Juden, dem Tibetaner, dem Tutsi ...) die Schuld daran. Er rechtfertigt sich, indem er dem Opfer seine eigenen Gefühle der Scham und der Bosheit unterstellt. Er muß diesen bösen Buben «zum Besseren erziehen», diesen Ausländer aus dem Land werfen, den Planeten von diesem Untermenschen befreien.

«Es ist keinesfalls übertrieben, zu behaupten, daß ausnahmslos jeder Tyrann es vorzieht, Tausende, ja Millionen Männer und Frauen zu töten und zu foltern, anstatt die Verdrängung der schlechten Behandlungen und der Demütigungen seiner Kindheit aufzuheben. Denn dazu müßte er seinen Zorn und seine Ohnmacht gegenüber seinen Eltern spüren, sie in Frage stellen und ihr Handeln verurteilen» (Alice Miller).

Mehr als eine Rüge, die wir unseren Kindern erteilen, mehr als einen Streit, den wir mit unserem Lebenspartner vom Zaun brechen, sind Versuche, uns für das zu rächen, was als Kinder mit uns geschah.

Wenn der Angreifer der Stärkere ist, muß das Opfer sich unterwerfen und seinen Zorn unterdrücken. Erst wenn es sich selbst in einer Position befindet, in der es einen anderen beherrschen kann, kann es diese nutzen, um seinen Zorn auszuleben – ohne damit irgendein Risiko einzugehen. Der Mensch, den er sich aussucht, um seine Rachegelüste zu stillen, kann gemeinsame Merkmale mit dem Objekt seines Grolls haben, doch auch jedes andere Lebewesen, das verletzlich ist, kann diesen Zweck erfüllen. Angesichts dieser Tatsache versteht man nun, daß sich soviel Gewalt gegen Frauen richtet, die in der gesellschaftlichen Hierarchie untergeordnet sind, gegen Minderheiten, die sozial benachteiligt sind, und gegen Kinder, die biologisch abhängig sind.

Eine Geschichte, in der es um Macht geht

Das Leugnen der Emotionen geht mit Macht und Unterwerfung einher. Wie Pierre Tap hervorhebt: «Das Unglück unserer Gattung ist nicht ihr Übermaß an Aggressivität, sondern ihre fanatische Hingabe daran.»

Gehorsam

Erinnern wir uns an den Versuch des Forschers Stanley Milgram[11] über den Gehorsam. Er ließ eine kleine Annonce in einer Zeitung erscheinen, in der von einer Studie über das Gedächtnis und das Lernen die Rede war. Der Versuchsleiter stellte den Freiwilligen, die sich daraufhin meldeten, das Experiment als ein Verfahren vor, mit dem die Wirkung von Strafe auf die Lernfähigkeit gemessen werden solle. Infolge einer fingierten Auslosung wurde die Versuchsperson zum «Lehrer» ernannt. Sein «Schüler» wurde auf einem Stuhl festgeschnallt, eine Elektrode an seinem Handgelenk befestigt. Der Lehrer las daraufhin Wortpaare vor; anschließend sollte der Schüler diese wiederholen und richtige Assoziationen finden. Zuvor erhielt der Lehrer noch die Anweisung, dem Schüler mit jedem Fehler immer stärkere elektrische Schocks (jeweils Erhöhung um 15 Volt) zu verabreichen. Der «Schüler» war in Wirklichkeit ein in das Experiment eingeweihter Mitarbeiter; er bekam natürlich keinen Elektroschock, doch er ahmte den Schmerz überzeugend nach, trommelte an die Zwischenwand, die ihn vom Lehrer trennte, stieß verzweifelte Schreie aus und flehte inständig darum, man möge das Experiment abbrechen. Dreißig Stufen (Kippschalter) standen zur Verfügung, angefangen von 15 Volt bis hin zu 450 Volt (jeweils 15 Volt Differenz). Zusätzlich zu den Voltangaben waren über je sechs Kippschaltern von links nach rechts folgende Bezeichnungen angebracht: «Leichter Schock», «Mäßiger Schock», «Schwerer Schock», «Sehr schwerer Schock», «Gefahr: Bedrohlicher Schock»; die beiden letzten Kippschalter trugen nur noch die Markierung «XXX».

Ziel dieser Inszenierung war es, herauszufinden, wann und wie die Versuchsperson den Gehorsam verweigern und sich der Autorität widersetzen würde, die ihr weiterzumachen befahl, trotz des moralischen Gebotes, demzufolge man einem unschuldigen, wehrlosen Lebewesen kein Leid zufügen darf. Nachdem Milgram Psychiatern, Studenten und Erwachsenen der Mittelschicht (aus allen möglichen Berufsgruppen) den Verlauf des Experiments erklärt hatte, bat er sie, Voraussagen über das wahrscheinliche Verhalten der Versuchspersonen zu machen. Die Befragten sagten eine fast hundertprozentige Gehorsamsverweigerung der Versuchspersonen voraus. Tatsache jedoch ist, daß bei den ersten Experimenten, die an der Yale-Universität durchgeführt wurden, kein einziger Teilnehmer vor der Marge von 300 Volt – die bereits einen starken und schmerzhaften Schock auslösen – den Gehorsam verweigerte. Die Versuchsleiter, überrascht von diesen Ergebnissen, vermuteten, die Versuchspersonen hätten sich von der Aura der Universität beeindrucken lassen. Daher beschlossen sie, ihre Räumlichkeiten nach Bridgeport zu verlagern, womit ihr Labor keinen offiziellen Charakter mehr hatte. Doch auch hier weigerten sich nur zwei Personen strikt, irgendwelche Schocks zu verabreichen.

Berücksichtigt man die Ergebnisse aller durchgeführten Experimente, so waren 65 Prozent der Versuchspersonen bis zum Ende gehorsam, das heißt, sie fügten einem Schüler nur deshalb gefährliche Schocks zu, weil ein Mann in einem weißen Kittel es im Namen der Wissenschaft von ihnen verlangte. Doch sollten wir nicht allzu sehr über die Amerikaner spotten. Das Experiment wurde danach auch bei uns durchgeführt – und von den Europäern fühlten sich sogar 85 Prozent zum Gehorsam verpflichtet. Wir sind wahrhaftig bis zum Erbrechen gehorsam.

Milgram hatte diese Resultate keinesfalls erwartet: «Wo liegt die Grenze derartigen Gehorsams? An vielen Punkten versuchten wir im Experiment, einen Grenzbereich einzuführen. Wir setzten die Schreie des Opfers ein; das reichte nicht aus. Das Opfer berief sich auf einen Herzfehler; die Versuchspersonen gaben auf Befehl weiterhin Schocks. Das Opfer flehte, man solle es freilassen, auf dem Signalkasten erschienen keine Antworten mehr; die Versuchspersonen gaben dennoch weiter Schocks. Zu Beginn unserer Versuchsreihe hatten wir nicht damit gerechnet, daß solch drastische Prozeduren nötig sein würden, um eine Gehorsamsverweigerung herbeizuführen, und so wurde jede weitere Stufe erst eingeführt, nachdem deutlich geworden war, daß die bisherigen Techniken versagt hatten. Der letzte Versuch, eine Grenze festzulegen, war die Versuchsanordnung der Berührungsnähe. Aber die allererste Versuchsperson in dieser Anordnung wandte auf Befehl Zwang an und ging bis zur höchsten Schockstufe weiter. Ein Viertel der Versuchspersonen bei dieser Versuchsanordnung verhielt sich gleichfalls so.» Bestürzend!

Als Antwort auf einen Fragebogen, den Milgram den Versuchspersonen ein Jahr nach der Teilnahme an dem Experiment zusandte, schrieb ein Mann: «Was mich erschreckte, war, daß ich zu einer derartigen Gehorsamsbereitschaft und Nachgiebigkeit gegenüber einer Idee fähig war, d. h. gegenüber dem Wert eines Gedächtnisexperiments; und das selbst nachdem deutlich war, daß ich an diesem Wert nur festhalten konnte, indem ich einen anderen Wert verletzte, der da heißt, füge niemandem Schmerzen zu, der hilflos ist und dir selbst nichts tut. Wie meine Frau sagte: ‹Du kannst dich jetzt Eichmann nennen!› Ich hoffe, daß ich in Zukunft mit Wertkonflikten, denen ich begegne, besser zurechtkommen werde.»

Was geschah eigentlich genau bei diesen Experimenten? Benutzten die Leute sie, um sich von ihren aggressiven Trieben zu befreien? Nein, Milgram hatte dies zuvor getestet, indem er den Versuchspersonen freistellte, Schocks nach ihrem Gutdünken zu verabreichen; alle waren bei den niedrigsten Stromstufen geblieben. Keine Versuchsperson war besonders aggressiv oder gar gewalttätig; viele von ihnen gaben an, sie könnten keiner Fliege etwas zuleide tun, einige engagierten sich in wohltätigen Organisationen. Viele waren während des Experiments sehr angespannt und brachten ihren Widerwillen darüber zum Ausdruck, daß sie anderen Menschen solche Schmerzen zufügten – aber sie machten weiter, da sie meinten, sie würden von einem höheren Willen dazu «gezwungen». Stanley Milgram folgerte daraus: «Ein beachtlicher Bestandteil der Bevölkerung tut, was zu tun befohlen wird, ohne den Sinn und Gehalt der Handlung zu berücksichtigen und ohne durch das Gewissen eingeschränkt zu werden, solange der Befehl als Äußerung einer legitimen Autorität gilt.»

Diese Fähigkeit des Menschen, alle Gebote der Menschlichkeit zu übergehen und seine Macht zu mißbrauchen, ist alarmierend. Sie ist die Wurzel der Ausschreitungen und Greuel, die in Kriegen begangen werden. Sie ist einer der Gründe dafür, daß so viele Franzosen in den vierziger Jahren dieses Jahrhunderts mit den Nazis kollaborierten. Vor einiger Zeit wurde eine Dokumentarserie über den Holocaust ausgestrahlt. Ehemalige Lagerwächter, Aufseher und «einfache» Befehlsempfänger kamen darin zu Wort. Mit ausdrucksloser Stimme beschrieben sie ihre «Arbeit». «Ich drückte auf diesen Hebel. Dann strömte das Gas über diese Schläuche ein, die Sie hier sehen. Durch ein kleines Fenster konnte man beobachten, was geschah; die Leute starben. Man konnte sie schreien hören, zum Schluß nur noch röcheln.» Während dieser Worte war keine Emotion auf ihren Gesichtern zu erkennen; manche sagten, es sei grauenhaft gewesen, aber sie setzten ihre Tätigkeit dennoch fort. Hitler machte sich diese Fähigkeit zur Unterwerfung in hohem Maße zunutze; er brauchte nur wenige Handlanger, um Millionen Menschen zu vernichten. Der Holocaust ging aus der Wahnidee eines Menschen hervor. Doch andere schlossen sich ihrer Ausführung bedenkenlos an, um einen unbewußten Vergeltungsdrang damit zu befriedigen. Es wäre indes ungerechtfertigt, ihnen allein die Verantwortung zuzuschieben. Die Wahrheit ist, daß diese Grauen nicht möglich gewesen wären, wenn sich nicht Tausende Deutsche und Franzosen der Autorität unterworfen hätten. Der Gehorsam bildet die Stärke hierarchisch geordneter Gesellschaften. Man erringt ihn, indem man die Kinder von frühester Jugend an drillt und dressiert und dabei ihre primären Emotionen unterdrückt.

Eine der Herausforderungen, denen sich die heutige Erziehung stellen muß, besteht darin, die Kinder zu unterweisen, den Mitmenschen zu achten, anstatt ihn zu unterwerfen, und Mitgefühl anstelle von Gehorsam zu entwickeln. Wenn wir nicht eine bedeutende Umwälzung in unserem Denken vollziehen, können wir uns nicht von der Gewalt befreien.

Zivilisation?

Für Sigmund Freud, den Vater der Psychoanalyse, begleitet der Krieg unweigerlich die Zivilisation; er meinte, daß die natürliche Aggressivität des Menschen so stark unterdrückt und verdrängt würde, daß es immer wieder Zeiten gäbe, in denen die Behelfsmaßnahmen nichts mehr gegen den inneren Druck ausrichten können und eine Periode der allgemeinen Entfesselung anbricht. Diese pessimistische Anschauung des Menschen stellt den Krieg als unvermeidbare Konsequenz des Fortschritts hin. Freud assoziiert die Gewalt mit dem Streben nach Zivilisation. Ist das richtig? Nehmen wir das Mittelalter: Aus vielen Berichten ist ersichtlich, daß der weitaus größte Teil der Menschen – sobald sie die Möglichkeit hatten, das heißt, sich in einer Position der Stärke gegenüber einem Dritten befanden – schnell geneigt waren, zu foltern, zu vergewaltigen und zu morden. Der Sadismus war weit verbreitet. War das so, weil die Menschen zivilisiert waren? Oder weil ihre Unterdrückung und ihr Leiden so groß waren? Wenn die Beweisführung richtig ist, so sind gewalttätige Exzesse Folgen der Verdrängung von Affekten. Muß man daraus schließen, daß Gewalt und Krieg unvermeidbar sind? Kann man sich nicht auch eine Zivilisation vorstellen, die den menschlichen Bedürfnissen Rechnung trägt? Eine Gesellschaft, in der man sich mit Aggressivität auseinandersetzt, anstatt sie zu verdrängen?

Für das Wort Zivilisation haben wir die Synonyme: Fortschritt, Evolution, Aufstieg, Kultiviertheit, Aufklärung. Sollte eine Zivilisation, die dieser Bezeichnung würdig ist, nicht den Bürgersinn, das heißt die Achtung vor dem anderen und der Gemeinschaft, fördern?

Ein Kind ahmt das Verhalten seiner Eltern nach. Es lernt auf natürlichem Wege Respekt, ja sogar Höflichkeit, wenn seine Eltern es respektieren und höflich mit ihm umgehen. Wenn der Respekt zur Pflicht wird, so wird er durch Drohungen erzwungen. Furcht ist nicht Respekt; Erziehung mit Hilfe von Angst und rein verbalen Appellen an die Pflicht («*man muß* seine Eltern und die Gesetze respektieren») läßt keinen Bürgersinn entstehen, sondern eine unterwürfige Höflichkeit, die sofort eingestellt wird, sobald der Autoritätsvertreter außer Sicht ist.

Einen geradezu dramatischen Mangel an Bürgersinn mußte man bei den Parisern am Vortag der vom Präsidenten erlassenen Amnestie für Parksünder anläßlich der Wahlen von 1995 feststellen. Sobald es keine Strafen mehr gab, artete das Parken von Fahrzeugen zu einem riesigen Chaos aus. Jeder dachte nur noch an sich. Krankenwagen waren blockiert, Feuerwehrautos gelangten nicht zu Häusern, die in Flammen standen – das heißt, einige Menschen starben, weil andere ihr Auto ganz sorglos an einer Stelle geparkt hatten, an der gewöhnlich Parkverbot bestand. Sind wir zivilisiert? Jedenfalls ist der Beweis erbracht – wenn dies noch nötig gewesen wäre –, daß die Angst vor Strafe zwar Exzesse eindämmt, aber Menschen nicht erzieht.

Untersuchungen über Kinderkrippen haben eindeutig gezeigt, daß Babys und Kleinkinder äußerst sensibel aufeinander reagieren. Wenn ihnen Lebensbedingungen geboten werden, die ihnen Ruhe, Behaglichkeit und Sicherheit gewährleisten, sind sie geneigt, miteinander zu kooperieren und sich gegenseitig zu helfen. Wenn aufdringliche Erwachsene sich einmischen, um ihnen bei Auseinandersetzungen zu «helfen», oder sie auffordern, sich gegenseitig Spielsachen auszuleihen, so wird das Klima spannungsgeladen. In dieser Hinsicht hatte Freud recht: Die Versuche zur «Zivilisation» führen systematisch zu Konflikten. Die Kinder schlagen aufeinander ein, reißen sich gegenseitig die Sachen aus der Hand ... Vielleicht weigern sie sich nur, etwas unter Zwang zu tun, was sie aus eigenem Antrieb getan hätten, weil sich die Erwachsenen allzusehr einmischten. Die Erwachsenen vergessen zuweilen, daß für jeden Menschen – auch schon für einen ganz jungen – die Freiheit das höchste Gut ist.

Mir gefiel immer die Antwort, die Ghandi auf die Frage eines Journalisten gab: «Was halten Sie von der westlichen Zivilisation?» Er meinte: «Sie wäre eine gute Sache.»

Kann man nicht wie Martin Luther King von einer Welt träumen, die wahrhaft zivilisiert, menschlich und solidarisch ist? Und doch ist dieser Traum durchaus realistisch. Man muß nur lernen, seine Triebe zu beherrschen und «biophile» Ausdrucksmöglichkeiten dafür zu finden, anstatt sie zu unterdrücken.

Haß schafft man nicht durch den Befehl «Liebet einander» ab, sondern indem man seinen Zorn mitteilt.

7 Der gesunde Zorn

Seine Identität festigen, seine Integrität verteidigen

Zwei Jahre lang war Daphne in ihrer Liebesbeziehung glücklich. Dann kündigte ihr Freund ihr ganz plötzlich an, er wolle sie verlassen: «Verstehst du, ich liebe dich, aber ich bin nicht imstande, mit dir zu leben. Irgendwann hätte ich ohnehin Lust auf eine andere Frau; ich will dir nicht weh tun, deshalb verlasse ich dich lieber gleich.»

Sie versteht. Sie leidet. Sie stellt sich hundert Fragen darüber, was sie wohl falsch gemacht hat. Sie zweifelt an sich, an ihrer Liebesfähigkeit und daran, ob man sie überhaupt lieben kann. Sie fühlt sich gedemütigt und schuldig. Sie sagt immer wieder: «Ich bin völlig gebrochen, aber ich bin ihm nicht böse.»

Dieser letzte Satz zeigt mir, welchen Weg ich als Therapeutin einschlagen soll: «Betrachten Sie einmal, in welchem Zustand Sie sind! Es ist normal, daß es Sie schmerzt, wenn Sie von dem Mann, den Sie lieben, verlassen werden, aber wenn Sie sich ‹gebrochen› fühlen, stimmt etwas nicht. Alles ging gut zwischen Ihnen, finden Sie es da nicht ungerechtfertigt, daß er die Beziehung so unvermittelt beendet, und noch dazu aus so unerfindlichen Gründen?»

«Ja, aber ...»

«Spürten Sie nicht, daß da etwas im Gange war?»

«Seit zwei Monaten war er anders als sonst.»

«Haben Sie mit ihm darüber gesprochen?»

«Nein, das habe ich nicht gewagt; ich sagte mir, daß ich mir alles nur einbilden würde. Erst jetzt, im nachhinein, fallen mir bestimmte Dinge wieder ein, Kleinigkeiten ...»

«Und was für Gefühle sind jetzt in Ihnen?»

«Nun, ich bin wütend; das alles macht irgendwie gar keinen Sinn. Und dann – er kündigt mir das so mir nichts, dir nichts an, ohne mich nach meiner Meinung zu fragen. Immerhin waren wir zwei Jahre lang zusammen! Er sagte, es sei zu meinem Besten, wenn er mich verließe. Er nimmt sich das Recht heraus, an meiner Stelle zu denken, ich selber existiere gar nicht!»

«Könnten Sie ihm sagen, wie wütend Sie sind?»

«Das würde nichts nützen.»

«Doch, natürlich, es würde Ihre Identität, Ihre Grenzen festigen. Sie würden sich dann nicht so ohnmächtig fühlen. Ihren Zorn auszusprechen bedeutet, daß Sie auf dem Boden der Realität bleiben.»

Gestärkt durch diese Sitzung sprach Daphne daraufhin mit Marc. Angesichts ihrer entschlossenen Haltung gestand er schließlich, daß er eine andere Frau liebe. Er hatte sie drei Monate zuvor kennengelernt und lebte seit einer Woche mit ihr. Natürlich litt Daphne, als sie es erfuhr, aber dieses Gespräch ermöglichte ihr, endlich das in Worte zu kleiden, was sie vage fühlte. Anstatt sich zu quälen und zu zerstören, indem sie sich immer wieder fragte, was sie wohl Falsches gesagt oder getan haben mochte, sah sie nun, welches die wirklichen Gründen waren, weswegen ihr Lebensgefährte sie verließ. Marc war nicht nur ein unverbesserlicher Verführer – das hatte er ihr selbst gesagt –, sondern er hatte sie angelogen und manipuliert. Sie hatte mit diesem Mann nichts mehr zu tun.

Bleibt natürlich die Tatsache, daß sie sich hatte täuschen lassen. Damit sie das nicht noch einmal mit einem anderen Mann erleben würde, mußte sie ihre seelische Struktur in Augenschein nehmen: Daphne fällt es im allgemeinen schwer, bei ihren Liebhabern eine eigenständige Position einzunehmen. Ihre Freunde schätzen ihre Toleranz, aber wenn Toleranz in der Liebe nicht mit Selbstachtung einhergeht, ist sie gefährlich. Daphne kann sich in ihrem Beruf behaupten, aber nicht gegenüber einem Mann. Tief in ihrem Inneren ist da immer noch eine leise Stimme, die aus ihrer einsamen Kindheit stammt und zu ihr sagt: «Du bist nicht interessant, du bist es nicht wert, geliebt zu werden.» Also unterdrückt sie ihre Verärgerung, verzeiht, ja sie nimmt sich sogar der Probleme an, die ihre

Liebhaber damit haben, zu lieben und ihre Gefühle zu zeigen ... Daß sie ihre Wut auf Marc nun zum Ausdruck bringen konnte, war ein erster Schritt, sich auf sich selbst zu konzentrieren, anstatt stets aufmerksam auf die Bedürfnisse und die Wünsche des anderen zu achten.

Das Unausgesprochene

Die systematische Vermeidung jeglichen Konflikts führt zu einer, selten bewußten, Depersonalisation. Das kann so weit gehen, daß eine Frau behauptet «in vollkommener Harmonie» mit ihrem Ehemann zu sein, obwohl sie tief in ihrem Innern wütend auf ihn ist. Sie hat zuweilen Ängste, fühlt sich deprimiert, hat Rückenschmerzen oder Verdauungsprobleme, aber sie kommt gar nicht auf den Gedanken, diese Beschwerden mit den Opfern in Zusammenhang zu sehen, die sie bringt, um ihn zu schützen oder den häuslichen Frieden aufrechtzuerhalten. Mehr als eine Frau hat erlebt, daß ihre Ängste oder ihre Rückenschmerzen, die sie für chronisch gehalten hatte, nach einer Scheidung oder einer Psychotherapie – die ihr ermöglichte, sich zu behaupten – verschwanden. Jedes Symptom steht auch in Verbindung mit einer Beziehungsdynamik. Seine Wut ausdrücken bedeutet, die Folgen eines Verhaltens auf seine Emotionen aufzuzeigen. Es geht keinesfalls darum, sich feindlich gegenüberzutreten, es ist kein Krieg. Allzuoft verwechselt man Konflikt mit Streit. Ersterer ist eine Konfrontation von zwei Welten, der zweite ist der Versuch des einen, Macht über den anderen zu bekommen. Das Ziel bleibt die Harmonie, die die gegenseitige Anpassung zweier «ganzer» Menschen erfordert; sie entsteht nicht dadurch, daß beide miteinander verschmelzen. Notgedrungen kommt es zu Reibungen in einer Beziehung, wenn die beiden Protagonisten die Absicht haben, ganz ineinander aufzugehen. Wie also soll man sich behaupten, seine Wut äußern, ohne sich zu streiten?

Es ist sehr wichtig, die Dinge so bald wie möglich auszusprechen. Gleich zu Beginn einer Beziehung muß man festlegen, wo die Grenzen sind. Schnell können sich Abgründe zwischen den Menschen auftun. Das Unausgesprochene läßt Abgründe entstehen, die dann nur noch mit Mühe zu überwinden sind. Betrügen Sie sich nicht selbst, versuchen Sie nicht, den anderen zu schützen, haben Sie keine Angst, mit Ihren Fragen lästig zu fallen. Wenn die Fragen lästig sind, so steckt etwas dahinter.

«Meine Frau ist eifersüchtig, sie geht mir auf die Nerven, überschüttet mich mit Fragen; sie verdächtigt mich, ein Verhältnis mit meiner Sekretärin zu haben. Ich kann ihr noch so oft sagen, daß da nichts ist, sie hört einfach nicht auf – es ist geradezu krankhaft», vertraut mir Paul an.

«Hat sie keinerlei Grund, eifersüchtig zu sein?» bohre ich nach. Ich weiß, daß Paul seit einem Jahr eine Geliebte hat. Aber es stimmt, seine Sekretärin ist es nicht!

«Nein, sie irrt sich, sie sieht ein Problem, wo keines ist.»

Paul erträgt es nicht, verdächtigt zu werden. Er schwört seiner Frau, daß er sie nicht mit *seiner Sekretärin* betrügt ... Indem er seine Frau für krank erklärt, vermeidet er es, sich mit ihrer Wahrheit auseinanderzusetzen. Leider glaubt ihm seine Frau, sucht die Schuld bei sich – und entschuldigt sich auch noch bei ihm für ihre übergroße Eifersucht!

Wenn Sie einen Zweifel haben, vertrauen Sie auf sich selbst. Im allgemeinen kann man sich auf seine Empfindungen verlassen, sie sind häufig richtig. Wenn wir sie jedoch aus Mangel an Informationen nicht zu entschlüsseln vermögen, können unsere Deutungen falsch sein. Deshalb besteht auch die Gefahr, daß eine Anschuldigung ihr Ziel verfehlt. Besser ist, wenn man seine Bedürfnisse zeigt, seine Gefühle ausspricht, seine Wut zum Ausdruck bringt, um die Wahrheit zu verstehen und zu kennen.

Frustrationen, Mißbehagen, Bedürfnisse, deren wir uns nicht bewußt sind, verändern unsere Beziehung zur Wirklichkeit. Beispielsweise hat ein Experiment gezeigt, daß Lehrer ihre Klassenaufgaben strenger beurteilen, wenn es sehr heiß im Raum ist. Es ist ihnen nicht bewußt, daß die Hitze sie stört. Das Unausgesprochene beeinträchtigt also nicht nur die Beziehung eines Paares, sondern das ganze affektive, berufliche und soziale Leben.

Auch besteht die Gefahr, daß die Kinder die Folgen tragen müssen. Es ist nicht immer leicht, seinem Ehepartner seine Wut mitzuteilen, aber wenn man es nicht tut und die eigene Nervosität stattdessen an seinen Kindern abreagiert, so wird man ihnen langfristig damit Schaden zufügen. Man kann damit ein unerklärliches Schuldgefühl (unerklärlich deshalb, weil sie keine Schuld tragen) in ihnen hervorrufen, das sie später daran hindern wird, sich zu behaupten. Es ist besser, ihnen ein positives Muster für das Austragen von Konflikten zu bieten und ihnen beispielsweise zu zeigen, wie Eheleute einen Dialog führen können. Und wenn eine Tracht Prügel auch dem «Abreagieren» und dem «Dampf ablassen» dient, so schadet sie doch nicht nur dem Kind, sondern auch dem Elternteil, der sie verabreicht, denn sie erlaubt, die wirkliche Ursache seiner Wut unter Verschluß zu halten.

Begehren und Vergnügen

Man kann den anderen nur begehren, wenn man ein eigenständiger Mensch bleibt. Wenn jeder versucht, so zu werden, wie er glaubt, der andere erwarte es von ihm, wenn jeder sich zurücknimmt, um sich einem bestimmten Bild anzupassen, wenn man Konflikten systematisch aus dem Weg geht, dann existiert das Individuum nicht mehr, und das Begehren stirbt. Vielleicht ist es kein Zufall, daß viele Paare sich nach einem Streit wieder im Bett versöhnen. Bedeutet das, daß der Mangel an sexuellem Begehren, der sich nach und nach bei vielen Paaren einschleicht, damit zusammenhängt, daß die beiden Partner ihre Wut nicht äußern? Ja – der Erfahrung der Therapeutin zufolge ist das häufig der Fall. Doch diese Gefühle des Grolls sind nicht bewußt, da sie verdrängt werden.

Sie ändern sich für Ihren Partner? Sie wählen die Kleider, die ihm (ihr) gefallen? Sie sehen sich nur noch Filme an, die (ihr) ihm zusagen? Sie kochen nur, was er (sie) mag? Dann sind Sie auf dem besten Wege, eine Verlängerung von ihm (ihr) zu werden. Wie können Sie ihn (sie) begehren, da er (sie) ein Teil von Ihnen geworden ist? Wenn Sie sich so sehr anpassen, leugnen Sie einen Teil Ihrer Persönlichkeit und sammeln unbewußt Groll an. Eine Distanz entsteht, aber keine, die zärtlichen Annäherungen förderlich ist.

Wenn ein Paar sich liebt, so werden sich die Partner ganz unvermeidlich etwas aneinander anpassen. Einerseits möchte man dem anderen Vergnügen bereiten, andererseits spielt auch die Synchronie (durch einen Prozeß, auf den wir noch zurückkommen werden) noch in die Dinge hinein (siehe Kapitel «Empathie und Konfliktlösung»). Tatsächlich haben zwei Menschen, die zusammenleben, häufig die Neigung, sich den Lebensrhythmus des jeweils anderen zu eigen zu machen. Es ist nicht selbstverständlich, daß sich beide Partner in einer Beziehung ihre individuellen Wünsche und ihre unterschiedlichen Geschmäcker bewahren und sie selbst bleiben. Daher sollte man immer wieder ganz besonders darauf achten und den Stand der Dinge von Zeit zu Zeit neu überdenken.

Mit Frustrationen umgehen

Sie bewundern einen Gegenstand in einem Schaufenster, der unerschwinglich für Sie ist; Sie wollen das Rauchen aufgeben; Sie machen eine Abmagerungskur; die Frau Ihrer Träume weist Sie ab; der Mann Ihres Lebens ist verheiratet; die Arbeitsstelle, die Sie sich sehnlichst wünschen, wird an einen anderen Kandidaten vergeben . . . Wie geht man mit seinen Frustrationen um?

Die Entbehrung, die Nichtbefriedigung unserer Wünsche, die Enttäuschung unserer Erwartungen ruft Zorn hervor. Dieser zielt darauf ab, die innere Einheit wiederherzustellen, die durch die Aussicht auf einen möglichen Mangel bedroht ist. Das Kind wird wütend auf den Elternteil, der ihm die Befriedigung versagt. Es projiziert den Schmerz über den Mangel auf den Erwachsenen. Wenn dieser es versteht, die Affekte seines Kindes in sich aufzunehmen, das heißt, wenn er ihm – offen, ermutigend und liebevoll – nahebleibt, so kann das Kind seine Identität rekonstituieren und nach und nach mit seinen aggressiven Gefühlen fertig werden. Es kann die Negativität in sich selbst ertragen, ohne sich deswegen «böse» zu fühlen. Wenn der Elternteil dagegen ärgerlich wird, erschreckt er das Kind, das seinen Frustrationen nun ohnmächtig gegenübersteht. In diesem Fall integriert das Kind das Gefühl, schlecht zu sein, und empfindet darüber hinaus die Angst, von seiner Aggressivität zerstört zu werden. Später, als Erwachsener, wird es nicht in der Lage sein, mit seinem Haß und seinem Zorn umzugehen; ihm wird schwerfallen, sich mit einer Frustration abzufinden, und er wird sich mit allen Mitteln davor schützen. Eine seiner Schutzmaßnahmen wird darin bestehen, daß es seine Negativität gegen das Objekt seiner Begierde kehrt.

Melanie Klein beschreibt in ihrem Buch *Die Liebe und der Haß* anschaulich diesen Prozeß, mit dessen Hilfe wir uns davor schützen, daß die Aggressivität sich gegen uns selbst richtet: Wir wenden uns geringschätzig von der Quelle unserer Begierde ab. So können wir voller Verachtung für die Menschen sein, die wir beneiden, an die wir jedoch nicht heranreichen. Doch Vorsicht – das bedeutet nicht zwangsläufig, daß Sie alle Menschen, die Sie hassen, unbewußt lieben oder beneiden! «Zu behaupten, man hasse nur, wo man geliebt habe, verwandelt (...) das Element von Wahrheit, das in der Behauptung enthalten ist, in eine reine Absurdität» (Erich Fromm, *Anatomie der menschlichen Destruktivität*).

Der innere Kampf, den man führt, um die eigene Begierde zu bewältigen, ist viel schwieriger, als die Versuchung zu vermeiden. Er erfordert, daß man sich der Aggressivität stellt, ohne von ihr zerstört zu werden. Die Versuchung vermeiden ist eine Möglichkeit (die in unserer Konsumgesellschaft allerdings immer schwerer zu bewerkstelligen ist, denn diese betreibt allerorten eine aggressive Verkaufsförderung ihrer Produkte); die andere besteht darin, der Versuchung aus dem Weg zu gehen, sich dagegen zu verteidigen, indem man das begehrte Objekt herabwürdigt. Dies ist ein Umgang mit der Frustration, der Unsicherheit verrät, denn das Objekt wird weiterhin begehrt...Und so wird es bald zu einem Rückfall kommen. Eine der Ursachen, warum so viele Abmagerungskuren und andere Versuche, von Abhängigkeiten loszukommen, fehlschlagen, ist, daß die tieferliegenden Emotionen nicht berücksichtigt werden.

Wir fällen unseren Entschluß mit dem Kopf, aber wenn wir nicht auf unser Herz hören, wird letztlich der Bauch die Oberhand gewinnen. Mit der Frustration wirklich umgehen können bedeutet, daß wir das Objekt der Begierde betrachten und ganz bewußt alle Emotionen durchleben, die sich dabei einstellen, ohne uns an ihnen festzuklammern, ohne ihnen Macht zu geben, einfach indem wir sie wahrnehmen und so, wie sie sind, akzeptieren.

Den Zorn positiv ausdrücken

Der Zorn ist demnach eine Emotion, die mit einer Verletzung, einem Mangel oder einer Frustration einhergeht. Er ist die Bestätigung der eigenen Person. Er dient dazu, sowohl die körperliche als auch die seelische Integrität zu bewahren. Ein Zorn, der gesund ist, urteilt nicht über den anderen. Er steht für sich und verwendet eher das «Ich» als die Anschuldigung «Du bist» . . .

Wenn du . . . (formulieren Sie das Verhalten ganz genau),

so fühle ich . . . (nennen Sie Ihre Emotion),

weil . . . (teilen Sie Ihre Erwartungen, Ihre Bedürfnisse, die Gründe für Ihre Emotion mit),

und ich verlange, daß du . . . (welches Bedürfnis haben Sie im Augenblick?),

damit . . . (geben Sie einen Beweggrund an).

Zum Beispiel:
Wenn Sie, mein Chef, mich «meine Kleine» nennen,
fühle ich mich unbehaglich,
weil ich Ihre Achtung spüren will, denn Sie sind immerhin mein Vorgesetzter,
ich möchte lieber, daß Sie mich mit meinem Namen anreden,
und würde dann viel lieber mit Ihnen zusammenarbeiten.

Oder auch, wie Milena, die im Alter von achtundzwanzig Jahren ihren Vater, der sie zwischen ihrem dreizehnten und achtzehnten

Lebensjahr sexuell mißbraucht hatte, (mit Erfolg) in einem Schreiben konfrontierte:

Als Du mich zwischen meinem dreizehnten und meinem achtzehnten Lebensjahr mißbraucht hast,

fühlte ich mich kaputtgemacht, verletzt, verraten, zerstört. Ich bin besonders wütend, weil Du es tatest, obwohl Du mein Vater bist,

ich hätte von Dir erwartet, daß Du meinen Körper und meine Seele respektierst, ich hätte von Dir den Schutz erwartet, den ein Vater seinen Kindern schuldet.

Ich verlange von Dir, daß Du mein Leiden und meine seelische Not anerkennst und außerdem, wie sehr Dein Handeln mich in meiner Identität als Frau zerstört hat.

Ich verlange von Dir, daß Du Dich für das, was Du getan hast, bei mir entschuldigst und daß wir gemeinsam darüber sprechen, was Du als Wiedergutmachung tun oder mir geben könntest.

Dann können wir vielleicht wieder miteinander in Kontakt treten.

1. Achten Sie darauf, daß Sie kein Urteil aussprechen:
Beschreiben Sie so genau wie möglich das Verhalten des anderen, vermeiden Sie das «du bist ...», ferner alle Charakterisierungen, die den anderen in ein Schema pressen, ferner Verallgemeinerungen, wie: «Du machst das *immer.*»

Auch ein Satz wie: «Ich fühlte mich zurückgewiesen» ist kein Gefühl, sondern ein Urteil. Haben Sie sich traurig gefühlt? Beschämt? Zornig?

«Ich fühlte mich angegriffen» ist ein Urteil.

Ein Urteil sollte vermieden werden, weil es Schuldgefühle, Wut und andere unerwünschte emotionale Komplikationen hervorruft.

2. Verwechseln Sie Gefühle nicht mit Gedanken.
«Ich habe gespürt, *daß* du dich nicht für mich interessiertest» ist nicht der Ausdruck eines Gefühls. Jedesmal, wenn Sie versucht sein sollten, ein *daß* nach dem *ich habe gespürt* zu setzen, sprechen Sie Ihren Gedanken und nicht Ihre Emotion aus.

3. Drücken Sie Ihre Bedürfnisse und Erwartungen klar aus, beschuldigen Sie nicht, sondern sprechen Sie von sich, von Ihren Hoffnungen, von dem, was Sie gerne gewollt hätten.
4. Wählen Sie einen günstigen Augenblick. Fragen Sie den anderen, ob er die Zeit hat, Sie anzuhören (oder, wenn es zu schwierig ist, machen Sie es wie Milena und schreiben Sie ihm).
5. Stehen Sie für Ihr Bedürfnis ein, und bleiben Sie ganz bei sich, schweifen Sie nicht ab, achten sie darauf, daß Sie nicht etwa beginnen, den anderen in Schutz zu nehmen.
6. Prüfen Sie Ihren Satz: Haben Sie das störende Verhalten genau genug beschrieben? Kommt Ihr Gefühl klar zum Ausdruck? Oder haben Sie versucht, es abzuschwächen oder zu verändern, damit es annehmbarer ist? Geben Sie ein Urteil ab? Könnten Ihr Bedürfnis und Ihre Forderung mißverstanden werden?
7. Wiederholen Sie jeden Satz, bis zu dreimal. Wenn der andere noch immer nicht antwortet, ändern Sie Ihre Strategie. Er kann Ihre Worte wahrscheinlich nicht aufnehmen, weil es ihn selbst zu sehr schmerzt oder weil es ihm schwerfällt, mit sehr starken Gefühlen konfrontiert zu werden. Wenn Ihnen die Beziehung zu ihm wichtig ist, wenden Sie beim Zuhören die Strategien an, die Sie im Kapitel «Empathie und Konfliktlösung» finden werden.

Diese Ich-Mitteilungen fallen uns im allgemeinen schwer, weil sie uns zwingen, die Verantwortung für unsere Bedürfnisse und Gefühle zu übernehmen. Da sie nicht manipulativ sind, können sie nur Wut ausdrücken, die zwangsläufig gerechtfertigt ist, da sie auf dem Ausdruck einer Empfindung gründet und nicht auf einer Beschuldigung. Damit fordern Sie Ihr Gegenüber dazu auf, auf Machtspiele zu verzichten.

8. Setzen Sie es sich nicht in den Kopf, *den anderen zu ändern*. Sie haben keinen Einfluß auf die Weise, wie er (oder sie) sein Leben führt. Sein Verhalten geht nur ihn etwas an – solange es nicht Ihren Rechten und Bedürfnissen zuwiderläuft. Allzuoft folgern wir aus dem berühmten Satz «Man kann die anderen nicht ändern», daß wir nichts von ihnen fordern können. Das ist falsch. Man kann die anderen als Menschen nicht ändern, aber wenn

man sie in ihrem Wesen achten kann, sind sie häufig bereit, ihr Verhalten zugunsten der Beziehung zu modifizieren.

Sich zurückhalten bedeutet nicht immer, seine Gefühle zu unterdrücken

Der Lehrgang hat mit Verspätung begonnen. Der Kursleiter ist unbeholfen, Gisèle langweilt sich. Der Mann ist wirklich ein erbärmlich schlechter Pädagoge. Gisèle weist ihn auf die Fehler, die er macht, sowie die Ungereimtheiten seines Vortrags hin. Sie ist wütend, und sie sagt es. Dennoch verläßt sie den Raum nicht, denn sie hofft darauf, daß die künftigen Stunden interessanter werden. Während der Pause kommt die ganze Gruppe zu ihr, um ihr zu danken – sie hat allen aus dem Herzen gesprochen, hat ausgesprochen, was alle dachten, aber nicht auszudrücken wagten. Sie fühlt sich gestärkt. Doch als dann wieder alle gemeinsam im Vortragsraum sitzen, macht niemand mehr den Mund auf.

Diese Weiterbildung wurde ihr von der Direktion vorgeschrieben. Gisèle, die für sich selbst verantwortlich ist, weiß, daß sie vor der Wahl steht, entweder die Weiterbildung abzubrechen oder dazubleiben und zu schweigen. Sie wägt das Für und Wider ab; ihr ist bewußt, was auf dem Spiel steht, und sie beschließt, zu bleiben. Sie hat ihre eigenen Gefühle respektiert, sie übernimmt die Verantwortung für ihr Verhalten. Im Einklang mit sich selbst, akzeptiert sie die Situation, wie sie nun einmal ist, und hält ihren Zorn zurück. Sie hat gesagt, was sie zu sagen hatte. Den ganzen Tag über bringt sie es nun fertig, den Provokationen des Kursleiters zu widerstehen, der über ihre Verhaltensänderung ziemlich verblüfft ist. Zur Verwunderung ihrer Kollegen reagiert sie überhaupt nicht mehr, bleibt ruhig, lächelt und nimmt alles Brauchbare in sich auf. Von dem Augenblick an, wo sie beschlossen hat, zu bleiben, weiß sie, daß sie dafür die Verantwortung trägt; sie kann den Kursleiter nicht mehr beschuldigen, ihm nicht mehr ihre Unzufriedenheit zur Last legen.

Um sich selbst zu helfen und um eine Art Schutzschild gegen seine spitzen Bemerkungen zu haben, die er weiterhin an ihre Adresse richtet, beginnt sie, ihm in Gedanken «Nettigkeiten» zu schicken. Doch als sie das Beurteilungsformular für den Kurs auszufüllen hat, beantwortet Sie die Frage: Möchten Sie mit dieser Weiterbildung fortfahren? mit NEIN. Zu ihrem großen Erstaunen schreiben alle anderen Teilnehmer: JA, obwohl sie Gisèle versichert hatten, daß sie den Kursleiter inkompetent fänden! Aber da er nun einmal vom Direktor gefördert wird ...

Gisèle hat bewiesen, daß sie ihre Triebe gut zu beherrschen vermag. Sie hat ihren Zorn nicht verdrängt, sondern sie hat ihn gemeistert und zurückgehalten. Sie versteht es, sich zu respektieren, und respektiert die anderen.

Vom Groll zum Verzeihen

Groll ist eine Anhäufung von unausgesprochenen Dingen. Es gibt nur eine Möglichkeit, um sich davon zu befreien: Man muß ihn zur Sprache bringen. Das Ressentiment ist ein Gift, das mehr dem schadet, der es in sich trägt, als dem, der die Ursache der Kränkung ist. Paradoxerweise wird Ihr Widersacher von Ihrem Zorn verschont, wenn Sie ihn nicht herauslassen. Um die Erinnerung an die Kränkung lebendig zu halten, muß man weiterleiden. Und um den Groll zu nähren, benötigt man sowohl körperliche als auch seelische Energie. Wäre sie nicht zweckdienlicher genutzt, wenn Sie damit Ihr Leben gestalten, lieben oder etwas Künstlerisches schaffen würden?

Warum halten wir so lange an unserem Groll fest? Weil er auch zu unserer Verteidigung dient. Der Wunsch nach Rache und Ranküne verhindert, daß man den Schmerz spürt. «Es geht nicht an, daß ich allein mit meinem Leid bin, er muß mir dafür bezahlen!» Es sind letztlich also Erpressungsversuche.

Bénédicte bringt es nicht fertig, sich von Kevin zu trennen. Sie hat Angst, mit der Einsamkeit konfrontiert zu werden. Sie ist ihm böse, weil er weiterhin verliebt in sie ist, ist ihm böse, weil es ihr nicht gelingt, ihn zu verlassen, ist ihm böse für ihre eigene Abhängigkeit – und sie läßt ihn dafür bezahlen: Sie demütigt ihn vor seinen Freunden, stichelt ihn mit spitzen Bemerkungen, steht mitten beim Essen im Restaurant auf und geht hinaus. Auch im wörtlichen Sinne läßt sie ihn bezahlen, beispielsweise indem sie das Licht unnötig lang brennen läßt – er kommt ja für die Stromrechnung auf. Sie läßt sich teure Kleider von ihm kaufen, zerbricht «aus Versehen» Gläser und Vasen. Der ganze Prozeß ist ihr wohl bewußt, aber sie ist nicht imstande, ihn anzuhalten. «Es soll ihn teuer zu stehen kommen.» Kevin ist ein wenig verwundert über die hohe Stromrechnung, ohne sich über die tieferliegende Dynamik im klaren zu sein. Aber er stellt sich ahnungslos, er wagt nicht, offen darüber zu sprechen – aus Angst, sie könne ihn verlassen ... Er ist Komplize, lieber steckt er ihren Groll ein, als daß er das Problem anspricht und einen Ausgang der Angelegenheit in Kauf nimmt, der ihm unannehmbar erscheint.

Fazit: Um sich wirklich von seinem Groll zu befreien, muß man zunächst einmal das Leid in seiner ganzen Realität erkennen und die Emotionen durchleben, die damit zusammenhängen. Das Verzeihen erfolgt am Ende einer inneren Arbeit, in der man sich die Tatsachen, die Verantwortlichkeiten und die Affekte bewußtgemacht hat.

Es ist unerläßlich, sich von der Rankünе zu lösen, um frei zu leben, aber eine vorschnell gewährte Vergebung kann auch ein Ausweichen sein. Wenn ich zum Beispiel jemanden sagen höre: «Ich habe meinen Eltern verziehen, ich bin ihnen nicht mehr böse», so habe ich oft Zweifel an der Richtigkeit dieser Vergebung. Insbesondere wenn der Mensch weiterhin deprimiert ist, weiterhin Angst vor Autorität hat oder in seinen Liebesbeziehungen scheitert. Diese Art Vergebung stellt eine Flucht vor der Wirklichkeit dar, eine Methode, aggressiven Gefühlen auszuweichen. Ich höre lieber von einem Menschen: «Ich habe mit meinen Eltern über meine Frustrationen und meine Kindheitsleiden gesprochen. Sie haben mir zugehört, und wir haben darüber geredet. Sie haben mir von sich erzählt. Mein Zorn auf sie hat sich gelegt.» Das ist möglich, öfter als man denkt. Das Ausdrücken der Gefühle stellt die Kommunikation wieder her.

Es kann keine wirkliche Verzeihung ohne Gerechtigkeit geben. Vergebung vollzieht sich durch das Äußern des Leidens und das Sichtbarmachen des Zorns.

Die Phasen des Verzeihens

1. Bringen Sie Ihre Gefühle zum Ausdruck. Sagen Sie Ihrem Angreifer, wie sehr Sie unter seinem Verhalten gelitten haben. Teilen Sie ihm unter Umständen Ihre «paranoiden Phantasmen» mit, das heißt die Gründe, die Sie sich vorstellen (beispielsweise: «Ich glaube, das hast du getan, weil du mich nicht liebtest»).
2. Lassen Sie auch den anderen sprechen; prüfen Sie, ob Ihre Ahnungen und Schlußfolgerungen richtig waren. War sein Verhalten auch wirklich gegen Sie gerichtet?
3. Erwirken Sie, daß der andere Ihr Gefühl anerkennt. Damit Sie verzeihen können, ist es wichtig, ja notwendig, daß der andere die Realität Ihres Schmerzes anerkennt.
4. Fordern Sie eine Wiedergutmachung.

Den Zorn der anderen aufnehmen

Hören Sie zu! Hören Sie sich an, welches Bedürfnis der andere hat, ohne zu versuchen, ihn zu beruhigen. Schon allein die Tatsache, daß er sich in seinem Schmerz akzeptiert fühlt, wird ihn mehr beruhigen als alle besänftigenden Worte, die Sie äußern könnten (und die, wenn sie als Weigerung, seinen Zorn anzuhören, gedeutet werden, diesen sogar noch steigern können).

Akzeptieren Sie die Emotion, formulieren Sie mit eigenen Worten, was Sie von seinen Empfindungen verstanden haben. Versuchen Sie, an seiner inneren Erlebniswelt Anteil zu nehmen. Unterstützen Sie ihn, seinen Zorn zu formulieren, indem Sie ihn bestärken durch Sätze wie: «Das stimmt, es ist ungerecht», «Ich verstehe, daß Sie wütend sind» ...

Wenn Ihr eigenes Verhalten Grund des Zorns ist, so sollten Sie sich nicht rechtfertigen. Akzeptieren Sie die Emotion des anderen erst einmal. Vielleicht ist diese gar nicht auf Sie bezogen, dann ist es zwecklos, sich in unfruchtbaren Diskussionen zu verlieren.

Wenn es wirklich um Sie geht, ist die Situation anders. Sollten Sie einen Fehler gemacht haben, so gestehen Sie ihn ein. Sofern sich der Mensch von Ihnen verletzt fühlt, äußern Sie Ihr Mitleid. Erkennen Sie die Bedeutung seiner Verletzung an. Entschuldigen Sie sich. Schlagen Sie eine Wiedergutmachung vor.

«Der Zorn ist ein hervorragendes Mittel zur Entwicklung und Entfaltung», erinnert Harriet Goldhor Lerner in ihrem Buch *Wohin mit meiner Wut*.

Damit ein gesunder Zorn nicht in eine falsche Richtung gelenkt wird, sollten Sie in Kontakt mit sich selbst bleiben und sich immer wieder die Fragen stellen: Wer bin ich? Was will ich? Welche Bedürfnisse habe ich?

8 Lieben, die Freude

Gibt es die ewige Liebe?

Plötzlich rückt der Rest der Welt in den Hintergrund, die beiden sind allein in der überfüllten, lauten Kantine. Sie sieht nur noch ihn, als würden die Neonlampen allein brennen, um sein Gesicht zu erhellen. Sie hört nur noch seine Stimme, als wenn der Lärm im Saal einem Schweigen gewichen wäre, als wenn alle um sie herum plötzlich verstummt wären. Ein magischer Augenblick – ihre Augen sagen sich tausend Dinge. Ihre Lippen fahren fort, über Alltäglichkeiten zu sprechen, sie kennen sich erst seit einigen Minuten, der Zufall hat sie bei der Platzverteilung an denselben Tisch gesetzt. Aber ihre Herzen erkennen sich. «Das ist Liebe auf den ersten Blick!» sagt sie sich. «Es ist wie im Roman.» Eine Woche lang sind sie unzertrennlich, sind wie durch einen unsichtbaren Faden miteinander verbunden, fühlen sich magnetisch voneinander angezogen. Wie durch einen Zauber begegnen sie sich zwischen den Unterrichtsstunden. Sie gehören einfach zusammen, jeder fühlt, was in dem anderen vorgeht...

Das ist das Verliebtsein, aber ist es Liebe? Manchmal entwickelt sich daraus eine tiefe Liebe, eine dauerhafte Beziehung, zuweilen bleibt es aber auch bei einem kurzlebigen Abenteuer.

Der Mythos von der Liebe auf den ersten Blick

Der Eindruck, man würde sich schon seit langer Zeit kennen, hat etwas Verwirrendes, ja Beunruhigendes. Um sich dieses Phänomen erklären zu können, sprechen manche von Reinkarnation. Tatsächlich scheint unser Gehirn das Unbewußte des anderen wahrzunehmen. Es entdeckt eine bestimmte Problematik, die uns bekannt ist, die die unsrige ergänzt und uns ermöglicht, manche Aspekte unserer Geschichte noch einmal zu durchleben: Also finden sich häufiger zwei Kränkungen zusammen als zwei Seelen.

Warum wählen wir jemanden, der unsere Wunden wieder aufreißt? Damit eine Wunde richtig verheilen kann, muß sie zuvor gründlich gereinigt werden. Wir haben unsere Verletzung vergessen, aber der Splitter der Frustration ist immer noch da, er steckt weiterhin in unserem Fleisch. In jeder Beziehung, die wir eingehen, programmieren wir ihr Scheitern vor, indem wir stets denselben Menschentypus wählen (bereits gebunden, kühl, unehrlich ...) und indem wir immer wieder dieselben falschen Verhaltensweisen wiederholen (dem anderen Vergnügen bereiten wollen, die eigenen Schwächen verbergen, Zweifel und Ängste verschweigen ...). Jeder neue Fehlschlag gibt uns die Gelegenheit, zu sagen: «Ich bin es wirklich nicht wert, geliebt zu werden», eine Schlußfolgerung, die unmittelbar aus der frühen Kindheit stammt ...

Damit das Kind nicht sagen muß: «Meine Eltern waren unfähig, mich zu lieben», zieht es vor, zu denken: «Mich kann man nicht lieben.» Das Kind, das erwachsen geworden ist, trägt diese Überzeugung in sich und muß sie ununterbrochen bestätigen. Sie wird sich in seinem ganzen Leben und seinen Liebeserfahrungen niederschlagen. Solange wir nicht erkennen, daß dieses Bedürfnis nach Liebe, nach Anerkennung, nach Aufmerksamkeit aus der Kindheit stammt, solange wir unserer eigenen Geschichte nicht auf die Spur kommen und die Haltung in Frage stellen wollen, die unsere Eltern oder unsere Geschwister uns gegenüber einnahmen, sind wir zum ständigen Wiederholen verurteilt.

Um ungehindert zu lieben, um Intimität wagen zu können, müssen wir uns von unbewußten Gefühlen der Scham und der Nichtswürdigkeit freimachen.

Leidenschaft und Abhängigkeit

Nicht immer beginnt Leidenschaft mit der Liebe auf den ersten Blick. Man kann Feindseligkeit, ja sogar Verachtung für den Menschen empfinden, in den man sich später einmal wahnsinnig verlieben wird. Verlauf und Umstände der Begegnungen sind natürlich äußerst unterschiedlich, aber eines ist immer ähnlich, weil physiologisch bedingt: der Zustand des Verliebtseins. Liebe auf den ersten Blick und Leidenschaft sind ebenso physiologische wie psychologische Zustände. Der wissenschaftlichen Erkenntnis zufolge kommt der Zustand des Verliebtseins dem nahe, den man durch die Einnahme von Amphetaminen erreicht. Die Nervenleitungen sind mit Endorphinen gesättigt, jenen dem Morphin ähnelnden Molekülen, die in unseren Gehirnen abgesondert werden. Das Adrenalin stimuliert die sexuelle Erregung; in der Zeit der ersten Leidenschaft spielt daher der Sex eine große Rolle. Trunken von Begierde kann man zehn-, zwanzigmal am Tag Liebe machen, zweiundsiebzig Stunden am Stück zusammen im Bett liegen ...

Doch nach und nach ist die Hypophyse mit Adrenalin gesättigt, die Libido sinkt, das zwanghafte Verlangen der ersten Zeit kommt zur Ruhe. Manche Menschen ertragen das nicht und wechseln dann den Partner, um die starke Erregung der Anfangszeit wieder neu zu erleben. Sie sind im wahrsten Sinn des Wortes «liebessüchtig» und brauchen immer wieder ein neues Stimulans.

Nach dem «amourösen Schock» kommt eine Phase der Euphorie. Man hat einen unzähmbaren Drang, seiner Freude Ausdruck zu verleihen, der ganzen Welt zu sagen, wie sehr man liebt. Der Neokortex wird von den Katecholaminen angeregt, die natürlichen Hemmungen sind aufgehoben, ein Verliebter geht jedes Wagnis ein. Es ist jedoch auch eine Zeit der Abhängigkeit. Im Beisein des Geliebten ist man fröhlich und heiter, ohne ihn fühlt man sich ängstlich. Die Abwesenheit des geliebten Menschen bewirkt einen Rückgang des Endorphingehalts im Gehirn: Wie ein Drogensüchtiger leidet man unter Entzugserscheinungen. Die Trennung von dem Geliebten macht uns nicht nur traurig – das Unbehagen ist auch körperlicher Natur: Gereiztheit, Ängstlichkeit, Unruhe, Langeweile, Desinteresse für die äußere Welt, Abkapselung von den anderen, Niedergeschlagenheit, Appetitlosigkeit und Schlafstörungen treten in Erscheinung. Doch sobald der Liebste wieder da ist, laden sich die Synapsen (Berührungsstelle der Grenzflächen zwischen

Muskel und Nerv) mit Morphinsubstanzen auf, und die heitere Stimmung kehrt zurück. In der Leidenschaft wechseln seliges Glücksgefühl und tiefer Schmerz. Die Abhängigkeit des Verliebten erinnert an die Abhängigkeit von der Mutter in den ersten Lebensmonaten. Daher kommen Konflikte und verdrängte Emotionen wieder zum Vorschein, Leiden, die mit dieser Periode verbunden waren. Der geliebte Mensch – sei es ein Mann oder eine Frau – verkörpert die Mutter. Er ist nacheinander die gute Mutter, wenn er gegenwärtig und freigebig ist, und die schlechte Mutter, wenn er abwesend und frustrierend ist.

Wenn die Emotionen der Leidenschaft oft heftig sind – im Positiven wie im Negativen –, dann deswegen, weil sie das archaische Empfinden des Säuglings reaktivieren. Im allgemeinen sind Leidenschaften von begrenzter Dauer; selten gelingt es den leidenschaftlich Liebenden, Gefährten fürs Leben zu werden. Leidenschaftlich Verliebte schauen sich in die Augen, beben und atmen im Gleichklang. Dieser Zustand der Verschmelzung hindert sie daran, sich genügend voneinander zu lösen, um gemeinsam in dieselbe Richtung schauen zu können.

Eine dauerhafte Liebe – das ist der schwierige Drahtseilakt zwischen Sicherheit und Freiheit, zwischen Zugehörigkeit zum anderen und Personalisierung, zwischen Verschmelzung und Trennung, zwischen Bindung und Autonomie.

«Ich bin in dich verliebt»

Ist die Liebe ein Gefühl oder eine Emotion? Ein und dasselbe Wort hat zwei Dimensionen. Die Emotion der Liebe ist intensiv, heftig, sie löst starke körperliche Empfindungen aus, der Herzmuskel wird beansprucht, man fühlt ihn beben, zittern ...

Das Liebesgefühl entsteht täglich neu, es nährt sich von der Emotion der Liebe, aber es beschränkt sich nicht darauf. Man fühlt sich froh und glücklich in der Beziehung mit dem anderen, doch sie bedarf nicht mehr seiner ständigen Gegenwart. Es besteht eine Verbundenheit, man ist bereit, die Schwierigkeiten des Lebens gemeinsam zu meistern. In der Paarbeziehung werden gegenseitiges Einverständnis und Solidarität wichtiger als Erotik und Verführung. An die Stelle des Herzklopfens treten subtilere Schwingungen. Wie soll man das beschreiben? Manche schildern es als Feuer in der Brust, als Kribbeln, als wellenartige Empfindung, die aufsteigt, die einen überflutet, die sanft wieder verblaßt und in einem das Gefühl von Fülle und Heiterkeit zurückläßt. Die Emotion der Liebe ist zu Beginn einer Beziehung, wenn die Welt des anderen entdeckt und erkundet wird, stets gegenwärtig. Sie flammt wieder auf, wenn man sich nach einer Trennung wiedersieht, wenn ein Angehöriger in Gefahr ist ... aber auch, wenn der andere einen mit einem Blumenstrauß oder einer liebevollen Aufmerksamkeit überrascht – und natürlich jedesmal, wenn man die wundervollen Worte: «Ich liebe dich» sagt.

Die Mutterliebe ist – wie die Vaterliebe – auch ein Gefühl, das sich auf eine Beziehung stützt, an der Tag um Tag «gewoben» wird.

Das Gefühl der Liebe entwickelt sich nach und nach; soll es andauern, muß es durch zärtliche Emotionen genährt werden.

Lieben – ein Tätigkeitswort

Ich liebe Kuchen, ich liebe die Frauen, ich liebe meine Frau, ich liebe dich, ich liebe schnelles Laufen, ich liebe es, zu lesen ... Wieviel Verwirrung entsteht daraus, daß wir nur ein Wort haben, um die Liebe zu bezeichnen. Aber kann man die Liebe überhaupt in einer Definition festlegen? Worte genügen nicht, um alle Nuancen dieses Gefühls zu beschreiben, das uns mit den anderen und der Welt verbindet.

Was ist das: lieben?

Céline sucht mich auf, weil sie in der Beziehung mit dem Mann, den sie liebt, sehr leidet. Sie ist achtunddreißig Jahre alt und möchte endlich ein Kind, doch ihr Lebensgefährte lehnt es ab, sich darauf einzulassen. Sie sind seit sieben Jahren zusammen. «Zusammen» ist vielleicht etwas übertrieben, sie hatten immer getrennte Wohnungen, und Yussuf hat zwei von diesen sieben Jahren in seinem Heimatland verbracht. Sie genießen schöne Stunden, er sagt ihr, daß er sie liebt – aber danach geht er immer in seine eigenen vier Wände zurück, er will kein gemeinsames Leben.

Ich frage Céline: «Was ist das: lieben?»

Sie antwortet sofort: «Für den anderen Sorge tragen.»

«Trägt er Sorge für Sie?»

«Nein» ... (sie weint) ... «Nie hat jemand für mich Sorge getragen.»

Céline hatte Eltern, die mit ihren fünf Kindern und viel Arbeit immer sehr beschäftigt waren. Sie kam im Alter von zehn Jahren in ein Internat und lebte weit weg von ihrer Familie. Oft fragte sie ihre Mutter: «Mama, liebst du mich?», worauf diese immer erwiderte: «Natürlich liebe ich dich» und weitermachte, Lauch zu schneiden oder Kartoffeln zu schälen. Aber sie schaute ihre Tochter dabei nicht an, sie hatte keine Zeit zu spielen, sie schenkte weder ihren Gefühlen noch ihren Bedürfnissen Beachtung. Céline machte also die Erfahrung, daß Lieben mit Distanz einherging. Wenn sie so lange mit Yussuf zusammenblieb, ohne ihr Bedürfnis nach mehr Nähe hervorzuheben, dann deshalb, weil sie von Kindheit an gewohnt war, wenig Nähe zu erfahren.

Lieben heißt: Sorge tragen

Erich Fromm bringt es ganz klar zum Ausdruck (und ich stimme mit ihm überein): «Liebe ist die aktive Fürsorge für das Leben und das Wachsen dessen, was wir lieben. Wenn diese aktive Fürsorge fehlt, ist der Affekt nicht Liebe[12].» Das bedeutet, daß wir in dem Augenblick, wo wir zum Beispiel ein Kind schlagen, es nicht lieben. In dem Moment, wo man einen Menschen verletzt, demütigt, verrät, liebt man ihn nicht.

Heute abend ist Étienne überaus nervös. Sein Sohn Fabrice weigert sich, ins Bett zu gehen. Er packt ihn bei den Haaren und gibt ihm eine Tracht Prügel. In dem Augenblick, wo Étienne Fabrice ergreift, haßt er ihn. Wenn er in der Liebe geblieben wäre, hätte er vielleicht gebrüllt: «Jetzt reicht's mir aber, ich brauche Ruhe!», aber er hätte nicht versucht, Fabrice zu unterwerfen, und er wäre nicht imstande gewesen, Fabrice zu schlagen. Es fällt uns schwer, uns einzugestehen, daß wir unsere Kinder hassen können. Wir lieben sie, und wir legen viel Wert auf unser Image von den «guten Eltern». Wir verstecken uns hinter Rechtfertigungen, wir würden sie «zu ihrem Besten» und «aus Liebe» bestrafen.

Gewaltsames Einschreiten ist nur dann durch Liebe begründet, wenn es dazu dient, ein Kind vor einer Gefahr zu retten. Beispielsweise packen Sie es unvermittelt, um zu verhindern, daß es von einem Auto gestreift wird. Prüfen Sie sich einmal ganz ehrlich: Empfinden Sie innerlich genauso, wenn Sie unbedingt wollen, daß es seinen Spinat ißt oder Ihnen gehorcht? Wir sollten unsere Kinder also nicht lehren, daß lieben bedeutet, kalt zu sein, zu schlagen, den anderen anzubrüllen, seine Gefühle zu mißachten, sich reserviert, hart oder unnahbar zu zeigen. Bringen wir ihnen lieber bei, daß die wahre Liebe aus Mitgefühl und Gemeinsamkeit, aus Aufmerksamkeit und Respekt, aus Vertrautheit und Zärtlichkeit, aus gefühlsmäßiger Nähe und Dankbarkeit besteht.

Die Lektion des kleinen Prinzen

Die Liebe bringt Verantwortung mit sich; so wie der Fuchs dem kleinen Prinzen erklärt, daß zähmen bedeutet, Bindungen einzugehen, und weiter zu ihm sagt: «Du bist zeitlebens für das verantwortlich, was du dir vertraut gemacht hast.»[13]

Verantwortlich? Das Wort hat seinen Ursprung im lateinischen *respons*, was soviel bedeutet wie «etwas verantworten». Lieben heißt die Beziehung verantworten. Genauer gesagt, es meint, für die seelischen Bedürfnisse des anderen aufmerksam zu sein. Nicht sie zu übernehmen, aber sie zu respektieren, ihnen Gehör zu schenken und darauf zu reagieren. Lieben heißt, darauf zu achten, wie wir den anderen behandeln.

Kommunikation und gegenseitiges Zuhören sind notwendige Bedingungen für das Entstehen und – vor allem – für das Bewahren einer echten Liebe.

Die Liebe ist untrennbar verbunden mit Respekt. Sie ist unvereinbar mit der Herabsetzung des anderen. Ich erinnere mich, daß ich einmal schockiert darüber war, wie sich bei einem gemeinsamen Essen ein Mann gegenüber seiner Frau benahm. Vor allen Leuten nannte er sie «dumme Gans» und «arme Idiotin». Als ich ihm erklärte, wie unbehaglich mir diese Art, seine Frau zu beleidigen, sei, antwortete er mir, das sei doch nur liebevoll gemeint. Er spräche immer so mit ihr, das bedeute keinesfalls, daß er sie nicht liebe... In Wirklichkeit liebte er sie aber nicht, nur wußte er es noch nicht. Er hatte diese Frau einmal begehrt, er hatte eine gewisse Art der Zuneigung für sie empfunden, er hatte sich daran gewöhnt, mit ihr zu leben, sie war ihm vertraut. Später verliebte er sich in eine andere Frau. Zum ersten Mal in seinem Leben, mit einundsechzig Jahren, erlebte er, was Liebe ist. Die Beleidigungen gegenüber seiner Frau erschienen ihm nun als das, was sie tatsächlich waren: Bekundungen der Frustration und der Wut.

Das Wort Respekt kommt vom lateinischen *respicere*, was schauen bedeutet. Respekt ist keine moralische Pflicht, sondern eine unwillkürliche innere Regung, die die Liebe kennzeichnet. Es ist die Fähigkeit, einen Menschen zu sehen, wie er ist, sich seiner Einzigartigkeit bewußt zu sein, und zu wollen, daß er sich nach seinen Wünschen und Möglichkeiten entfaltet – und nicht etwa nach den eigenen Vorstellungen. Ansonsten ist es nicht mehr Liebe, sondern Ausnutzung.

Man kann *mit* anderen Menschen Pläne machen, aber nicht für sie. «Ich will, daß mein Sohn Fußball spielt», sagt Pierre. «Er hat keine Lust dazu, aber ich zwinge ihn dazu, ich in seinem Alter hätte so gerne Fußball gespielt!» Wenn dieses Beispiel auch geradezu grotesk anmutet, so ist es doch authentisch. Wie viele Eltern wollen auf diese Weise die Zukunft ihrer Kinder bestimmen?

Roger hat alles getan, um seine Tochter dazu zu bringen, in den öffentlichen Dienst einzutreten, wo er selbst tätig ist. Yves fällt es immer noch schwer, sich damit abzufinden, daß sein Sohn Archäologe wird anstatt Mathematikprofessor oder Wirtschaftsprüfer.

In einer Paarbeziehung kann sich mit der Zeit dieselbe Neigung herausbilden, nämlich das Leben des jeweils anderen zu kontrollieren. Olga ist es leid, ihr Dasein als Hausfrau zu fristen, sie will sich verwirklichen und wieder berufstätig werden. Ihre Kinder sind fünf und neun Jahre alt. Aber Patrick, ihr Ehemann, hat Angst, daß sie sich emanzipieren könnte. Er versucht, es ihr auszureden, denn er möchte, daß sie für ihn verfügbar bleibt. Sie kümmert sich in substantieller Hinsicht um ihn, da sie die gesamte Hausarbeit übernimmt, aber sie ist auch – und wahrscheinlich vor allem – für seine affektiven Bedürfnisse da. Solange Olga finanziell von ihm abhängig ist, kann Patrick sich erlauben, emotional von ihr abzuhängen.

In der Paarbeziehung von Roland und Sabrina ist sie diejenige, die bremst. Er würde gerne seine eigene Firma gründen, sie überredet ihn dazu, im öffentlichen Dienst zu bleiben. Sie spricht immer wieder von der finanziellen Sicherheit, aber im Grunde hat sie Angst, er könne zuviel Autonomie, zuviel Selbstvertrauen bekommen ... Warum? Sie hält so wenig von sich, daß sie die Aussicht, ihr Mann könne sich ohne sie entfalten, erschreckt. Sie hat Angst, ihm dann nicht mehr gewachsen zu sein.

Solange wir den anderen brauchen, um unsere Mängel auszugleichen, ist das, was wir Liebe nennen, sozusagen ein «Surrogat»: es sieht so aus wie Liebe, es hat den Geschmack von Liebe, aber es ist keine Liebe. Lieben heißt sich für die Wirklichkeit des anderen, so wie er ist, öffnen, ohne ihn nach den eigenen Erwartungen zu formen; es heißt, ihn zu ermutigen, den eigenen Weg zu gehen, auch wenn es nicht ein gemeinsamer ist – wobei wir natürlich nicht vergessen sollten, auch unsere eigenen Bedürfnisse zu respektieren und zum Ausdruck zu bringen.

Zur wahren Liebe gehört auch die Dankbarkeit. Ebenso wie der Respekt ist sie keine moralische Pflicht, sondern ein zärtliches Gefühl, das aus der Seele kommt. Wenn man mit jemandem glücklich ist, empfindet man Dankbarkeit für ihn – und zwar nicht so sehr für eine bestimmte Geste oder ein bestimmtes Wort, sondern ganz einfach, weil er da ist und uns ermöglicht, so viel Glück zu erleben.

Auf dem Weg zu einer dauerhaften Beziehung

Damit eine Beziehung von Dauer ist, und nicht nur, um nicht zu erstarren, sondern auch als bleibender Ort der gegenseitigen Entfaltung für beide Partner, muß sie gesund, flexibel und gleichzeitig fest und geschmeidig sein. Wie beim Schilfrohr macht ihre Geschmeidigkeit auch ihre Festigkeit aus.

Wer von einer Beziehung spricht, meint (mindestens) zwei Personen. Die Bindung impliziert die Andersartigkeit. Und die Andersartigkeit bringt unausweichlich Konflikte mit sich. Kommunikation und das Mitteilen von Emotionen sind für eine gesunde Beziehung unerläßlich. Die Fähigkeit, sich gegenseitig zuzuhören, voneinander zu lernen und Konflikte zu lösen, macht die Stärke des Verhältnisses aus. Lieben heißt nicht, miteinander zu verschmelzen. Eine lebendige Beziehung ist eine, die jedem Partner erlaubt, mehr und mehr er selbst zu werden. Das Anderssein des Lebensgefährten konfrontiert uns mit uns selbst, mit unseren Grenzen, unserer Erziehung und unseren verdrängten Gefühlen. Ist man versucht, dem anderen gegenüber sein Herz zu verschließen oder ihm alle bestehenden Probleme vorzuwerfen, so stößt man sich im Grunde an den eigenen unbewußten Emotionen. Sein Herz jedesmal dann offenzuhalten, wenn man es eigentlich verschließen möchte, ist nicht nur ein probates Mittel, um die Beziehung zu erhalten, sondern auch, um als Mensch zu wachsen.

Wenn man die Dinge zur Sprache bringt, findet man immer eine Möglichkeit, sich zu einigen. Nur das Unausgesprochene schafft unüberwindliche Abgründe. Das Lösen von Konflikten – den kleinen, die wegen Senf oder Zahnpasta entstehen, wie den großen, die mit der Erziehung der Kinder, mit der Sexualität oder dem Wohnort zu tun haben – gehört zur Beziehung dazu. Konflikte beeinträchtigen die Bindung nicht, sie begünstigen sie – so wie die Knoten eines Bambusrohres, die sein Wachstum zwar verlangsamen, ihm aber dafür mehr Festigkeit verleihen. Was ein Paar dagegen zerstört, sind die Machtspiele.

Seine Gefühle und Bedürfnisse zum Ausdruck bringen

Wenn Sie mit Ihrem Lebensgefährten nicht über den Tod Ihres Vaters weinen, wenn Sie Ihre Ängste nicht mit Ihrem Partner teilen, wenn Sie eine Emotion zurückhalten, ein Gefühl verbergen, schaffen Sie eine Kluft zwischen Ihnen beiden. Hat ein Mensch also kein Recht auf einen «geheimen Garten»? Einen solchen Freiraum benötigt ein Kind ganz sicher, damit es eine autonome Persönlichkeit herausbilden kann, die sich von der seiner Eltern deutlich unterscheidet und in die diese nicht eingreifen dürfen. Auch die Eltern halten einen Bereich vor ihren Kindern geheim: ihre sexuelle Intimität. Doch abgesehen davon wirkt sich Geheimhaltung schädlich auf die Beziehung aus; sie betrifft erlebtes Leid, Krankheit, Todesfälle, Fehlgeburt, strafbare Handlungen eines Familienmitglieds, Untreue eines Elternteils, Vorbelastung durch einen Vorfahren – also alles, von dem gewöhnlich angenommen wird, es gehe die anderen nichts an (und vor allem nicht die Kinder).

Viele Dinge können die Liebe behindern – im Grunde kann jede nicht ausgedrückte Emotion den freien Fluß der Liebe stören.

Die Empathie

Empathie ist die Fähigkeit, wahrzunehmen, was der andere fühlt. Um wirklich und intensiv zu lieben, ist es wichtig, sich mit jemandem identifizieren zu können. Doch Vorsicht: Es handelt sich nicht darum, sich in den anderen hineinzuprojizieren – das hieße, ihm unsere eigenen Empfindung zu unterstellen –, sondern sich einige Augenblicke lang wirklich in seine Lage zu versetzen. Sobald Sie erkennen, was Ihr Partner immer dann durchmacht, wenn Sie ihn demütigen, hören Sie sofort damit auf. Das bedeutet, man muß hin und wieder auch imstande sein, die Interessen und Emotionen des anderen über die eigenen zu stellen und darüber nachzudenken, was der andere wohl fühlen mag. (Dieser wichtigen Dimension des Zuhörens, die die Empathie darstellt, wird an späterer Stelle ein ganzes Kapitel gewidmet sein.)

Teilen – Mitteilen

Das gegenseitige Mitteilen ist das Symbol der Bindung. Etymologisch gesehen, ist ein «Kompagnon» (Gefährte) derjenige, mit dem Sie das Brot teilen. Aber im alltäglichen Leben genügt es nicht, am selben Tisch zu essen, um sich mit dem anderen verbunden zu fühlen. Die Beziehung entsteht und hält sich durch das Teilen von Emotionen ...

Wenn das Herz Dinge verheimlicht, entsteht eine langweilige, öde Atmosphäre. Je mehr wir versuchen, unserem Lebenspartner ein Idealbild von uns zu bieten, desto mehr halten wir ihn von uns fern. Viele außereheliche Verbindungen kommen aus dem Wunsch zustande, ein offenes Ohr zu finden, dem man sich anvertrauen kann. Der Geliebte oder die Freundin hört zu, man kann ihm (bzw. ihr) all das erzählen, was man seiner Frau (bzw. seinem Mann) nicht sagt.

Manche Leute behaupten, sie brauchten Abwechslung, um der Langeweile zu entgehen. Ich glaube, es ist zwecklos, in der Außenwelt zu suchen, was von innen kommen muß. Häufig ausgehen, vielen Leuten begegnen, andere Länder bereisen, nach sehr unterschiedlichen Erfahrungen streben – all das kann dazu beitragen, daß man die Probleme in einer Beziehung nicht sieht, nicht bemerkt, daß man sich nichts mehr mitzuteilen hat. Was eine Paarbeziehung dauerhaft macht, ist der emotionale Austausch. Und wenn ein reger Austausch stattfindet, so spielt sich diese Bewegung im Inneren ab, sie muß dann nicht mehr außen gesucht werden. Das wagemutigste Paar ist nicht unbedingt das, welches eine Weltreise unternimmt. Ein Paar, das wagt, die Tiefen des Unbewußten zu erforschen, legt einen weiteren Weg zurück, ohne sich deswegen von zu Hause zu entfernen. Die Offenbarung der Gefühle schafft Vertrautheit – und das ist die wunderbarste Erfahrung überhaupt.

Sein Herz öffnen: die Vertrautheit

Ich möchte die wahre Liebe definieren als die Fähigkeit, in Vertrautheit miteinander zu leben. Die Vertrautheit ist ein Raum in einer Beziehung, wo man sich einen direkten Austausch erlaubt, der ohne Masken, echt und voller spontaner Energie, Zärtlichkeiten, Gefühlen und Gedanken ist. Die Vertrautheit impliziert Aufgeschlossenheit und eine offene Einstellung gegenüber dem anderen. Unsere seelischen Abgründe flößen uns Furcht ein, und doch machen sie unsere Besonderheit und unsere innere Schönheit aus.

Viele Menschen assoziieren Vertrautheit und Intimität mit etwas Geheimem. Sie schrecken davor zurück, ihr Innerstes preiszugeben. Sie empfinden Scham davor: ein Gefühl, das aus der Kindheit stammt. Sie verstecken sich vor ihren Angehörigen, ja selbst vor ihrem Lebensgefährten, ohne es sich selbst bewußtzumachen.

Sich erlauben, zu lieben und geliebt zu werden

«Ich liebe niemanden außer meine Kinder. Ich kann nicht lieben», stellt Julie verzweifelt fest. Sie hat Angst vor Vertrautheit, außer wenn sie mit ihren Kindern zusammen ist, weil diese von ihr abhängen. Mit ihnen kann sie wagen, Liebe zu empfinden. Mit allen anderen Menschen unterhält sie eher oberflächliche Beziehungen. Sie urteilt schnell über andere, schätzt Menschen gering, um sie von sich fernzuhalten. Selbst in ihrer Partnerschaft hat sie sich in einer Dynamik ständiger Vorwürfe eingerichtet, um ihren Mann auf einer für sie akzeptablen Distanz zu halten. Seit dem Beginn ihrer Therapie hat sie sich oft gefragt, ob sie ihn wirklich liebt. Sie hängt an ihm, aber sie fühlt keine wirkliche Liebe. Julie gesteht sich das Recht, zu lieben, nicht zu.

Er (sie) wirft Ihnen vor, Sie würden ihn (sie) nicht lieben? Prüfen Sie, ob ein Körnchen Wahrheit daran ist. Können Sie ihm (ihr) alles sagen, Ihre Gedanken und Gefühle mitteilen? Ihre Emotionen, Ihre Zärtlichkeit zeigen? Und sich der seinen (ihren) hingeben?

Rosalie weigert sich, zu ihrem Sohn: «Ich liebe dich» zu sagen; und das, obwohl sie nun schon achtzig Jahre alt ist und durchaus imstande, es zu ihren Enkeln zu sagen – aber zu ihrem Sohn hat sie es nie gesagt. Er ist einundsechzig und ein ewiger Zweifler. Es fällt ihm schwer, wirkliche Freunde zu finden; er ist zutiefst traurig und zieht sich in sich selbst zurück. Um der Niedergeschlagenheit zu entgehen, arbeitet er sehr viel und sammelt teure Objekte. Den anderen Menschen vertraut Rosalie an, daß sie ihren Sohn liebt, aber nie ihm selbst. Sie begründet es mit dem Argument: «Er weiß es ja.» Aber tief in ihrem Innern weiß sie ganz genau, daß das nicht stimmt. In Wirklichkeit hat sie Angst vor der Vertrautheit mit ihm; sie schreckt davor zurück, sich den heftigen Gefühlen zu stellen, die sie überwältigen würden, wenn sie die Worte «ich liebe dich» aus vollem Herzen spräche und ihm dabei in die Augen schauen würde. Die Emotion der Liebe ist unerträglich für sie, sie macht ihr angst, weil sie ihr selbst so sehr gefehlt hat.

Als sie noch sehr klein war, erfuhr sie, was es bedeutet, verlassen zu werden. Danach mußte sie einen furchtbar strengen Vater ertragen, der sie terrorisierte und ihr natürlich nie sagte, daß er sie liebe. Außerdem hat sie Angst davor, daß ihr Schuldgefühl wach werden könnte, wenn sie ihrem Sohn ihre Liebe offenbarte. Als er klein war, schlug sie ihn, schloß ihn ein und demütigte ihn. Sie hat ihm so viel Leid zugefügt, daß sie sich heute weigert, es sich einzugestehen. Heute kritisiert Rosalie ihren Sohn dafür, daß er soviel Geld ausgibt, bedauert, daß er so allein ist, ohne jedoch bereit zu sein, sich ihren Teil der Verantwortung daran bewußtzumachen, und vor allem ohne ihm das zu geben, was ihn heilen würde: ein Wort der Liebe und Entschuldigungen für das, was sie ihm angetan hat.

Es ist nie zu spät, sich einzugestehen, daß man jemanden liebt. In meiner psychotherapeutischen Praxis sehe ich tagtäglich Eltern, die sechzig, siebzig, achtzig Jahre alt sind und zum ersten Mal in ihrem Leben vor ihrem Sohn oder ihrer Tochter weinen und zu ihnen sagen: «Ich liebe dich.» Dieser mutige Akt wird immer belohnt, auf ihn folgt stets die Vergebung. Die Beziehung wird dadurch echter und fester.

Es ist nie zu spät für eine Aussöhnung

Liebe ist stärker als die Zeit. Die Mutter von Rose lebt in einem Altersheim, die Ärzte haben die Alzheimer-Krankheit bei ihr diagnostiziert. Sie ist siebzig Jahre alt, und ihr Geist verwirrt sich zunehmend. Rose geht jeden Samstag zu ihr, doch die Mutter erkennt sie nicht einmal mehr. Dieser wöchentliche Besuch ist eine Qual für Rose, zumal sie das Gefühl hat, von ihrer Mutter nichts als Schläge und Kritik erhalten zu haben. Sie hat das elterliche Haus sehr früh verlassen, um dieser ständigen Abwertung ihrer Person, dem körperlichen, aber vor allem dem seelischen Schmerz darüber zu entgehen, daß sie sich nie akzeptiert fühlte.

Ich bitte sie, sich ihre Kindheit zu vergegenwärtigen, über das erlittene Unrecht nachzudenken und den Zorn auf die Mutter zuzulassen. Am Samstag darauf berichtet sie ihrer Mutter, wie sehr sie in ihrer Kindheit, aber auch später in ihrem Erwachsenenleben unter ihren Demütigungen, Schlägen und dem Mangel an Liebe gelitten hat. Ihre Mutter scheint nichts zu hören, spricht von anderen Dingen, läßt durch nichts wahrnehmen, daß sie ihre Tochter erkennt. Aber am nächsten Samstag wird Rose durch eine Art Wunder überrascht: Ihre Mutter empfängt sie mit offenen Armen. Sie nennt sie bei ihrem Vornamen, drückt sie an sich und sagt weinend zu ihr: «Danke, Rose, mir wird nun klar, daß ich keines meiner vier Kinder je geliebt habe, ich will euch jetzt lieben. Ich liebe dich, Rose.» Seit diesem Tag ist das Befinden von Roses Mutter recht gut, sie hat ihr Erinnerungsvermögen sowie die Kontrolle über ihren Schließmuskel wiedererlangt, und sie ist autonomer als die anderen Heimbewohner. Sie ist die einzige in der ganzen Abteilung, deren Krankheit so günstig verläuft.

«Ich liebe dich»

Wenn Ihr kleines Kind Sie fragt: «Liebst du mich, Mama?» und Sie eben dabei sind, das Geschirr zu spülen oder auf Ihrem Computer zu tippen, so unterbrechen Sie Ihre Tätigkeit, um ihm zu antworten (wobei Sie es ansehen): «Ich liebe dich.»

Wenn Sie momentan nicht in der Lage sind, Ihre Arbeit ruhen

zu lassen und Ihrem Kind Aufmerksamkeit zu schenken, dann sagen Sie zu ihm: «Ich bereite gerade das Abendessen vor (oder ich muß noch eine halbe Stunde arbeiten ...), danach bin ich aber für dich da.» Und wenn Sie fertig sind, gehen Sie zu ihm und sagen zu ihm, wobei sie ihm in die Augen schauen und es in Ihrem Herzen fühlen: «Ich liebe dich.»

Vermeiden Sie es unbedingt, zu sagen: «Ich liebe dich», während Sie irgend etwas anderes tun. Denn sonst senden Sie ihm zwei widersprüchliche Botschaften, und es wird die nonverbale Botschaft behalten.

Nehmen Sie sich die Zeit, für die Bedürfnisse Ihres Kindes offen und empfänglich zu sein. Vergessen Sie nie, daß die einzigen wirklichen Dringlichkeiten die affektiven sind. Eine Emotion muß wichtiger sein als alles übrige.

Schenken Sie Ihren Kindern wenigstens eine halbe Stunde täglich, in der Sie mit ihnen spielen und sie liebkosen. Vergessen Sie nicht, daß Ihre Kinder die Zeit, die Sie mit ihnen wegen ihrer Schulaufgaben, ihres Musikunterrichts und aller anderen Dinge, die wichtig *für Sie* sind, verbringen, nicht als Zeit zählen, die *ihnen* gehört.

Lachen mit – oder lachen über ...

«Ich habe das Gefühl, kein Recht auf Glück zu haben», vertraut mir Thérèse an. «Selbst wenn alles gut läuft, selbst in den Momenten, wo sich alle amüsieren, fühle ich mich unbehaglich; es gelingt mir nicht, glücklich zu sein. Mein Mann wirft mir oft vor, daß ich nicht lachen kann.»

Die Fähigkeit, Freude zu fühlen und auszudrücken, hängt von der Intensität und Häufigkeit der ausgetauschten Zärtlichkeiten ab. Ein Baby lacht, wenn man es kitzelt, wenn man mit ihm Verstecken spielt. Sein Gesicht strahlt, wenn man es zärtlich berührt. Ein Baby lacht mit Ihnen. Die meisten Erwachsenen lieben Babys. Man kann sie umarmen, streicheln, kitzeln und all das tun, was man sich mit

Erwachsenen nicht mehr zu tun traut, wonach man sich aber so sehr sehnt. Das Lachen eines kleinen Kindes ist nie spöttisch. Es ist ein schönes, reines Lachen, ein Lachen des Einverständnisses und der Vertrautheit. Babys lachen nicht über andere Menschen, sie lachen mit den Menschen. Was sie zum Lachen bringt, ist die Verbundenheit mit dem anderen. Sie mögen Spiele, wie «Guck mal, da bin ich» und «Killekille», und sie lieben den immer wieder neu gefundenen Blickkontakt.

Wenn die Kinder ein wenig größer sind, lachen sie, wenn sie zusammen herumrennen, voreinander weglaufen, um sich wieder einzuholen, wenn sie sich zanken, suchen und finden. Es ist ein Lachen der Gemeinsamkeit. Auch als Jugendliche lachen sie noch, über alles und nichts, sie bekommen anhaltende und ansteckende Lachanfälle. Sie lachen, weil sie in einer Gruppe sind, weil sie zusammen sind. Sie stellen ihre Komplizenschaft vor den Erwachsenen zur Schau, die es verlernt haben, sich zu amüsieren. Um sich zu verteidigen, bezeichnen diese das Lachen der Jungen oft als «albern». Häufig bringen es die Erwachsenen nicht mehr fertig, zusammen zu lachen, einfach so, über nichts, einzig aus dem Gefühl der Gemeinsamkeit, der Vertrautheit heraus. Sie brauchen dafür Witze, sie lachen über andere oder über sich selbst.

Oft hört man, Kinder seien hart, ja gemein zueinander; sie nähmen stets den Kleinsten, den Rothaarigen, den mit den ärmlichsten Kleidern oder den Dicksten aufs Korn. Sie machten sich über das Anderssein lustig. Doch ist das die natürliche Haltung eines glücklichen Kindes, das sich in seiner Haut wohl fühlt? In einem humanen und toleranten Umfeld gibt es ein solches Verhalten nicht. Man spottet über andere, um sich zu verteidigen, um seine eigene Identität zu schützen. Wenn diese gefestigt ist, hat man nicht das Bedürfnis, den anderen herabzusetzen. Spott impliziert eine Distanz zum anderen, es ist eine Abwehr gegen eigene Gefühle; es zeigt, daß man befangen gegenüber dem Leiden ist, Angst vor Vertrautheit und das Bedürfnis, zu kontrollieren, hat, weil es einem an Orientierung fehlt. Sich auf Kosten eines anderen amüsieren bedeutet eine überlegene Haltung einnehmen, das heißt sich stärker fühlen, sich seiner selbst vergewissern. Viele sogenannte Stimmungsmacher, Komiker, Leute, die andere zum Lachen bringen, sind Menschen, die in bezug auf ihre Identität und ihre Würdigkeit, geliebt zu werden, stark verunsichert sind.

Erzählt man sich bei einer Abendgesellschaft Witze, so kann das eine Manier sein, echte Vertrautheit zu vermeiden. Man «hat Spaß zusammen». Doch letztlich ersparen es diese witzigen Anekdoten den Menschen, von sich selbst zu sprechen, das Schweigen aushalten zu müssen, das ansonsten vielleicht entstehen könnte, es ermöglicht ihnen, der Tatsache auszuweichen, daß ihr eigenes Leben wenig sinnvoll ist und daß sie nur wenig Interessantes über sich selbst zu erzählen haben. Diese Art Lachen ist kein fröhliches Lachen. Wenn auch Humor, Wortspiele und Witze, die nicht auf Kosten anderer gemacht werden, eine Quelle des Vergnügens und des gegenseitigen Einverständnisses sind, so stellt ein Übermaß davon eine Art Schutz dar. Und wenn es einen gesunden Humor gibt, so gibt es auch einen schädlichen. Sogenannte schmutzige Witze oder böse und auf eine bestimmte Menschengruppe abzielende Witze (Frauen, Homosexuelle, Juden, Araber, Schwarze ...) sind, wie jeder Ausdruck der Geringschätzung, ein Zeichen dafür, daß ein Teil des eigenen Wesens verdrängt wird, sind ein Hinweis auf ein inneres Gefühl der Scham, auf verletzte Emotionen. Es fehlt das Gefühl für Menschlichkeit.

Spielen und es sich gutgehen lassen

«Ich muß ungefähr vier Jahre alt gewesen sein», erzählt Nicolas. «Ich lag bäuchlings auf dem Boden und ließ meine Spielautos hin- und herrollen. Noch jetzt sehe ich sie vor mir. Plötzlich standen zwei riesige Schuhe neben mir. Ich schaute nach oben. Ein Mann betrachtete mich, er sagte: Hast du aber ein Glück, daß du so spielen kannst! Verblüfft fragte ich ihn: Können Sie nicht spielen? Er schaute noch immer aus voller Höhe auf mich herunter und antwortete: Ich konnte es einmal, aber ich habe es vergessen. Ich bedauerte ihn zutiefst; ich betrachtete meine Autos und schwor mir, nie zu vergessen, wie man spielt. Heute bin ich fünfunddreißig und kann es noch – ich kann mich noch auf den Boden legen und und mit kleinen Autos und allen möglichen Dingen spielen.»

Wie viele Menschen können noch spielen? Viele Menschen lesen ihren Kindern Geschichten vor, schenken ihnen elektronisches Spielzeug, das sich von selbst bewegt und «von alleine spielt». Sie schauen dem Roboter beim Gehen zu oder hören die Puppe «Mama» sagen, aber sie bringen es einfach nicht mehr fertig, sich neben ihren Kindern auf den Boden zu setzen und Rollenspiele zu spielen (z. B. «im Lebensmittelladen», «in der Schule» oder «in der Autowerkstatt»). Manche sagen: «Ich habe für so etwas keine Zeit»; andere gestehen: «Das langweilt mich.» Doch auch dies verrät letztlich nichts anderes als die Schwierigkeit, Vertrautheit zuzulassen. Solche Eltern können nicht mehr spielen. Das heißt, manche haben es nie gekommt, andere haben es vergessen.

Die Erwachsenen verstehen es nicht mehr, herumzuspringen und trällernd um einen Baum zu kreisen, auf einen Haltepflock zu klettern und für ihre Kinder den Schutzmann zu mimen, eine Schneeballschlacht mitzumachen oder in der U-Bahn Fangen zu spielen. «Das tut man nicht» oder «Aus diesem Alter bin ich heraus», behaupten sie. Wenn sie auf einen Kostümball geladen sind, bringen sie ihre Verkleidung in einer Tasche mit und ziehen sich erst an Ort und Stelle um, aus Angst, man könne sie auf der Straße anstarren. «Man muß würdig auftreten.» Wenn man sich innerlich so wenig sicher ist, wirklich erwachsen zu sein, klammert man sich an Äußerlichkeiten.

Vom Spaß zur Freude

«Als ich noch mein Kabriolett und die Taschen voller Geld hatte, bekam ich alle Frauen, die ich wollte, und hatte Hunderte von Freunden. Jetzt bin ich ruiniert. Ich bin Angestellter, fahre einen gewöhnlichen Wagen, habe eine Frau und einige Freunde. Es klingt absurd – aber ich mußte zuerst mein ganzes Geld verlieren, um mich wirklich selbst zu lieben. Ich war ein Gefangener meines eigenen Lebensstils. Ich war mir nie sicher, ob man mich um meiner selbst willen liebte; immer sagte ich mir, daß die Leute wohl von meinem Geld fasziniert waren, sich aber nicht von mir als Mensch angezogen fühlten. Also kam ich notgedrungen in immer größere Zwänge; ich wollte die anderen dazu bringen, mich zu lieben. Ich kaufte mir die schönsten Autos, ich lud meine Gäste in elegante Restaurants ein ... Heute bin ich mir sicher, daß ich um meiner selbst willen geliebt werde, ich bin mehr ich selbst.»

Was macht glücklich? Was ist das Glück überhaupt? Der Mensch braucht Erfüllung. Freude ist diejenige Emotion, die Gedeihen und Vertrautheit begleitet. Man ist glücklich, wenn man liebt, wenn man sich frei fühlt, wenn man sich entfalten kann, wenn man über sich selbst hinauswächst. Ob wir in Freude leben, hängt nicht von Reichtümern noch von äußeren Umständen ab, sondern von der Fähigkeit, in Vertrautheit zu leben.

Leben Sie Ihre Emotionen aus!

Vincent ist es gelungen, einen äußerst profitablen Vertrag auszuhandeln. Mit Bravour hat er sein Projekt einigen Kunden vorgestellt, die über mehrere Milliarden und über ein fachkundiges Gremium von Diplomaten verfügen. Er bekam sogar Beifall. Nach diesem Erfolg wäre er am liebsten mit Freunden ausgegangen, hätte er laufen, tanzen, schreien und vor Freude in die Luft springen mögen. Aber er hatte mit seinem Chef eine Verabredung in einem teuren Restaurant, um «das zu feiern». Er fühlte sich genötigt, leise und höflich zu sprechen und sich ruhig und reserviert zu verhalten. Am nächsten Morgen wachte er mit furchtbaren Bauchschmerzen auf und blieb drei Tage lang im Bett liegen. Sein offizielles Abendessen war ihm nicht bekommen, da er gezwungen gewesen war, seine Freude zu unterdrücken.

Die Olympischen Spiele von Atlanta im Jahr 1996 zeigten uns beispielsweise ein außergewöhnliches und seltenes Schauspiel: Freudenausbrüche. Viel häufiger zeigt uns das Fernsehen Tränen, Gesichter, die vom Leiden zerstört, von Wut verzerrt und vom Unglück versteinert sind. In den meisten Unterhaltungssendungen ist Spott mit im Spiel. Die fingierten Bilder des Glücks, die uns die Werbung präsentiert, sind Bilder der Verführung und des Vergnügens. Echte Freudenausbrüche sind hier nur sehr selten. Kaum einmal sieht man, wie Menschen vor Begeisterung in die Luft springen, sich in die Arme fallen und gegenseitig abküssen ... Und doch – was für schöne Augenblicke sind das!

Bei der Olympiade werden Medaillen oft mit heftigen Emotionen aufgenommen. Gedopt von der Intensität des Augenblicks, der so viele Jahre der Mühen und Anstrengungen krönte, und von der Gegenwart Zehntausender Gäste im Stadion und vieler Millionen Fernsehzuschauer, jubelten die Athleten, sprangen in die Höhe und hoben die Arme zum Himmel. Mit strahlenden Gesichtern liefen sie zu ihren Trainern oder Familien und schlossen sie in die Arme.

Im Mannschaftssport sind die Sportler gewohnt, sich körperlich zu berühren. Teamgeist ist hier etwas Vertrautes. Als im Handball eine Mannschaft die Goldmedaille gewann, warf sie sich vor Freude schreiend auf den Boden und riß denjenigen, der den letzten Punkt erzielt hatte, mit hinein in ein fröhliches Gemenge.

Am Schluß ihres Wettkampfs gaben die Turner eine Vorführung «nur so zum Spaß». Keine Benotungen, keine Höchstleistung – was zählte, war einzig die Freude an der Bewegung, die Freude, etwas zu zeigen, mit anderen zusammenzusein. Der französische Kommentator war ein gutes Beispiel für unsere kulturbedingten Schwierigkeiten mit dem Spaßhaben: Er konnte es sich nicht verkneifen, seine Kritik anzubringen. Zwar erinnerte er daran, daß die Übungen nicht bewertet wurden; dennoch wies er die Zuschauer immer wieder auf die gemachten Fehler hin, anstatt sich ganz einfach dem Vergnügen des Zusehens hinzugeben. Immer ist da dieses verteufelte Urteil, das den Spaß am Miteinander dämpft! Muß man denn eine Goldmedaille gewinnen, damit man das Recht hat, seiner Freude lautstark Ausdruck zu verleihen?

Verstecken Sie sich also nicht hinter der Ausrede: «Ich zeige meine Gefühle eben nicht so.» Die Freude ist ein Taumel. Lassen Sie sich mitreißen – und Sie werden glücklicher sein!

Sex ist immer noch tabu, trotz des Internets für «erotische Kontakte», trotz der häufigen Partnerwechsel und der pausenlosen erotischen Anspielungen in unserem Umfeld. Er ist ein Konsumartikel geworden, und so gehen wir in unserer Alltagssprache auch damit um. Doch was wirklich in der Intimität geschieht, wird hinter einer Schamhaftigkeit versteckt, die von Zweifeln und Schuldgefühlen geprägt ist. Nur wenige Menschen trauen sich, mit ihren Freunden (ja selbst mit ihrem Partner) darüber zu sprechen, was sie beim Geschlechtsakt empfinden. Das verlegene Lächeln oder das anzügliche Lachen, das schmutzige Witze häufig begleitet, dient demselben Zweck: der Aufrechterhaltung des Tabus. Eine der wichtigsten Aktivitäten des menschlichen Lebens wird somit fast gänzlich verschwiegen. Wer wundert sich da noch, daß sie ein Feld für alle nur erdenklichen Phantasmen bietet?

Eine der wesentlichsten Quellen der Freude und des Genusses ist nicht selten von Gewalt und Machtspielen geprägt. Woher kommt es, daß die Sphäre der intimsten Annäherung, die zwischen zwei Menschen möglich ist, soviel Anlaß zum Haß gibt? Was hat die Pervertierung der Liebe möglich gemacht?

Ängste

Es wird oft behauptet, der Mann habe Angst vor der Frau, ihre geheimnisvolle und mächtige Sexualität fasziniere ihn, schüchtere ihn zugleich aber auch ein. Er müsse sie also kontrollieren, um nicht davon überwältigt zu werden. Die Verschmelzung beim Liebesakt ähnele der Symbiose mit der Mutter, in der wir uns zu Beginn unseres Lebens befanden. Sich ganz hinzugeben würde demnach bedeuten, seinen Halt, seine Orientierung, ja seine Identität zu verlieren …

Wenn die Mutter ambivalent, gewalttätig oder sehr beherrschend war, kann sowohl für die Frau als auch für den Mann später die körperliche Liebe Probleme mit sich bringen. Da der Mann die Frau penetriert, hat er in diesem Fall das Empfinden, er müsse diese allzu mächtige Frau beherrschen, die ihn ansonsten verschlingen oder zerstören könnte. Die Frau muß zulassen, daß der Mann in sie eindringt – mit all der (phantasierten) Gefahr vor der Beschädigung ihres Inneren, die damit verbunden sein kann.

Die Angst, sich hinzugeben, loszulassen, steht in enger Verbindung mit den Erfahrungen, die man zu Beginn seines Lebens gemacht hat. Kann ich dem anderen vertrauen? fragt man sich. Kann ich ihm zu meiner intimsten Sphäre Zugang gewähren?

Bleibt die Angst unbewußt, so ist sie um so stärker. Sie äußert sich in unterschiedlichen Symptomen wie: vorzeitigem Samenerguß (oder Unfähigkeit zum Samenerguß), Frigidität, Vaginismus, Impotenz, Donjuanismus (er reizt die Frauen, aber schreitet nicht zur Tat), Pornographie und krankhafter Promiskuität. Manche Männer, die damit großtun, *die* Frauen zu lieben, sind nicht imstande, eine einzige zu lieben. Sie bringen ihre Eroberungen mit viel Geschick zum Orgasmus, aber sie lieben nicht. Gewiß ejakulieren sie, aber sie behalten immer die Kontrolle, aus Angst, in der weiblichen Sphäre unterzugehen. Mit dieser panischen Angst geht eine große Aggressivität gegen die eigene Mutter einher, die ebenfalls im Unterbewußten angesiedelt ist. Manche Mütter waren vielleicht zu vereinnahmend. Da sie nicht die erwünschte Befriedigung in ihrer Partnerschaft fanden, haben sie möglicherweise ihre affektiven Erwartungen auf ihren Sohn übertragen; und nie brachten sie es fertig, ihm ganz klar das zu sagen, was er in einem bestimmten Alter hätte hören müssen: «Ich werde dich nie heiraten und auch nie körperliche Liebe mit dir haben.» Andere haben ihre Söhne geradezu mißhandelt. Zahlreiche Männer haben – in ihrer Phantasie oder in der Realität – das unbezähmbare Bedürfnis, die Frau zu erniedrigen, sie zu besitzen, sie zu beschmutzen, ja, sie eigentlich als Mittel zur Rache zu benützen.

Viele Frauen halten sich bei der körperlichen Liebe zurück, beherrschen sich, denken dabei an etwas anderes und täuschen ihrem Partner zuliebe einen Orgasmus vor. Sie wurden an ihrem Körper und/oder in ihrer Seele verletzt. Es gibt viel zu viele Väter, die ihre Tochter sexuell mißbrauchten, die sie für ihre eigenen Bedürfnisse verführten, berührten, benutzten, oder auch solche, die nie zu ihr gesagt haben: «Ich werde dich nie heiraten und auch nie körperliche Liebe mit dir haben.» Aber wenn eine Frau Schwierigkeiten hat, zum Orgasmus zu kommen, kann das auch mit dem Verhältnis zu ihrer Mutter zu tun haben, mit dem Grad der Vertrautheit, der zwischen beiden bestand.

Wer hat uns gelehrt, was körperliche Liebe ist? Von diesen Dingen spricht man nicht – oder nur in anzüglicher Weise. Die sexuelle Aufklärung, die wir unseren Kindern heutzutage in den Schulen zukommen lassen, beschränkt sich auf die «Technik» und dreht sich vor allem um die Zeugung. Die Dimension von Begierde und Lust fehlen in den Erklärungen der Lehrer zumeist ebenso wie in denen der Eltern.

Die Erbsünde

Die Sexualität ist der Ursprung allen menschlichen Lebens. Das christlich geprägte Abendland verbindet mit dem Wort Ursprung die Schöpfungsgeschichte und die Erbsünde. Seit Adam und Eva trägt die Sexualität den Stempel des Teuflischen. Manche Bibelübersetzungen wollen uns glauben machen, eine fleischliche Sünde habe die beiden ersten Menschen aus dem Paradies verjagt. Die Frau gilt als Versucherin und wird als Schuldige angeprangert. Dem Mann, der unfähig ist, ihr zu widerstehen, wird die Verantwortung für sein Handeln abgesprochen.

Schon lange vor Eva gab es Lilith, die erste Frau, die von Gott als dem Mann ebenbürtig erschaffen worden war. «Mann und Frau wird er erschaffen.» Es existieren verschiedene Versionen der Geschichte von Lilith, aber in allen legt sie eine selbstbewußte Sexualität an den Tag und bekundet ihre Autonomie. Da sie sich darüber im klaren ist, daß sie als ein dem Mann ebenbürtiges menschliches Wesen erschaffen wurde, lehnt sie die Beherrschung durch Adam ab, der dies nur schlecht erträgt. Sie geht mit dem Satan auf und davon. Daraufhin erschafft Gott ein anderes, fügsameres Wesen für den armen Adam, und zwar aus einer seiner Rippen. (Aber Lilith kommt wieder, um Adam in Versuchung zu führen, als er Eva überdrüssig ist.)

Schon seit ewigen Zeiten hat es den Anschein, als projizierten die Männer ihre «schuldhaften» Begierden auf die Frau; sie werfen ihr vor, die Versucherin zu sein, die von sexuellen Gelüsten beherrscht wird und den Mann reizt. Also ist die Frau verantwortlich (und das bedeutet schuldig) für die Erregung, die sie entfacht. Man muß sie daher bestrafen. Die Inquisition hatte hierbei ganze Arbeit geleistet. Nachdem Papst Innozenz VIII. eine Bulle in Umlauf gebracht hatte, begann im Jahre 1484 die Jagd auf «Hexen». (Sie sollte in Frankreich bis zur Französischen Revolution von 1789 dauern und in Spanien sogar bis zum Jahr 1820!) In dem Buch *Der Hexenhammer (Malus Maleficarum)* findet sich der aufschlußreiche Satz: «Jede Hexerei rührt von den fleischlichen Leidenschaften her, die bei den Frauen unstillbar sind.» Diese Aussage war eindeutig und unmißverständlich! Dank der Gleichung: Frau = Sex = Hexe genügte eine einfache Denunziation, um die Schuld einer Verdächtigen zu «beweisen». Die Angeklagte wurde gefoltert, bis sie ein von dem Inquisitor verfaßtes Geständnis unterschrieb, in dem sie gestand, mit dem Satan zu verkehren und sich obszönen Praktiken hinzugeben. Für ihre Unterschrift wurde sie mit einem vergleichsweise «humanen» Tod durch Erdrosselung belohnt. Diejenigen, die weiterhin ihre Unschuld beteuerten, wurden bei lebendigem Leibe verbrannt. Wie konnte es zu derartigen Machtüberschreitungen kommen, und wie war es möglich, daß sie so lange andauerten? Sie dienten der Aufrechterhaltung der patriarchalischen Ordnung.

Puritanismus und Patriarchat

«Der Puritanismus begleitet ausnahmslos jede Diktatur, sei sie militärischer, politischer oder religiöser Natur. Die unterdrückte sexuelle Energie nährt einen Fanatismus, dessen die herrschende Ideologie unbedingt bedarf, um an der Macht zu bleiben und zu erobern», sagt Ernest Borneman[14]. Alle matristischen[15] Gesellschaften sind friedliebend und egalitär. Man findet darin weder Rang noch Klasse, noch Hierarchie. Am Ende der Jungsteinzeit traten das Eigentum (und damit der Diebstahl), die Macht der Männer und die gesellschaftliche Hierarchie sowie Kriege in Erscheinung. Nach fünf Millionen Jahren sexueller Gleichheit begann eine Ära des Wettbewerbs und des Besitzes. Das Patriarchat entstand mit der Weitergabe dieses Besitzes durch Erbschaft. Um sich der Treue seiner Frau zu versichern, der einzigen Gewähr für seine Vaterschaft an den Kindern, die sie auf die Welt bringt, erfand der Mann die Institution der Ehe und brachte die Botschaft in Umlauf: «Eine Frau ist dafür geschaffen, Kinder zu haben und ihrem Ehemann zu dienen.» Das Patriarchat hat den Frauen immer wieder befohlen, ihre Körper zu verleugnen, ihre Begierden zu unterdrücken und sich der männlichen Autorität zu unterwerfen. Es hat damit so sehr Erfolg gehabt, daß es noch heute viele Frauen gibt, die der festen Überzeugung sind, im allgemeinen hätten Männer ein stärkeres sexuelles Verlangen und mehr geschlechtliche Bedürfnisse als sie selbst. Doch die physiologische Wirklichkeit beweist uns, daß genau das Gegenteil der Fall ist. Jeder Orgasmus, der von einem Samenerguß begleitet wird, erschöpft den Mann, der – selbst wenn er sehr potent ist – nicht mehr als drei- oder viermal hintereinander ejakulieren kann. Die Frau ist sozusagen «multiorgasmisch»; das heißt, je mehr Orgasmen sie bekommt, desto stärker sind diese, und desto mehr kann sie haben.

Aber eine Frau kann nur etwas vermissen, was sie auch kennt. Im Westen war keine Beschneidung notwendig, damit die Frauen «sittsam» wurden; die weibliche Unwissenheit genügte. Kinsey, Masters und Johnson, danach Gräfenberg (und auch Ladas, Whipple, Perry) und schließlich Kitzinger haben mit ihren Publikationen viel zur Aufdeckung der wahren Tatsachen beigetragen und für viel Aufsehen gesorgt. Die Frauenbewegung erlaubte den Frauen eine kurze Weile, sich wieder ihre Körper anzueignen, indem sie sie gezielt darüber informierte und ihnen ermöglichte, mit ihren Freundinnen ehrliche Gespräche über Sexualität zu führen. Seither scheint all das wieder in Vergessenheit zu geraten. Der weibliche Körper ist wieder zum Objekt der Verführung, dem Objekt der Begierde und des Konsums geworden.

Da viele Frauen immer noch mangelhaft informiert sind, da Schuldgefühle in ihnen geweckt werden und sie der Überzeugung sind, es sei normal für ein Frau, wenig Lust zu empfinden, bemühen sie sich gar nicht, ihr Potential zu erkunden – zumal es ja wohlbekannt ist, daß eine Frau, die zuviel Lust empfindet, «leicht zu haben» ist. Die sexuelle Befreiung hat zwar zur Veränderung der Dinge beigetragen, aber die Zahl der Frauen, die einen Orgasmus simulieren, ist immer noch bestürzend hoch (und das sogar bei Frauen, die als «Verführerinnen» gelten). Freilich ist es leichter, beim Mann einen Orgasmus auszulösen. Wenn der Mann sich damit begnügt, sich auf die Frau zu legen und dann mehr oder weniger roh hin- und herzubewegen, so versteht man, daß sie sich dabei langweilt und am Ende erklärt, dies bereite ihr keinen sonderlichen Spaß. Viele Frauen können sich nicht einmal vorstellen, welchen Genuß sie eigentlich empfänden, wenn sie mehr Achtung vor sich selbst hätten und sich mehr einbrächten. Doch man hat den Frauen Genuß und Macht versagt, sie sind Objekte geworden. Noch heute gibt es viele Männer, die es nicht ertragen, wenn eine Frau sexuell aktiv ist. Wie Nicolas es ausdrückt: «Eine Frau, die mich besteigt, nimmt mir jegliche Lust.» Wenn er nicht Macht über sie hat, ist er impotent! Die Unterdrückung der weiblichen Sexualität hat gleichzeitig den Mann gezwungen, seine eigene zu verdrängen. Seine Sexualität wurde «instrumentalisiert», sie steht im Dienste eines körperlichen Vergnügens, das den Aspekt der Beziehung und der Kommunikation ausschließt. Also hat in Wahrheit auch der Mann seine Macht verloren.

Welche Ursache liegt einer so ausgeprägten sexuellen Unterdrückung zugrunde? Bekanntlich lenkt uns die Leidenschaft der Liebe von allen anderen Dingen ab. Karriere, Firma, Geld, ja selbst die gesellschaftlichen Konventionen – all das hat in den Augen der Liebenden keine große Bedeutung mehr, sie haben nur noch einen Wunsch: sich zu vereinigen. Stellen Sie sich einen Augenblick vor, wie die Gesellschaft aussähe, wenn vor allem Liebe die Herzen erfüllte. Fühlt man sich in seinem Herzen und in seinem Körper stark, verlieren die sozialen Machtspiele viel von ihrem Reiz. Wenn man wirkliche Intimität genossen hat, hat man keine Lust mehr, die Rolle des Beherrschenden oder des Beherrschten zu spielen. Die

Angst, die uns zuvor dazu trieb, immer mehr zu konsumieren oder noch mehr zu verdienen, besteht dann nicht mehr.

Falls unsere ganze Ökonomie auf dem Spiel mit der Macht basieren sollte – dann wäre es an der Zeit, diesem Unheil vorzubeugen. Unser gesamtes Erziehungssystem ist darauf ausgerichtet, die natürlichen Triebe, die eigenen Wünsche, die persönliche Kreativität zu unterdrücken, den Kindern zu lehren, sich anzupassen, zu gehorchen, sich zu unterwerfen und ihre Emotionen zum Schweigen zu bringen.

Die Verbindung zu sich selbst wiederfinden – um in Verbindung mit dem anderen zu sein

Was tun Sie, um zu vermeiden, daß Sie in Schluchzen ausbrechen, vor Angst schreien, aus Wut brüllen oder Ihre Begierden spüren? Sie halten den Atem an. Will man sich unterwerfen, darf man nicht allzuviel fühlen. Das beste Mittel hierfür ist immer noch, nicht mehr zu atmen – oder nur so viel, wie zum Überleben nötig ist. Eine zu schwache Atmung verringert in erheblichem Maße die körperlichen Empfindungen und damit die Genußfähigkeit. Um zu einer harmonischen und gesunden Sexualität zurückzufinden, müssen wir den Kontakt zu uns selbst, zu unserem Körper und unserem Herzen wiederfinden. Wenn man zu wenig und zu flach atmet, muß man eventuell bestimmte Phantasiebilder zu Hilfe nehmen, um sich zu erregen. Strapse und Pornobilder weisen nicht im mindesten auf eine wie auch immer geartete Befreiung hin, sondern sind vielmehr Anzeichen für eine sexuelle Unterdrückung. Je mehr Herz und Körper voneinander getrennt sind, desto mehr künstliche Hilfsmittel benötigen wir. Da wir nie etwas anderes kennengelernt haben, nähren wir unsere Phantasmen mit den einzigen Bildern, die wir von der Sexualität besitzen, nämlich jenen, die uns die Literatur, die Filme, die Werbung und das Internet bieten, aber auch mit denen, die aus unserem Unbewußten stammen und mit der Verdrängung unserer Affekte zusammenhängen.

Ein Mensch, der wieder lernt, natürlich zu atmen, entdeckt oft – sofern er seine inneren Blockaden einmal überwunden hat – völlig unbekannte orgastische Empfindungen. Eine natürliche Atmung dringt bis ans untere Ende der Lungen; die Bewegung erstreckt sich bis ins Becken hinein, und der Bauch schwillt dabei mehr an als die Brust. Atmen auf diese Weise löst Spannungen im Körper, bringt Sauerstoff ins Gewebe und ruft die lang zurückliegenden Leiden, alle großen Ängste, alle Schmerzen und Frustrationen der Kindheit wach – das heißt alles, was durch die Blockade des Zwerchfells niedergehalten wurde. Aber eine wirkliche sexuelle Befreiung kann nur mit Hilfe der Befreiung der Atmung und damit der Emotionen erfolgen.

Das richtige Vorspiel besteht darin, eine in seelischer wie körperlicher Hinsicht intime Atmosphäre zu schaffen, in der jeder die Gegenwart des anderen ganz in sich aufnimmt. Wenn dem Geschlechtsakt die innere Aufgeschlossenheit für den anderen vorausgeht, erfolgt das Eindringen in die Vagina – die sich von selbst öffnet und feucht wird – geschmeidig und sanft. Der ganze Körper wird dann zur erogenen Zone. Ein Mann, der beim Akt innerlich Distanz hält, fühlt sich oft erschöpft, nachdem er ejakuliert hat; er schläft dann sofort ein oder hat den Wunsch, von seiner Partnerin abzurücken oder eine Zigarette zu rauchen. Doch ein Mann, der mit sich selbst in Verbindung bleibt, der sowohl bei sich als auch bei der Partnerin ist, hat daran Gefallen, den Kontakt aufrechtzuerhalten und die Zärtlichkeit dieses vertrauten Moments hinauszuzögern. Lieben sich beide Partner mit dem Herzen, so kann einer in den Armen des anderen einschlafen. Sie haben soviel Energie ausgetauscht, daß ihre Körper von ein und demselben Licht umflutet sind. Sie haben keinesfalls «genug» voneinander, sondern trachten vielmehr danach, die empfundene Nähe weiterhin zu genießen.

Eine Frage des Geschmacks

Manche Leute mögen Artischocken, andere verabscheuen sie; Sie trinken Ihren Kaffee gern mit Zucker – oder eben ohne. Jeder Mensch hat spezifische Zonen der Sensibilität und liebt bestimmte Zärtlichkeiten mehr oder eben weniger. Die sexuelle Erfahrung beschränkt sich nicht auf die Stimulierung der Geschlechtsorgane. Sie umfaßt eine ganze Palette von Empfindungen und Emotionen. Für eine Frau gibt es keinen «einzig wahren Orgasmus». Es wird behauptet, manche Frauen hätte eher klitorale Orgasmen, andere mehr vaginale, andere wiederum erlebten lustvolle Gebärmutterkontraktionen und sonderten eine Flüssigkeit ab ... Weshalb dieses Bedürfnis nach Klassifizierung? Um sich selbst zu beruhigen? Oder um dieses unbekannte Terrain zu umreißen? Hat eine Frau nicht das Recht, an einem Tag die Stimulierung ihrer Klitoris zu wünschen und am darauffolgenden Tag lieber am G-Punkt (Gräfenberg-Punkt) gestreichelt zu werden? Zum Teufel mit den Kategorien! Die Möglichkeiten, Genuß zu erzeugen, sind sehr unterschiedlich. Da wir so viele zur Verfügung haben, warum sollten wir uns da auf einen einzigen Aspekt beschränken?

Es ist sehr wichtig, mit seinem Partner (bzw. seiner Partnerin) über seine Bedürfnisse und Gefühle zu sprechen und ihm (ihr) das zu zeigen, was einen wirklich Lust empfinden läßt. Aber das ist nicht einfach. Die Angst, den anderen vor den Kopf zu stoßen oder zu verletzen, aber auch die eigene Scham halten uns davor zurück, uns mitzuteilen. Zwar gehen die Männer und Frauen von heute im allgemeinen viel ungezwungener mit dem Sex um als noch ihre Eltern, doch vertrauen mir Patienten, Patientinnen und Freundinnen immer wieder an, daß sie sich sexuell weit weniger befreit fühlen, als das Fernsehen und viele Zeitschriften uns weismachen wollen.

Die Harmonie eines Paares beruht auch auf einer vollkommenen Gleichberechtigung beider Partner, und das nicht nur im Bett. Die gerechte Aufteilung der Hausarbeit (wenn beide Partner berufstätig sind) ist eine absolute Grundvoraussetzung für die sexuelle Entfaltung. (Nur Männer werden sagen, das habe keinerlei Bedeutung.) Es ist schwierig, sich geachtet zu fühlen, wenn es allein an einem hängt, Slips zu waschen und Hemden zu bügeln. Wenn auch viele Frauen, die sich an diese Ungerechtigkeit gewöhnt haben, nach außen hin nicht dagegen aufbegehren, so häufen sie doch innerlich Groll an. Und der läßt die Begierde abkühlen ... Beide Partner müssen gut aufpassen, daß ihre Beziehung nicht zu einem Kräfteverhältnis verkommt, in dem es um Dominanz und Unterwerfung geht. Viele Gewohnheiten sind tief verwurzelt, und das kollektive Unbewußte von Mann und Frau wirkt stark ins Alltagsgeschehen hinein. Eine harmonische sexuelle Beziehung kann nur zwischen zwei Menschen bestehen, die zwar unterschiedlich, aber gleichberechtigt sind, die sich gegenseitig respektieren und ihre Körper nicht als Objekte des Vergnügens oder Mittel für Trugbilder benutzen. Man kann nur in einer Atmosphäre lieben, die von Gleichheit, Freiheit und dem Respekt vor den Bedürfnissen des anderen geprägt ist.

Mutterschaft – eine intensive sexuelle Erfahrung

Wenn ich meine Kursteilnehmer bitte: «Erzählen Sie einmal von den glücklichsten Augenblicken Ihres Lebens», so kommen die Mütter (und auch zahlreiche Väter) unweigerlich auf die Geburt ihrer Kinder zu sprechen.

Schwangerschaft, Entbindung, Stillen sind Teil des sexuellen Lebens einer Frau. Verschließen wir nicht die Augen – ein Kind wird in einem sexuellen Akt gezeugt, es wächst in den Geschlechtsorganen der Frau heran und kommt durch ihr Geschlecht zur Welt. Die Sexualität beschränkt sich nicht auf den körperlichen Kontakt mit dem Mann, sie besteht auch aus all jenen inneren Empfindungen, die durch dieses kleine Wesen, das in der Frau heranwächst, ausgelöst werden.

Ich bin schwanger

Die Schwangerschaft verwandelt den Körper einer Frau grundlegend. Nicht nur rundet sich ihr Bauch, auch ihr ganzes Wesen stellt sich auf die neue Situation ein, um das Wachstum des Fötus zu begleiten und ihn zu ernähren. Der Umfang des Körpers ändert sich, die Frau kann sich nicht mehr auf ihre gewohnten räumlichen Orientierungen verlassen. Auch die Sensibilität des Körpers ändert sich. Die Sexualität einer Schwangeren ist sehr unterschiedlich; ist die Zeit der Übelkeit einmal vorbei, kann die Lust auf Sex größer sein als je zuvor. Mitunter nimmt sie auch ab. Im allgemeinen reagiert die Haut nun stärker, die erogenen Zonen verlagern sich im Laufe der Monate. Die Brüste schwellen an, die Brustwarzen werden sehr sensibel, erregbar, sie können sogar schmerzen. Und dann ist da noch die ganze Palette der körperinneren Empfindungen – das Gluckern und Kollern, die Bewegungen des Fötus und all seine kleinen Stöße, die von der Frau sehr unterschiedlich erlebt werden können. Manche Frauen genießen es, fühlen sich erfüllt, andere «verlieben sich» in dieses kleine Wesen, das zu ihnen gehört, ohne sie selbst zu sein, wieder andere haben den Eindruck, sie hätten einen kleinen Schmarotzer in sich, würden von innen aufgefressen. Wie soll eine Frau über ihren Zustand sprechen, ohne Schuldgefühle zu bekommen? Gewöhnlich wird angenommen, daß eine schwangere Frau aufblüht! Aber das ist keineswegs selbstverständlich.

Schwangere Frauen und junge Mütter fühlen sich voneinander angezogen; sie haben das Bedürfnis, sich über diese intensive Erfahrung auszutauschen.

Gebären

Die Entbindung ist eine prägende sexuelle Erfahrung. Freude, Schmerz und Angst kennzeichnen sie gleichermaßen. Aber es hat den Anschein, als blieben den Frauen nur die positiven Emotionen im Gedächtnis. Die Hormone, die gleich nach der Geburt gebildet werden, versetzen die Frauen in eine Art Schwebezustand und beeinträchtigen die Speicherung im Gedächtnis (vielleicht hat die Natur verstanden, daß eine Frau so etwas nicht noch einmal auf sich nähme, wenn sie sich allzugut daran erinnerte). Darüber, was eine Frau während der Geburt ihres Kindes erlebt, wird nicht gesprochen: Es ist ein wahrhaftes Tabu. Ich selbst war verblüfft, wie sehr sich die Äußerungen unterschieden, die ich vor und nach meiner ersten Entbindung von Frauen hörte. Davor redeten die Frauen nur von Freude, Zärtlichkeit und Vergnügen. Danach, als ich ihnen von meiner Freude, aber auch von meinen Schmerzen berichtete, begannen auch sie, ihre wahren Erlebnisse zu erzählen. Die meisten hatten noch nie wirklich über ihre Schmerzen gesprochen. Ich war regelrecht verblüfft darüber, wie viele Entbindungen dramatisch verlaufen waren, und auch von der nie geäußerten Qual der Frauen. Da sie ihr Kind schließlich gesund an ihrer Seite liegen sahen, waren sie geneigt, ihr eigenes Erleben in den Hintergrund zu schieben – mit all den uns bekannten Konsequenzen, die eine emotionale Verdrängung hat. Die nicht durchgearbeiteten und ins Unbewußte verbannten Affekte kehren sich gegen das Kind, den Lebenspartner oder gegen sich selbst, äußern sich in einer Überbehütung des Kindes oder in einer Depression; in jedem Fall beeinträchtigen sie die Beziehungen.

Dadurch, daß nicht wirklich über den Schmerz und die Ängste, die die Entbindung begleiten, gesprochen wird, nimmt man den Frauen die Möglichkeit, sich in angemessener Weise darauf vorzubereiten. Die medizinische Antwort auf die heftigen Emotionen der Frauen ist die Anästhesie. Viele entbinden noch immer unter Vollnarkose, ohne daß es eine andere medizinische Rechtfertigung als die Angst dafür gäbe. Die Folgen, die sich damit für die Beziehung mit dem neugeborenen Kind ergeben, werden mit Stillschweigen übergangen.

Einen nicht zu verleugnenden Fortschritt stellt die Periduralanästhesie dar. Richtig dosiert, lindert sie den Schmerz, nimmt der Frau jedoch weder die Empfindungen in ihrem Körperinneren, noch hindert sie sie, auf den Beinen zu bleiben. Wird sie zusammen mit einer psychologischen Begleitung angewendet, so kann sie sehr hilfreich sein und dadurch optimale Bedingungen für die erste Begegnung zwischen der Mutter und ihrem Kind schaffen. Wird sie jedoch systematisch angewandt, um Emotionen und Empfindungen zu vermeiden, und/oder zu hoch dosiert, so hindert sie die Frauen am Kontakt mit sich selbst und mit ihrem Kind.

Sofern die Empfindungen nicht durch den Schmerz, durch eine zu starke Anästhesie, durch Angst oder durch Vorurteile in den Hintergrund gedrängt werden, kann der Weg des Säuglings aus dem Mutterleib eine Erfahrung sein, die der Frau ein intensives Lustgefühl vermittelt: Da ist zum einen die Freude darüber, ein Kind in die Welt zu setzen, zum anderen aber auch ein gewisses körperliches und sexuelles Vergnügen, denn das Ganze vollzieht sich im Geschlecht.

Verleugnete weibliche Sexualität - keimfreies Stillen

Die Mutterschaft ist eine intensive und sehr vielseitige Erfahrung. Doch auch hier ist es den Männern gelungen, die Frauen ihren Körpern zu entfremden. In Frankreich werden Entbindungen immer mehr durch medizinische Apparate unterstützt und häufiger von Geburtshelfern durchgeführt als von Hebammen (mit einem zweifelhaften Gewinn, denn in Frankreich, dem Land, welches die Entbindung durch die meisten Apparate unterstützt, ist die Sterblichkeitsrate der Mütter deutlich höher als in den Nachbarländern[16]). Und das Stillen wurde aus unseren Breiten praktisch vertrieben. Eine Frau, die einem Säugling, der älter als vier Monate ist, noch die Brust gibt, wird für eine gefährliche Irre gehalten. Man wirft ihr vor, die Symbiose mit dem Kind willkürlich hinauszuzögern und es daran zu hindern, autonom zu werden. Man beschuldigt sie, ihrem Kind eine pathologische Beziehung aufzuzwingen. Groß in Mode dagegen ist der Schnuller, der den zusätzlichen Vorteil bietet, die unbequemen Schreie des Kindes zum Schweigen zu bringen. Fläschchen und künstliche Muttermilch bringen dem Handel beträchtliche Profite ein. Der Umstand, daß es immer mehr Mittelohrentzündungen gibt und Allergien und Zahnprobleme ständig zunehmen, wird heruntergespielt; und trotz der zahlreichen Studien, die das Stillen mit künstlicher Muttermilch in Frage stellen, scheint alles dafür getan zu werden, um die Frauen davon abzubringen, ihrem Kind die Brust zu geben. Obwohl es in Frankreich verboten ist, für künstliche Muttermilch – die für die ersten Lebensmonate gedacht ist – zu werben, versteht es die Industrie, das Gesetz zu umgehen; und jede neue Wöchnerin wird sofort mit Ratschlägen zur Fütterung mit dem Fläschchen überhäuft.

Dem Kind die Brust geben

Das Stillen eines Kindes ist eine wundervolle Erfahrung. Der Säugling, der die Brust der Mutter sucht, danach greift und begierig daran saugt, vermittelt seiner Mutter intensive sexuelle Empfindungen. Diese haben nichts mit den Empfindungen gemein, die beim Geschlechtsverkehr entstehen; hierbei handelt es sich um eine ganz andere Art der Sexualität. Die meisten Frauen unterscheiden dabei klar zwischen ihrem Säugling und ihrem Mann. Beide Empfindungsarten sind sexueller Natur, aber ohne daß eine Zweideutigkeit oder Verwechslung möglich wäre. Leckt ein Mann an einer Brustwarze, so ist das Gefühl, das er dabei auslöst, nicht im mindesten mit dem zu vergleichen, das ein saugender Säugling hervorruft. Und doch sind es dieselbe Brust und dieselbe Frau.

Das Steifwerden der Brustwarze, das erste Einschießen der Milch, der Ejektionsreflex, der erfolgt, wenn die Milch aus der Brustwarze quillt, um dann im Mund des Säuglings zu landen, das Streicheln durch seine winzigen Lippen, die die Brustwarze umfangen, der sanfte Druck durch das noch zahnlose Zahnfleisch – und dann die Reaktionen der Brust, wenn das Baby weint oder Hunger hat, die selbst dann spürbar sind, wenn die Frau im Büro ist, das Kind aber zu Hause, und dank deren man sich mit ihm wie durch einen unsichtbaren Faden verbunden fühlt: Alle diese sensorischen und affektiven Eindrücke bereichern das sexuelle Leben der Frau und die Beziehung zwischen Mutter und Kind. Das Saugen des Säuglings ist nicht nur angenehm und gesund für ihn, es hat auch einen Nutzen für die Mutter; es löst Kontraktionen im Uterus aus, wodurch er nach der Entbindung wieder zu seiner ursprünglichen Größe und seinem richtigen Sitz zurückfindet. Ganz zu Anfang können diese Kontraktionen schmerzhaft sein. Ein wenig später werden sie sehr genußvoll, zuweilen fast orgastisch; doch auch jetzt kann man sie nicht mit der Lust verwechseln, die man beim sexuellen Akt empfindet.

Es kommt vor, daß Frauen von der Heftigkeit ihrer sexuellen Empfindungen schockiert, ja angewidert sind, weil sie Schuldgefühle in ihnen wecken. Wenn sie sich dann nicht mit anderen darüber austauschen können, ist es gut möglich, daß sie das Stillen frühzeitig wieder abbrechen. Andere Frauen ahnen die sexuelle Dimension des Stillens und wehren sich radikal dagegen, indem sie zur künstlichen Milch greifen. «Ich bin keine Kuh», sagt beispielsweise Valérie. Dieses Bedürfnis, sich von der Animalität zu distanzieren, sagt viel über die Schwierigkeit aus, sich als Frau zu fühlen. Unsere Scheinwelt der schönen Bilder hat zur Abwertung des mütterlichen Stillens beigetragen. Vorurteile wie: «Dadurch bekommt eine Frau Hängebrüste» dienen als Vorwand. Sie entbehren jeglicher Grundlage, denn wenn es auch wahr ist, daß Brüste nach dem Stillen von acht oder zehn Kindern schwer und ausgeleiert sein können, so verschönert sich die Brust einer Frau zumeist, wenn sie damit zwei oder drei Säuglinge gestillt hat.

Viele Frauen sagen, sie wollten nicht stillen. Die einzige Antwort, die man ihnen darauf gibt, ist der Vorschlag, dann eben das Fläschchen zu verwenden. Unter dem Deckmantel der Entscheidungsfreiheit und mit dem ansonsten ehrenhaften Ziel, «bei den Müttern, die nicht stillen wollen, keine Schuldgefühle zu wecken», «respektiert» man ihre Willensbekundung mit einer etwas fragwürdigen Beflissenheit. Nie schenkt man ihren Zweifeln, ihren Ängsten, ihren unbewußten Vorstellungen und ihren Phantasmen wirklich Gehör, nie versucht man, ihre tiefliegenden Motivationen zu ergründen ...

Dagegen werden die Frauen, die den Wunsch äußern, zu stillen, davor gewarnt; sie werden auf subtile Weise verunsichert, ja entmutigt. Wie viele Mütter sind überzeugt davon, nicht genügend Milch zu haben oder eine «schlechte» Milch zu erzeugen? Reiner Irrglaube. Es kommt nur ganz selten vor, daß eine Frau nicht stillen kann[17]. Aber statt ihr zu helfen, sich zu entspannen, auf sich zu vertrauen und ihr Baby in der richtigen Lage zu halten, schlägt man ihr eine «Nahrungsergänzung» vor (womit angedeutet wird, daß sie nicht imstande ist, ihr Kind zu ernähren). Die Fläschchen mit der ergänzenden Nahrung bringen die mütterliche Milchbildung und den natürlichen Rhythmus des Babys in Kürze so sehr durcheinander, daß die Mahlzeiten nicht mehr ausreichen – wodurch die Berater dann recht behalten.

Die Verwendung des Fläschchens ist unumgänglich, wenn die Mutter nicht anwesend, wenn sie gestorben oder krank ist. Es ist ebenfalls zweckmäßig, wenn die Mutter des Kindes das Haus verlassen will oder muß, weil sie berufstätig ist oder private Interessen verfolgt. Aber seine systematische Verwendung entlastet weder die Frauen noch die Babys. Abgesehen von den langfristigen negativen Auswirkungen auf die Gesundheit, trägt das Fläschchen dazu bei, die Frauen zu isolieren, und es nimmt den Säuglingen (zu) früh einen Großteil ihrer sensorischen Entfaltungsmöglichkeiten.[18]

Die Frauen müssen sich zusammentun, um gegenseitig Informationen auszutauschen, aber vor allem auch, um miteinander über ihre Intimität, ihre Phantasmen, ihre Wünsche, ihre Schamgefühle, ihre Verwirrungen – eben ihre alltäglichen Erfahrungen zu sprechen. Ein solcher Gedankenaustausch ermöglicht einer jeden Frau, die richtige Wahl zu treffen. Manche Frauen werden sich auch weiterhin für die künstliche Milch entscheiden, aber sie werden es ganz bewußt tun. Gespräche sind wichtig, damit sich Frauen und Kinder nicht mehr um eine unersetzbare und wundervolle Erfahrung bringen[19].

9 Trauer oder Depression?

Die Depression

Zwei Männer stehen nebeneinander an der Bar und reden über einen Freund. Sie kommen darauf zu sprechen, daß er auf dem Fest am vergangenen Samstag nicht erschienen ist.

«Marcel leidet seit dem Tod seiner Frau an einer Depression.»

«Ach wirklich? Wann ist sie denn gestorben?»

«Schon vor etwa sechs Monaten! Sein Chef hat zu ihm gesagt, es wird langsam Zeit, daß er zu einem Arzt geht und sich Medikamente verschreiben läßt. Er kommt damit einfach nicht zurecht, er ist nervlich erschöpft und ständig mit den Gedanken woanders, so kann das nicht weitergehen!»

Nein, Marcel hat keine Depression, er trauert. Und eine Trauer ist keine Angelegenheit von ein paar Tagen; sie dauert durchschnittlich ein Jahr lang.

Will man den Zeitschriften und Werbespots Glauben schenken, so besteht unser Leben nur aus Glück und ewiger Energie. Traurigkeit und Schmerz vertragen sich nur schlecht mit Rentabilität. Sie sind einmal niedergeschlagen oder down? Gleich lautet das Urteil: Depression.

Traurigkeit gehört zum Leben dazu. Wenn wir sie auf Dauer leugnen, laufen wir Gefahr, tatsächlich in eine Depression zu verfallen oder ernstlich krank zu werden. Vom Schnupfen bis hin zur Tuberkulose: zahlreiche Erkrankungen des Atemsystems wollen uns darauf hinweisen, daß wir traurig sind.

Wir alle haben Tiefs, die mit einem bestimmten Ereignis zusammenhängen können, aber nicht müssen. Eine Depression ist mehr als nur eine Phase der Trübseligkeit; es ist ein Zustand, der anhält, der Monate oder auch Jahre währen kann.

Depressiv sein, ohne es zu wissen

Paradoxerweise kann eine richtige Depression unbemerkt bleiben. Das Gefühl der Verzweiflung kann sich hinter einem körperlichen Symptom, dem völligen Aufgehen in der Arbeit oder der Abhängigkeit vom Ehepartner verbergen. Man kann sogar depressiv sein, ohne unter Schwermut zu leiden! Die Depression wird zum festen Bestandteil der Persönlichkeit. Man sieht sie nicht, noch spürt man sie. Es ist die «latente Depression», im Gegensatz zur «akuten Depression».

Wie kann man eine latente Depression erkennen? In diesem Fall ist das Gesicht gewöhnlich ausdruckslos und läßt weder positive noch negative Emotionen erkennen. Der Depressive pflegt seine Beziehungen nicht mehr. Sein Denken ist operativ, das heißt, es ist sehr konkret und vor allem auf Nutzen ausgerichtet. Er kann ein mathematisches Problem anpacken, er kann sich sogar in komplizierte intellektuelle Aufgaben vertiefen, aber er kann sich keinen Träumen hingeben. Er ist nicht schöpferisch. Seine Imagination ist sozusagen blockiert. Mechanisch, ohne besondere Motivation, geht er seinen Aktivitäten nach.

Die Diagnose der Depression

Dem DSM III, Manuel diagnostique et statistique des troubles mentaux (dtsch.: *Handbuch für Diagnose und Statistik der Geisteskrankheiten*) zufolge müssen mindestens fünf der folgenden Symptome – fast täglich und mindestens zwei Wochen lang – vorhanden sein, damit von einer Depression gesprochen werden kann:

1. Traurige Stimmung, die den ganzen Tag lang anhält und mehrere Tage lang dauert.
2. Appetitlosigkeit oder Bulimie oder bedeutende Gewichtsveränderung.
3. Schlaflosigkeit oder übermäßiges Schlafbedürfnis, nächtliches oder vorzeitiges Aufwachen.

4. Erregtheit oder psychomotorische Verlangsamung.
5. Mangelndes Interesse an gewohnten Aktivitäten, Verminderung der sexuellen Aktivität.
6. Energielosigkeit, Müdigkeit.
7. Das Gefühl, wertlos zu sein, Hang zur Selbstanklage, übergroße oder unangemessene Schuldgefühle, Pessimismus, Neigung, die Dinge schwarz zu sehen, Selbstverachtung.
8. Verminderte Fähigkeit, zu denken oder sich zu konzentrieren.
9. Gedanken an den Tod, Selbstmordabsichten.

Welche Altersgruppe ist am meisten betroffen von der Depression? Sind es die Geschiedenen, die Jugendlichen oder die Verheirateten? Beeinflußt durch unsere Vorurteile neigen wir dazu, die Einsamen und Verlassenen an die erste Stelle zu setzen. Auch die Ärzte unterliegen diesen Vorurteilen. Sie unterschätzen bei weitem die Depressionsrate bei den Jugendlichen und den Verheirateten. Wie kann man deprimiert sein, wenn man jung ist? Und hat ein Mensch, der eine verwandte Seele gefunden hat, damit nicht auch eine Garantie gegen die Einsamkeit und gegen die Depression gefunden?

Die WHO hat in vierzehn Ländern eine Untersuchung über die Häufigkeit der Depression durchgeführt; bei den 18–24jährigen stellten die Allgemeinärzte nur in 25 Prozent der Fälle eine richtige Diagnose, bei den 45–65jährigen dagegen in 65 Prozent der Fälle. Sie erkannten die Depression nur in 42 Prozent der Fälle bei Verheirateten, jedoch in 87 Prozent bei getrennt lebenden Personen[20].

Und die Kinder? Werden sie von diesem Leiden verschont? Leider nein. 2 Prozent der Kinder und 10 Prozent der Heranwachsenden sollen an einem schweren depressiven Syndrom leiden[21]. Es ist sehr schwierig, die wirkliche Zahl der depressiven Kinder zu schätzen, denn nicht alle kommen in die Sprechstunde. Oft sind es ihre Eltern, die die Fragebogen der epidemiologischen Erhebungen ausfüllen. Und die unterschätzen die Depression ihrer Kinder oft beträchtlich.

Ihr Kind hält sich abseits, hat immer eine ernste Miene, gibt seinen Gefühlen kaum Ausdruck, wirkt abwesend, oder – ganz im Gegenteil – es verhält sich reizbar, unruhig und ist störrisch und unzufrieden; es sagt Dinge wie: «Ich habe zu nichts Lust, ich bin eine Niete, ich bin böse, es ist alles mein Fehler, niemand liebt mich» – dann sollten Sie sich fragen, ob es nicht vielleicht eine Depression hat.

«Ich weiß nicht, was ich eigentlich noch tun soll, um ihm eine Freude zu machen; er ist nie zufrieden, er interessiert sich für nichts, er rührt sich nicht vom Fleck, sitzt einfach nur da ...» Dieser Junge ist nicht etwa genetisch unzufrieden, er ist unglücklich und depressiv, er braucht Hilfe. Das Drama dieser deprimierten Kinder ist, daß sie deprimierend auf die Erwachsenen wirken, die sich außerstande sehen, sie aufzuheitern. Eltern und Großeltern ziehen es vor, zu denken, daß das Kind «eben so ist». «Solange es in der Schule gut lernt, besteht kein Grund, sich Sorgen zu machen», sagen sie sich. Die Eltern kommen nur dann in die Sprechstunde, wenn die Schulnoten schlecht sind, sie kommen nicht, wenn das Kind stets Klassenprimus ist. Sie sehen nicht, daß ihr Liebling vor dem Leben flieht, indem er sich in seine Bücher vertieft. Wenn die Jugendlichen ihren Kummer gegen sich selbst wenden, stören sie niemanden. Gewalt kann aufschrecken und Eltern dazu veranlassen, einen Arzt aufzusuchen, doch eine Depression beunruhigt sie nicht weiter. Ihr Kind ist eben still, es stört ja nicht, denn es bleibt stundenlang «artig» in seinem Zimmer.

Bei der 1995 abgehaltenen Konsenskonferenz über die psychologischen Störungen von Kindern und Jugendlichen einigten sich die anwesenden Spezialisten auf folgende Risikofaktoren: eine Kette belastender Ereignisse, ein an Depression leidender Elternteil, eine negative oder distanzierte Haltung der Eltern gegenüber ihrem Kind, affektiver Mangel. Die Fachleute unterstrichen, wie schädlich eine Kindeserziehung ist, die von Bestrafung, Zwang und Willkür geprägt ist, und hoben ferner hervor, daß Kinder auch unter den von den Eltern erlebten Belastungen leiden. Strenge Eltern sowie Eltern, die ihre Selbstachtung verloren haben – beispielsweise weil sie arbeitslos sind –, aber auch offene oder unterschwellige Ehekonflikte können eine Mitschuld an der Depression ihres Kindes haben.

Trotz aller Vorurteile scheinen die Kinder von Alleinerziehenden nicht häufiger unter depressiven Störungen zu leiden als andere Kinder.

Die Geschichte einer Depression

Als Aurélie zu mir in Behandlung kam, nahm sie bereits seit drei Jahren Tabletten, um ihren Alltag durchzustehen. Sie fühlte sich überlastet und erschöpft. Sie schlief viel. In ihrer Arbeit warf man ihr Langsamkeit vor, sie hatte Mühe, sich zu konzentrieren, und litt häufig unter Blackouts. Sie war bereits zum Prügelknaben der ganzen Abteilung geworden. Ihre Kollegen nutzten sie aus und machten sich über sie lustig. Dennoch behauptete Aurélie, sie habe «eigentlich alles, um glücklich zu sein»: einen wundervollen Ehemann, der gut für sie sorge und der sich intensiv um ihre drei Kinder kümmere, dazu ein schönes Haus und einen interessanten Beruf. Sie suchte mich auf, weil sie glaubte, sie sei «nicht ganz richtig im Kopf».

Nach und nach wurde ihr bewußt, daß die anderen sie nicht respektierten, weil sie sich selbst nicht achtete. Schon immer hatte sie gefunden, sie sei keines Interesses würdig. Sie war mit einer stets beschäftigten Mutter und einem Vater aufgewachsen, der meistens abwesend war und gemeint hatte, es sei Sache der Frau, sich um die Kinder zu kümmern. Auch ihre älteren Geschwister hatten nie Lust gehabt, mit ihr zu spielen.

Mit jeder Sitzung empfand sie mehr Zorn auf ihre Eltern und ihren so aufmerksamen Mann, der sie daran hinderte, selbständig zu werden. Im Grunde wußte sie, daß sie ihn eben deswegen gewählt hatte. Sie hatte eine Schulter gewollt, um sich anzulehnen. Nur mußte sie sich, um beschützt zu werden, weiterhin wie ein kleines Mädchen benehmen, das verletzbar war und unfähig, das Leben zu meistern. Aus Furcht, ihn zu verlieren, erlaubte sie sich nur Angst oder Traurigkeit; Zorn zeigte sie nie.

Als sie zum ersten Mal zu mir gekommen war, war sie wie von sich selbst abgeschnitten. Sie empfand weder Zorn für ihre Kollegen, die sie lächerlich machten, noch Groll für ihren Mann, der sie zwar beschützen mochte, aber auch schlug. Sie nahm das alles mit dem Fatalismus des ohnmächtigen Opfers hin. Voll Scham wegen der Schläge ihres Mannes und voller Schuldgefühle, weil sie sich nicht zu behaupten verstand, zog sie sich immer mehr in die Depression zurück.

Der Vorteil der Depression: Man kann Wut vermeiden

Wenn es einem Menschen zu gefährlich erscheint, seinen Groll zum Ausdruck zu bringen, so kehrt er die aggressiven Impulse gegen sich selbst. Bei ihren Eltern hatte Aurélie keine andere Wahl, man schenkte ihrem Zorn ja keinerlei Beachtung. Sie wählte sich einen Mann, der in manchen Aspekten dem Bild ihrer Mutter entsprach, in anderen dem Bild ihres Vaters. Mit ihm wiederholte sie die Verhaltensweisen der Unterwerfung, die sie als Kind gelernt hatte. Sie schluckte ihre Frustrationen hinunter und kehrte ihren ohnmächtigen Zorn gegen sich selbst. Die Depression stellte ein letztes und verzweifeltes Mittel dar, um die Bindung zu ihrem Mann – aber im tieferen Sinne die zu ihren Eltern – aufrechtzuhalten. Die große Erschöpfung nahm ihr die Lust, für sich zu kämpfen.

Wenn der Depressive keine Energie mehr hat, dann deshalb, weil er sie gegen sich selbst einsetzt. Er mobilisiert sie, um die unerwünschten Affekte Zorn, Frustrationen und Schmerz zu unterdrücken. Er hat viel zuviel Angst, er könnte, falls er seine Wut auslebte, etwas zerstören, sich der Vergeltung durch die anderen aussetzen oder die Beziehung mit ihnen für immer verlieren.

Bei einer akuten Depression wird das Leiden zur Anklage: «Sieh, wie weh du mir tust.» Es braucht kaum eigens erwähnt zu werden, daß sie nicht oft wahrgenommen wird. Im allgemeinen werden Ihre Eltern es vorziehen, zu glauben, Sie hätten Probleme im Büro oder Schwierigkeiten in Ihrer Ehe, anstatt sich eingestehen zu müssen, daß sie Ihnen nicht die Liebe, Aufmerksamkeit oder Achtung geschenkt haben, die Sie als Kind gebraucht hätten. Und um nicht mit der Wahrheit über Ihre Kindheit konfrontiert zu werden, glauben auch Sie es.

Es gibt Dramen, die bei einem Erwachsenen eine Depression zur Folge haben können, zum Beispiel: wenn man in einen sinnlosen

Krieg verwickelt war und töten «mußte», wenn man andere Menschen gefoltert hat, wenn man selbst Folteropfer war oder in einem Konzentrationslager interniert wurde, wenn man mit eigenen Augen sehen mußte, wie die eigene Familie unter schrecklichen Umständen starb, wenn man all seine Angehörigen bei einer Brandkatastrophe verloren hat... Aber man bekommt keine Depression, weil der Chef unnachsichtig ist, die Freundin einen verlassen hat, weil einem gekündigt wurde oder weil man sich in Scheidung befindet. Trennungen, Verlust des Arbeitsplatzes, beruflicher Streß oder Belastungen in der Ehe – so schmerzlich sie auch sein mögen – lösen nur dann eine Depression aus, wenn der Betreffende bereits eine depressive Prädisposition hat, das heißt einen tiefgehenden Mangel an Selbstachtung. Die Ursachen der Depression sind fast immer in der Vergangenheit zu suchen. Ganz gleich, in welchem Alter sie auftritt, 90 Prozent der in westlichen Breiten auftretenden Depressionen rühren von Verletzungen in der Kindheit her.

Im allgemeinen geschieht die Heilung von einer Depression durch das Wiederfinden der tieferliegenden Emotionen, durch das Verstehen, weswegen ein Mensch in seiner Kindheit schmerzliche Affekte gegen sich wendete, durch die Wiederherstellung der Selbstachtung und das Lernen, wie man seinem Zorn Ausdruck verleiht.

Jahreszeitlich bedingte und mit dem Geburtsmonat zusammenhängende Depressionen

Jedes Jahr im Juli ist Ursula deprimiert. Es ist der Monat, in dem sie in eine Familie hineingeboren wurde, in der sie sich nie gut aufgehoben fühlte. Sie wurde geschlagen und geringgeschätzt und nie wirklich akzeptiert. Oft hat sie sich gefragt, warum sie überhaupt geboren wurde. Ihr Geburtstag ist wahrlich kein fröhlicher Tag.

Patrick ist im April trübsinnig; es ist der Monat, in dem seine Mutter starb. Aber das wurde ihm erst im Laufe seiner Psychotherapie klar. Zuvor hatte er niemals seine Traurigkeit mit dem Verlust der Frau in Verbindung gebracht, die ihn nie geliebt hatte.

Jahreszeitlich bedingte Depressionen können psychische Ursachen haben. Es sind Reaktionen auf unverarbeitete Trauer. Die empfundenen Gefühle sind nicht reaktiv auf irgendein gegenwärtiges Ereignis, sondern hängen mit Emotionen aus der Vergangenheit zusammen, die nicht verarbeitet wurden. Die Ursachen dafür können auch physiologischer Natur sein. Wir bilden nämlich ein Hormon, das Melatonin, das unseren Tagundnachtrhythmus in Abhängigkeit von der Sonneneinstrahlung reguliert. Wenn die Lichtintensität zwischen Oktober und Februar vermindert ist, so hat die trübe Stimmung nicht nur psychische Ursachen. Die Wissenschaftler nennen diesen Zustand das Winterdepressionssyndrom und behandeln die Patienten, indem sie sie einige Stunden täglich einer Lampe, die das Tageslicht imitiert, aussetzen. Das Licht fördert die Bildung des Melatonins, und die Energie kehrt zurück.

Eine grundlegende Traurigkeit

Amélie gelingt es nicht, sich von einer grundlegenden Traurigkeit zu befreien. Sie kann weder laut lachen noch mit ihren Kindern spielen. Ihr ganzes Leben verläuft wie vor einem depressiven Hintergrund. Schon als Kind war sie sehr still. Im Laufe ihrer Therapie erkannte sie, daß ihre Mutter depressiv gewesen war; damit hatte Amélie «die heiße Kartoffel» angefaßt. In den Sitzungen fühlte sie Zorn auf die mütterliche Passivität. Sie beschloß, die Gefühle ihrer Mutter nicht mehr länger zu übernehmen; sie traute sich, ihr zu sagen: «Mutter, ich gebe dir deine Traurigkeit zurück.»

Seither hat sie einen Sinn für Humor entdeckt, den sie bei sich gar nicht vermutete. Sie lernt, mit ihren Kindern zu spielen und herumzutollen. Sie bekommt allmählich Freude am Leben.

Trägheit, Müdigkeit und Langeweile

Alain ist dreiundsiebzig Jahre alt. Er sagt zu mir: «Ich bin faul, ich bringe es einfach nicht fertig, mich ans Zeichnen zu machen, obwohl ich es eigentlich furchtbar gerne tue.» Er hatte bereits an verschiedenen Kursen teilgenommen; schon bald jedoch bemerkte er, daß sie nicht das Richtige für ihn waren. Er wollte frei zeichnen, wohingegen der Kunstlehrer auf dem Zeichnen von Stilleben beharrte. Aber Alain wagte nicht, dagegen aufzumucken. Er ging das ganze Jahr hin, ohne einen einzigen Abend auszulassen. Und das, obwohl der Weg dahin nicht ganz unbeschwerlich war; er mußte dazu einen langen Hang hochsteigen und dann noch einige Treppen. Auch wenn er behauptet, voller Energie zu sein, so bringt ihn das in seinem Alter doch ein wenig außer Atem. Alain hat sich allzu lange Zwang angetan, ohne auf seinen Körper zu achten, ohne auf seine Gefühle, ja ohne selbst auf die Beurteilungen seiner Arbeit durch seinen Kunstlehrer zu hören. Er hat damit seine Lust am Zeichnen aufgebraucht.

Das, was wir «Faulheit» nennen, ist die erkennbare Seite eines unterdrückten Gefühls. Kinder, die in der Schule nicht arbeiten, sind nicht faul; sie sind zornig und «streiken». Dieser Prozeß ist unbewußt; den Kindern muß man helfen, ihre Lernhemmungen in Worte zu fassen, denn das einzige, was sie im allgemeinen wissen, ist, daß sie ein «Brett vor dem Kopf» haben. Sie müssen beruhigt werden, man muß ihnen zuhören und sie respektieren und darf sie nicht zum Arbeiten zwingen noch ihnen drohen ...

Desgleichen sind Müdigkeit und Langeweile Syndrome für Depressivität.

Die Trauerarbeit

Allzuoft verschreiben Ärzte den Menschen, die unter dem Verlust eines geliebten Menschen leiden, Antidepressiva oder Stimmungsaufheller, um ihnen ihr Leiden zu ersparen. Das ist falsch, denn diese Patienten sollten, ganz im Gegenteil, ihre Emotionen ausleben, über den Verstorbenen weinen, ihre Wut, ihre Frustrationen und ihre Verzweiflung zum Ausdruck bringen und über den Sinn ihres eigenen Lebens nachdenken.

Immer mehr Bestattungsunternehmen bieten den trauernden Hinterbliebenen an, sich um alle Belange der Beerdigung zu kümmern: um das Ankleiden des Toten, seine Einsargung und seine Beisetzung. Sie wollen der Familie all die schmerzlichen organisatorischen Aufgaben ersparen. Und doch ist die Planung der Beerdigung etwas sehr Wichtiges; ich würde sogar sagen, sie ist für die Hinterbliebenen notwendig. Dieser Ansicht ist auch Elisabeth Kübler-Ross, die viele tausend Stunden an der Seite von Sterbenden und ihren Familien verbracht hat. Wenn man einen Menschen verliert, den man liebt, ist man verzweifelt darüber, daß man nichts mehr für ihn tun kann. Das eigene Tätigsein ermöglicht dann, das Schuldgefühl zu lindern, das mit jedem Trauerprozeß verbunden ist. Sich um die Beerdigung zu kümmern bedeutet, den Verstorbenen bis zum Ende zu begleiten. Elisabeth Kübler-Ross hat festgestellt, daß die Angehörigen oft wünschen, den Toten selbst anzukleiden, sofern man es ihnen anbietet und ihnen – selbstverständlich – dabei hilft. Die Menschen, die es nicht tun wollen, sind auch jene, die die Wirklichkeit des Todes nur schwer akzeptieren können.

In unserer Gesellschaft ist alles darauf ausgerichtet, den Tod zu verbergen, es uns zu ersparen, seiner Realität ins Auge zu sehen. Man schminkt das Gesicht und den Körper des Verstorbenen, damit die Familie sagen kann: «Man möchte meinen, er würde noch leben.» Man verschreibt den Angehörigen Beruhigungsmittel. Wenn Sie auf dem Friedhof in Schluchzen ausbrechen, zieht man Sie vom Grab weg. Um die Kinder nicht zu «traumatisieren», verbietet man ihnen den Zutritt zum Sterbezimmer und zieht es vor, sie nicht mit zum Friedhof zu nehmen. All das verstärkt das Gefühl der Unwirklichkeit («er ist nicht wirklich tot») und verhindert den Trauerprozeß. Das intellektuelle Akzeptieren ist eine Sache, das emotionale und affektive eine andere; dies geschieht durch den ungehinderten Ausdruck der Emotionen.

Wenn man bei einer Beerdigung sein Schluchzen unterdrückt, bleibt es in einem. (Weint man etwas später allein in seinem Zimmer, so hat das mitnichten dieselbe befreiende Wirkung.) Die Trauerarbeit wird damit unterbrochen. Wir verwenden unsere Energie darauf, unsere Tränen zurückzuhalten, und schließen dabei Spannungen in unserem Körper ein. Wundern Sie sich dann bitte nicht über unerwartete Reaktionen an Geburtstagen und über andere «elastische Verknüpfungen» . . .

Doch nicht nur auf Todesfälle reagieren wir mit Trauer. Diese Reaktion, die je nach Bedeutung des Umstandes unterschiedlich heftig empfunden wird, ist die Folge eines jeden Verlustes: einer Trennung, aber auch eines Wohnortwechsels, eines Rückzugs in den Ruhestand, einer beruflichen Veränderung, einer vereitelten Hoffnung, einer enttäuschten Erwartung ...

Die Phasen der Trauer

Sie verlieren einen Gegenstand, an dem Sie hängen: ein Schmuckstück, ein wichtiges Schriftstück oder einen Menschen, der Ihnen sehr lieb ist ... Hier sind die Phasen, die Sie wahrscheinlich durchmachen:

1. «Nein, ich habe es nicht verloren. Ich muß es irgendwo vergessen haben, ich werde es wiederfinden ...»
   «Nein, er ist nicht tot, das ist einfach nicht möglich!»
   Die erste Phase ist die des Verleugnens, des Nicht-wahrhaben-Wollens. Man kann der Wirklichkeit noch nicht ins Auge sehen. Der Betreffende schützt sich vor einem zu großen Ansturm von Emotionen. Er fühlt sich ihnen nicht gewachsen, will sie nicht sehen, nicht hören, nicht verstehen.

2. «Verdammt!» Wut steigt in einem hoch.
   «Es ist ungerecht; ich will nicht, daß er tot ist – warum ist er von mir gegangen? Die Ärzte sind einfach unfähig, die Abteilung, in der er lag, war erbärmlich schlecht ausgestattet! Warum nur hat er mich allein gelassen? Dazu hatte er kein Recht.»
   Sie lehnen sich zornig gegen das Unvermeidbare auf. Sie klagen alle um Sie herum an – oder wenden Ihren Zorn gegen sich selbst, indem Sie Schuldgefühle in sich wecken: «Ich hätte dieses oder jenes tun müssen; wenn ich gewußt hätte, daß ...»
   Wenn eine Bindung zerbrochen ist, versuchen wir, sie wiederherzustellen. «Ich will nicht, daß er geht, ich will ihn nicht verlassen.»

3. «Erbarmen, lieber Gott, gib mir mein Foto zurück, mach, daß ich es in einer Schublade vergessen habe!» Sie fangen an, zu verhandeln. Selbst wenn Sie nicht gläubig sind, versprechen Sie sich: «Von nun an werde ich besser aufpassen.» Sollte der Verlust eingetreten sein, während Sie etwas Ungewohntes oder sogar Verbotenes taten, so geloben Sie: «Das werde ich nie mehr tun.» Fast wären Sie bereit, eine Kerze in der Augustinerkirche anzuzünden...
   Die Wirklichkeit ist einfach zu schwer zu ertragen, und vielleicht war der Verlust gar nicht unvermeidbar. Alles muß versucht werden. «Wenn ich nur dieses und jenes getan hätte, wäre es nicht passiert; nimm lieber mein Leben als seines.»

4. «Ich werde ihn nie mehr sehen. Es ist aus.» Sie sind traurig, Sie weinen. Sie müssen sich ins Unvermeidliche fügen, der Zorn wird ihn nicht wiederbringen. Das ist die Phase der Depression. Nichts interessiert einen mehr. Sie sind niedergeschlagen. Die Energie, die man noch gestern im Zorn oder beim Verhandeln aufzubieten versuchte, ist nicht mehr da.

5. Es ist zu Ende. Sie beklagen es, aber Sie akzeptieren es. Sie sind bereit, das Vergangene hinter sich zu lassen, neue Bindungen einzugehen. Es ist die Phase der Zustimmung, Sie haben Ihre Trauer abgeschlossen.

Diese Phasen, die von Elisabeth Kübler-Ross ausgearbeitet wurden, durchläuft jeder Mensch, der sich seinem Tod nähert; doch auch die Familie, die ihn begleitet, erlebt sie. Jede Phase ist wichtig und eine Voraussetzung für die darauffolgende. Trauer ist ein Anpassungsprozeß.

Jede nicht verarbeitete Trauer erzeugt emotionale Blockaden. Wenn uns etwas Entsetzliches zustößt – eine Vergewaltigung, ein Attentat, ein Verrat seitens unserer Eltern –, so wäre uns am liebsten, es würde keinen Einfluß auf unser Leben nehmen. «Ich will nichts fühlen, ich will nicht mehr daran denken.» Doch in diesem

Fall verwenden wir einen Großteil unserer Energie darauf, unsere Affekte ins Unbewußte zu verdrängen.

Die Traurigkeit

Ich werde nie vergessen, wie sich zum ersten Mal Traurigkeit auf dem Gesicht meiner Tochter zeigte, die damals erst einige Monate alt war. Ein Freund war eben zu uns gekommen, hatte sie begrüßt und mit ihr geschäkert. Margot hatte ihn angelächelt. Dann hatte er sich zu den Erwachsenen umgedreht und begonnen, sich mit ihnen zu unterhalten. Margot beobachtete ihn, machte kleine, hilflose Gebärden, um seine Aufmerksamkeit zu erhaschen. Aber es war verlorene Liebesmühe. Ein bekümmerter Ausdruck trat auf ihr Gesichtchen. Zum ersten Mal war es ihr nicht gelungen, die Aufmerksamkeit eines Menschen auf sich zu lenken. Sie lernte, was Traurigkeit war. «Er will nichts von mir wissen.»

Wir alle kennen dieses betrübliche Gefühl, das sich einstellt, wenn es uns partout nicht gelingen will, jemanden für uns zu interessieren; aber im allgemeinen verbergen wir es, um nicht zu leiden.

In manchen Familien schenkt keiner dem anderen Aufmerksamkeit, jeder lebt sein Leben, die geführten Gespräche sind vollkommen beliebig, bestehen einmal aus irgendwelchen mentalen Assoziationen und drehen sich ein andermal um den Butterpreis. Manchmal läuft der Fernsehapparat dabei. Und niemand scheint niedergeschlagen oder deprimiert zu sein. Wenn die Situation von keinem Familienmitglied angeprangert wird, so deshalb, weil alle dem Kontakt mit sich selbst ausweichen.

Traurigkeit (Tristesse) ist die natürliche Emotion angesichts eines Verlustes oder einer Enttäuschung. Ein Mißerfolg, ein Todesfall, ein Wohnortwechsel, eine Situation, die den Eindruck entstehen läßt, man würde nicht geliebt... Die Erscheinungsformen der Traurigkeit sind unterschiedlich: Nostalgie, Mutlosigkeit, Betroffenheit, Verzweiflung... Die lateinische Wurzel *strig-* enthält die Vorstellung, daß etwas zusammengedrückt wird: *Districtus*, von allen Seiten eingeengt. *Districtum* wurde im umgangssprachlichen Latein zu *districtia*, Beengtheit, was sich zu détresse (Elend) wandelte. Im Altfranzösischen meinte das Wort enger Durchgang und (im moralischen Sinne) Strenge, gerichtlicher Zwang. Später bekam es die Bedeutung: verzweifelte Lage.

Die détresse (verzweifelte Lage, Not) wird durch die notwendige Unterwerfung unter einen unausweichlichen Zwang ausgelöst. Es ist die Reaktion der Trauer. Man kann an der bestehenden Situation nichts ändern. Ohnmächtig angesichts der Widrigkeit, kann man nur noch weinen. Man zieht sich förmlich in sich selbst zurück. Am liebsten würde man gar nicht mehr existieren.

Traurigkeit ist nicht Depression. Die Depression ist ein Zeichen dafür, daß der Trauerprozeß mißlungen ist. Die Traurigkeit ist eine Phase darin, sie bedeutet, Trauer zu durchleben. Sie ermöglicht einerseits, sich auf das Akzeptieren der Realität hinzubewegen, und andererseits, sich wieder zurechtzufinden, sich wieder in seiner eigenen Identität einzurichten. Die Energie ist zu diesem Zeitpunkt nach innen gerichtet. Seien Sie egoistisch oder vielmehr egotistisch, wenn Sie traurig sind. Kümmern Sie sich in erster Linie um sich selbst, um Ihre Bedürfnisse. Überlassen Sie es den anderen, sich zu amüsieren, versuchen Sie nicht, sich Ihnen anzuschließen, das ist momentan nicht das Richtige für Sie. Um sich seelisch wiederherzustellen, benötigen Sie eine Ruhephase. Eine Periode der Traurigkeit ist ein Augenblick, wo man sich von der äußeren Welt zurückzieht und in sich selbst verschließt.

«Ich kann nicht den ganzen Tag über meinen Nabel weinen!» mag jemand erwidern. Es geht nicht darum, über seinen Nabel zu weinen, sondern *in* seinen Nabel hineinzuweinen. Wirklich aus tiefstem Inneren zu schluchzen, um sich von seinem Leiden zu befreien, um die schwierige Zeit zu überstehen. Suchen Sie sich jemanden, am besten einen Freund oder eine Freundin, um sich in seinen (ihren) Armen auszuweinen. Sie werden dann nicht mehr so allein sein, sich aber dafür in Ihrem Leiden verstanden wissen; Sie werden sich anerkannt und akzeptiert fühlen, was Ihnen hilft, sich nicht selbst abzuwerten oder Ihre Emotionen gegen sich zu wenden. Sie werden aus dieser Erfahrung zwar erschöpft, aber eher getröstet als «ausgepumpt» hervorgehen (natürlich unter der Voraussetzung, daß Sie dem anderen wirklich vertrauen und annehmen können, was er Ihnen gibt). Und dann können Sie sich erlauben, tiefer in die Emotion hineinzugehen. Der andere wird Sie schützen, wird Ihnen einen Rahmen zur Verfügung stellen, innerhalb dessen Sie sich entspannen können.

Von der Depression, dem trübseligen Grübeln, läßt man sich nur schwer ablenken. Leiden wir daran, so neigen wir dazu, uns Beschäftigungen zu wählen, die in einer eher düsteren affektiven Tonart gehalten sind. Im Zustand der Traurigkeit hingegen, selbst wenn sie tief ist, ist man immer bereit, sich einen Augenblick lang durch den Sonnenstrahl eines Lachens aufheitern zu lassen.

10 Die Kunst, glücklich zu sein und die anderen glücklich zu machen

Wir alle brauchen Liebe

Menschen sind Beziehungswesen. Sie leben von Zärtlichkeiten und Aufmerksamkeiten genauso wie von Brot. Nimmt man ihnen die Möglichkeit zu kommunizieren, so leiden sie. Daher ist die Isolation auch eine Strafe, die man gerne über rebellische Gefangene verhängt; sie wird zudem als Foltermittel verwendet.

Vor einigen Jahrzehnten beobachtete der Schweizer Psychologe René Spitz Babys in einem Waisenhaus. Sie wurden versorgt, gewaschen und ernährt, sie erhielten alle notwendige Pflege, und doch starben sie langsam dahin. Zuerst begannen diese Säuglinge zu schreien, zu rufen, dann verstummten sie, schrien nicht mehr, riefen nicht mehr; sie hatten verstanden, daß es zwecklos war. Sie krümmten sich zusammen, nahmen Zuflucht zu sich selbst. Sie hörten auf zu essen und ließen sich still und leise sterben. Spitz nannte dieses Syndrom «Hospitalismus».

Niemand lächelte diese Kinder an oder sprach mit ihnen; sie hatten für niemanden Bedeutung, wozu sollten sie also leben? Seit diesen Veröffentlichungen von Spitz ist das Pflegepersonal in Heimen für die Wichtigkeit der körperlichen Zuwendung sensibilisiert; Liebkosungen und Streicheleinheiten werden als integraler Bestandteil der Pflege anerkannt, und in den meisten Kinderkrankenhäusern kann einer der beiden Elternteile zusammen mit dem Kleinkind aufgenommen werden. Heute beobachtet man den Hospitalismus praktisch nur noch in den Waisenhäusern armer, totalitärer – oder sich im Kriegszustand befindender – Länder, wo es andere Dringlichkeiten als die affektiven zu geben scheint. Ich sage wohlweislich «scheint», denn diese Kinder sterben ebensosehr aus

Mangel an Anerkennung und Zuneigung wie an Hunger oder Krankheiten.

Nichts ist unerträglicher als Isolation. Fast sechs Milliarden Menschen leben jetzt auf der Erde, die meisten in den Städten. Die Transport- und Kommunikationsmittel sind sehr gut entwickelt und leicht zugänglich, und doch nimmt die Einsamkeit stetig zu.

Man kann sich in einer Menge oder in einem überfüllten Zug unter Umständen einsamer fühlen als in einer Einsiedelei. Zwar benötigen wir eine gewisse Distanz zu den anderen, damit wir uns sicher fühlen können. Zu den Stoßzeiten in der Untergrundbahn beschränkt jeder Mensch den Kontakt zu den anderen Fahrgästen auf ein striktes Minimum. Man zieht sich in sich zurück, um sich in seiner Intimität nicht verletzt zu fühlen.

Die Einwohner eines Dorfes, in dem jeder sein Haus besitzt, sind eher bereit, sich zu grüßen, als Menschen, die in einer Stadt im selben Gebäude wohnen. Ist Ihnen auch schon aufgefallen, daß, je höher ein Haus ist und je zahlreicher die Wohnungen sind, desto eisiger das Schweigen im Fahrstuhl ist? Die städtische Konzentration hat Einsamkeit zur Folge. Oft bedarf es eines Vorfalls, der über das Gewöhnliche hinausgeht, um die Kommunikation wieder in Gang zu setzen: ein Autounfall, ein umgestürztes Motorrad, eine Feuerwehrleiter, die an einem Fenster lehnt – das zieht Schaulustige an und liefert Gesprächsstoff. Bei den großen Streiks der Verkehrsmittel, die im Dezember 1995 in Frankreich stattfanden, konnte man beobachten, wie viele Leute, die sich nicht kannten, miteinander sprachen und sich anlächelten, während sie durch die Straßen gingen. Selten sah man soviel Solidarität unter Fußgängern. Obwohl ihnen die Beine mit der Zeit vom vielen Laufen schwer wurden und die Verkehrsstaus eine große Belastung darstellten, konnten sie sich austauschen, denn sie machten eine gemeinsame Erfahrung. Sie waren nicht mehr einsam, sondern solidarisch.

Glücklicherweise besitzen wir noch andere Möglichkeiten, ein Gespräch zu beginnen: Auch Blumen, Tiere und kleine Kinder erleichtern die Kommunikation auf wundersame Weise. Machen Sie einmal eine Fahrt in der Untergrundbahn mit einem Blumenstrauß in der Hand – insbesondere, wenn Sie ein Mann sind –, und die Leute werden ihre Reserviertheit vergessen und aus sich herausgehen. Transportieren Sie Ihre Katze oder Ihren Hamster – und Sie werden Sympathien auf sich ziehen. Tragen Sie Ihr Baby auf dem Arm oder in einer Babytragetasche, so geraten die Mitreisenden geradezu in Verzückung. (Kinderwagen erzielen nicht dieselbe Wirkung, vielleicht weil sie so platzraubend sind.)

Von dem amerikanischen Psychologen Claude Steiner, einem Freund und Kollegen Eric Bernes, dem Begründer der Transaktionsanalyse, stammt das Buch *Das Märchen von den Kuscheltüchern*, das in den Vereinigten Staaten zu einem Bestseller avancierte, ebenfalls in Frankreich ein großer Erfolg der Jugendbuchliteratur wurde und auch vielen Erwachsenen gefällt: In einem fernen Land leben die Menschen glücklich zusammen. Sie tragen, an ihren Gürteln befestigt, ein Beutelchen mit kleinen, weichen Kuscheltüchern. Jedesmal wenn ein Mensch Lust auf ein Kuscheltuch hat, bittet er einen anderen darum. Der faßt dann in sein Beutelchen und gibt ihm eines.

Es ist eine Metapher für die Zeichen der Aufmerksamkeit, die wir gegenseitig austauschen und die zu unserem Wohlbefinden beitragen; die Kuscheltücher sind unerschöpflich. All das paßt der bösen Hexe nicht, die ihre Mixturen und Pillen deshalb nicht verkaufen kann. Sie beschließt, den Gedanken einer scheinbaren Knappheit in die Welt zu setzen, und flüstert einem Dorfbewohner ins Ohr, die Kuscheltücher könnten demnächst ausgehen. «Wenn deine Frau ihre Kuscheltücher jedem X-beliebigen gibt, dann werden bald nicht mehr genügend für dich dasein.» Eifersucht, Zweifel, Argwohn breiten sich aus ... Der Ehemann beginnt, seine Frau zu überwachen, die wiederum kontrolliert ihre Kinder. Sehr bald ist das ganze Dorf davon betroffen. Die Leute zögern jetzt, untereinander Kuscheltücher auszutauschen. Und dieser Mangel macht sie immer trauriger und zänkischer, sie werden krank, sie verlieren ihre Energie und sterben. Die Hexe verkauft ihre Mixturen in Massen, aber die haben keinerlei Wirkung. Da sie jedoch kein Interesse daran hat, ihre ganze Kundschaft an den Friedhof zu verlieren, erfindet sie einen «Ersatz» für die einstigen Kuscheltücher: Sie bietet den Dorfbewohnern Beutelchen mit Nesselfetzen an. Sie ähneln vage den Kuscheltüchern, aber wenn man sie bekommt, fühlt man sich kalt und schlecht. Die Menschen beginnen, die Nesselfetzen auszutauschen. Sie sterben nicht mehr, konsumieren aber in reichlichem Maße die Pillen und Mixturen der Hexe.

In der Geschichte von Steiner tritt plötzlich eine «Blumenfrau» auf den Plan. Das ist eine warmherzige und schöne junge Frau, die gut mit Kindern umgehen kann und die noch nie von der Knappheit der Kuscheltücher gehört hat. Zum Erstaunen der Dorfbewohner geht sie selbst sehr verschwenderisch damit um. Sie lächelt viel, man fühlt sich wohl in ihrem Beisein, sie ist liebevoll zu den Kindern. Diese mögen sie sehr, und sie beginnen wieder, umsonst und nur so zum Spaß, Kuscheltücher auszutauschen. Als die mißtrauischen Erwachsenen das sehen, beginnen sie, Regeln und Gesetze zu erlassen, um den Austausch der Kuscheltücher zu reglementieren ... Die Erzählung endet mit der Frage: Werden die Eltern ihre unfolgsamen Kinder unter ihr Gesetz zwingen? Werden sie sich der Blumenfrau anschließen und zusammen mit ihren Kindern wieder so freizügig leben wie in alten Tagen?

Geben

Geben bedeutet teilen. Es bedeutet damit auch empfangen. Wenn man ein Essen *gibt*, sagt man da nicht auch, man «empfange Freunde»? Eine Aufmerksamkeit, ein Geschenk, ein Kompliment, ein Lächeln zu schenken bedeutet, eine Bindung herzustellen, erlaubt es dem Empfänger, sich weniger allein zu fühlen, und es erlaubt auch, daß man sich selbst weniger isoliert fühlt. Allzu beschäftigt mit allen möglichen Dingen, in Anspruch genommen von dringenden täglichen Aufgaben, betrachten wir uns gegenseitig nicht genügend. Verliebte betrachten sich stundenlang; langjährige Ehegatten, die häufig Gefangene ihrer Gewohnheiten und der Alltagsroutine geworden sind, sehen sich manchmal überhaupt nicht mehr richtig an. Ein verständnisvolles Lächeln, eine zärtliche Berührung im Vorübergehen, ein Kuß, ein liebes Wort tragen zur Erhaltung der Bindung bei.

Wenn zwei Menschen liiert sind, dann gibt es den anderen, einen selbst und die Beziehung. Eine Beziehung lebt von Aufmerksamkeiten. Welche Bedeutung hat ein «ich liebe dich», wenn man nie Blumen schenkt, wenn man den Geburtstag oder die Vorlieben des anderen vergißt, wenn man in schwierigen Situationen nicht für ihn da ist? Eine Liebe, die sich nicht um den anderen kümmert, ist keine Liebe; sie ist Abhängigkeit – nach dem Motto: «Ich liebe dich für mich, weil ich dich brauche.»

Viele Menschen glauben immer noch, geben bedeute sich aufgeben, verzichten, entsagen. «Die Person, deren Charakter sich noch nicht über das Stadium des Empfangens, des Ausnutzens oder Zusammenraffens hinaus entwickelt hat, erlebt die Handlung des Gebens auf diese Weise», erinnert Erich Fromm in seinem Buch *Die Kunst des Liebens*. Und doch macht geben glücklich, denn «gerade in der Handlung des Gebens erlebe ich meine Kraft, meine ‹Wohlhabenheit›, meine Potenz. Dieses Erlebnis gesteigerter Vitalität und Kraft erfüllt mich mit Freude. Ich erlebe mich selbst als überströmend, lebendig und daher freudig.»

Es kann schwer sein, zu geben, wenn man selbst nicht genügend bekommen hat. Kann man denn nur *das* geben, was man bekommen hat? Dieses Vorurteil wird häufig angeführt, um sich für die eigene Passivität zu entschuldigen. Zum Glück ist es falsch. Sind denn nicht viele Eltern darauf bedacht, ihren Kindern etwas zu geben, was sie selbst nicht erhalten haben? Es kommt vor, daß sie nicht sehr geschickt dabei vorgehen, aber sie versuchen, ihren Kindern zu ersparen, was sie selbst erlitten haben.

Die psychischen Triebfedern, die uns davon abhalten, aus uns herauszugehen, sind stark. Es gelingt Ihnen nicht, Ihrem Ehepartner, Ihren Kindern, einem Kollegen, einem Freund gegenüber freigebig zu sein? Das ist ein wichtiges Symptom, achten Sie darauf, irgend etwas in Ihnen hindert Sie daran – vielleicht ein unausgesprochener Zorn, ein alter Groll oder eine Projektion. Lassen Sie nicht zu, daß Ihre Emotionen Macht über Ihre Beziehungen bekommen.

Ein Leser meiner Bücher schrieb mir folgendes: «Neulich abends war ich bei einem Freund eingeladen und erblickte unter den Gästen einen Mann, den ich nicht ausstehen kann. Nur wenige Menschen erregen einen solchen Widerwillen in mir. Daher tat ich, wie gewöhnlich, als sähe ich ihn nicht und begrüßte alle, außer ihn. Und plötzlich mußte ich an Ihre Behauptung denken: man könne sich dafür entscheiden, jemanden zu lieben oder zu verachten, es sei ein geistiges Konstrukt und nichts anderes. Und innerhalb eines einzigen Augenblicks veränderte sich mein ganzes bisheriges Denken. Ich sagte mir: ‹Was hat dieser Kerl mir eigentlich getan?› Nichts! Also verdient er es nicht, so behandelt zu werden.» Und ohne meinen Entschluß erst lange abzuwägen und ohne weiter nachzudenken, drehte ich mich zu ihm um, legte ihm meine Hände auf die Schultern, lächelte ihn strahlend an und fragte ihn, indem ich ihn freundschaftlich ein bißchen schüttelte: ‹Und – wie geht's dir?› Er war ganz fassungslos, und ich war es noch mehr! Woher hatte ich diese wohlwollende Anwandlung? Mit einem Mal war ich von einem Frieden, von einer Zuneigung erfüllt – nicht nur für ihn, sondern auch für alle anderen Anwesenden. Der Haß war verschwunden. War das eine Erleichterung!»

Die Kuscheltücher sind unerschöpflich – je mehr Sie geben, desto mehr haben Sie. Behalten Sie sie nicht nur Ihrer Familie vor. Es ist nicht gefährlich, großzügig damit umzugehen. An Ihrem Arbeitsplatz wie auf der Straße: Seien Sie nicht engstirnig und kleinlich, und Sie werden dafür belohnt werden. Ob Sie auf der Straße gehen oder mit den öffentlichen Verkehrsmitteln fahren: Die anderen anzuschauen und zu lächeln heißt Wohlbefinden auf seine Mitmenschen übertragen und es auch selbst spüren. Wir sollten den Blickkontakt mit anderen nicht scheuen, und vor allem nicht mit denen, die ihn am meisten brauchen: die aus der Gesellschaft Ausgeschlossenen. Jemandem ein Lächeln zu schenken bedeutet, den anderen als Menschen, als ernstzunehmenden Gesprächspartner zu betrachten.

«Was mir am meisten zu schaffen macht, das ist die Verachtung der Leute», sagt Roger, der seit zwei Jahren obdachlos ist und auf der Straße bettelt, um zu überleben. «Für manche Menschen scheine ich nicht mehr zu existieren, sie wollen mich nicht sehen. Ich habe den Eindruck, nicht vorhanden zu sein. Andere Leute geben mir zwar ein Geldstück, aber ich habe das Gefühl, daß sie es tun, um mich loszuwerden.» Gibt man dem Armen ein Almosen, ohne seine Rechte anzuerkennen, so verschärft man seine demütigende Lage und bewirkt, daß er die Bürde der Ungerechtigkeit, die auf ihm lastet, noch mehr spürt.

Angesichts des Elends muß man menschlich bleiben (auch wenn dies nicht leicht ist), man darf sich nicht durch die Ohnmacht entmenschlichen lassen. Ich liebe den berühmten Satz des heiligen Ambrosius: «Es ist nicht dein Eigentum, das du an die Armen verteilst, du gibst ihnen nur das zurück, was ihnen gehört.»

Die Kunst, ein Kompliment zu machen

«Du bist wundervoll!» Betrachten Sie das Gesicht des Menschen, dem Sie das sagen. Das «Du bist . . .» löst ein leichtes Zurückgehen aus, eine Ablehnung, manchmal eine winzige Verwirrung – oder wird ganz einfach nicht gehört.

«Ich bin wirklich gerührt, daß du mir diese Vase schenkst, die wir letzten Monat zusammen gesehen haben.»

Sagen Sie «ich», beziehen Sie sich in Ihre Bemerkungen ein. Anstatt den anderen in eine Charakterisierung einzuschließen – selbst wenn sie positiv ist –, sollten Sie Ihren Eindrücken, Ihren Empfindungen Ausdruck verleihen, Ihre Emotionen mitteilen und von sich selbst sprechen.

Reden, die Dinge aussprechen, um Beziehungen zu verbessern

Geben, das bedeutet auch sich selbst geben, seine Gefühle ausdrükken. Unsere Emotionen sind das Salz des Lebens. Sie bereichern unsere Beziehungen und machen sie fruchtbar. Wie oft haben Sie etwas gedacht, ein Vorgefühl gehabt, Angst oder Wut verspürt und nichts davon gesagt, aus Furcht, jemanden zu verletzen oder sich in etwas einzumischen, was Sie nichts anging, oder aus Furcht, die anderen Leute zu verärgern?

Eine Beziehung ist dann bereichernd, wenn man in ihr über das sprechen kann, was man in seinem Inneren empfindet. Die Beziehung verliert an Lebendigkeit, wenn man nur äußere Dinge zur Sprache bringt (zum Beispiel: «Ich habe an einer Versammlung teilgenommen, bei der alle Direktoren anwesend waren.»).

Schämen Sie sich Ihrer Emotionen nicht, teilen Sie Ihre Sorgen und Ihre Freuden, Ihre Ängste und Ihre Tiefs, Ihre Zweifel und Ihre Probleme, Ihre Träume und Ihre Alpträume mit. «Ich hatte Angst vor dieser Versammlung, aber irgendwie brachte ich es doch fertig, das Wort zu ergreifen. Alle Direktoren waren anwesend. Am Ende war ich richtig stolz auf mich.»

Wenn Sie dem anderen nicht erlauben, in Ihr Herz zu sehen, halten Sie ihn von sich fern.

Virginie ist verliebt in einen Mann, der ihr ganz offensichtlich Schmerz zufügt. Ihr Vater hat Angst um sie; er macht sich Sorgen, aber er teilt es seiner Tochter nicht mit... «Ich habe nicht das Recht, mich in ihr Leben einzumischen, ich darf ihr nicht meine Sicht der Dinge aufzwingen; schließlich ist sie volljährig», sagt er. Doch als er versteht, daß er dabei nur gewinnen kann, tut er es – und ist erstaunt über Virginies Reaktion: Endlich kümmert sich ihr Vater um sie! Seit Jahren ging sie immer größere Risiken ein, um ihn zu einer Äußerung, einer Stellungnahme zu zwingen. Sie fuhr allein und ohne Geld ins Ausland, führte ein unbeständiges Leben... Daß ihr Vater nun gezeigt hat, wieviel Sorgen er sich um sie macht, hat sie beruhigt.

Teilt man eine Emotion mit, so vertieft dies das Vertrauen; läßt man seine Gefühle hingegen nicht heraus, so weckt man Zweifel und Argwohn.

Seit einigen Wochen hat Marc große Sorgen. In seiner Firma wird von Umstrukturierung gesprochen, und er hat Angst um seinen Arbeitsplatz. Bisher hat er noch nicht mit seiner Frau darüber gesprochen, «um sie nicht zu beunruhigen». «Sie ahnt nichts, dessen bin ich sicher, ich passe höllisch auf; ihr gegenüber lasse ich mir nichts anmerken, ich tue so, als ob alles in Ordnung wäre.» Ich lege ihm nahe, offen mit ihr über das zu sprechen, was er fühlt. Noch am selben Abend befolgt er meinen Rat. Sie bricht daraufhin in Tränen aus: «Das war es also? Warum hast du mir denn nichts gesagt? Natürlich habe ich gespürt, daß du anders als sonst warst, du trugst ja eine Maske. Ich wußte gar nicht mehr, wer mir da gegenüberstand.»

Das Schweigen tötet eine Beziehung. Selbst wenn die beiden Partner weiterhin unter demselben Dach wohnen, werden sie sich nach und nach fremd, sobald sie aufhören, zu kommunizieren; sie leben zwar Seite an Seite, aber nicht zusammen. Man sagt so leicht: «Nicht jede Wahrheit eignet sich dafür, ausgesprochen zu werden.» Das enthebt uns unserer Schuldgefühle, die wir empfinden, wenn wir angesichts dieser Emotionen, die zum Vorschein kommen könnten, schon vorzeitig kapitulieren. Jeder sollte über die Gründe nachdenken, die ihn daran hindern, irgend etwas nicht zu sagen. Tut er es wirklich, um den anderen zu schützen? Oder um sich selbst zu schützen?

Die Kinder von Yvonne bringen ihre Mutter mit dem Auto hin; sie sagen ihr: «Du kommst für einige Tage in ein Erholungsheim. Dort wirst du sicher sehr gut betreut werden. Wenn du wieder auf den Beinen bist, kehrst du in deine Wohung zurück.» Yvonne kann das Schild an dem Gebäude («Altersheim») nicht lesen. Ihre Kinder sagen ihr, daß sie nach Hause zurückkehren wird, also will sie es glauben. Im Altersheim fällt es ihr schwer, sich zu integrieren, an den dortigen Aktivitäten teilzunehmen. Monatelang sagt sie sich jeden Tag: «Meine Kinder werden mich abholen, ich bin jetzt wieder gesund, ich werde in meine Wohnung zurückkehren.» Ihre Kinder hüten sich, ihr zu verraten, daß sie ihre Wohnung bereits verkauft haben. Sie bringen es nicht fertig, zu Yvonne zu sagen: «Weißt du, wir fühlen uns schuldig, daß wir uns nicht zu Hause um dich kümmern können. Es ist einfach nicht mehr möglich, daß du allein in deiner Wohnung lebst; hier ist jetzt dein neues Heim.» Die Dinge aussprechen bedeutet, den anderen zu respektieren; es bedeutet, ihn als Menschen zu achten, ihm die Möglichkeit zu geben, sein Leben selbst in die Hand zu nehmen. Die Dinge nicht auszusprechen bedeutet, es an der nötigen Achtung fehlen zu lassen, den anderen in Abhängigkeit und für unfähig halten, die Verantwortung für sich selbst zu übernehmen.

Wenn man sich entschließt, die Dinge auszusprechen, ist es natürlich wichtig, daß man sich genügend Zeit nimmt, auf die damit einhergehenden Emotionen zu achten.

Meine kleinen Geschichten interessieren doch niemanden!
Allzu viele Menschen denken so. Ich vermute, daß dabei eine Überzeugung zum Ausdruck kommt, die direkt aus unserer Kindheit stammt, wo Papa oder Mama sich nicht genügend für unsere kindlichen Ereignisse interessierten. Vielleicht erschienen sie ihnen unwichtig im Vergleich zu den Problemen, vor die sie selbst gestellt waren. Sie sprachen lieber über Politik als über den Spielkameraden, dem man zugesehen hatte, wie er die Riesenrutschbahn hinuntersauste.

Im Grunde ist alles, was ein Mensch erlebt, interessant für einen anderen, da wir alle Menschen sind und uns deshalb mit den erlebten Gefühlen anderer im allgemeinen identifizieren können. Es kann allerdings ermüdend sein, wenn Menschen Haarspalterei betreiben, wenn sie bestimmte Dinge hundertmal wiederholen. Details interessieren nur dann, wenn sie bedeutsam sind. In welcher Hinsicht? In bezug auf Emotionen und Gefühle. Alle Menschen lechzen nach Emotionen. Von sich selbst sprechen, von dem, was man erlebt hat, ist immer bereichernd für den anderen. Und zuweilen kann das ein Leben – oder auch gleich mehrere – grundlegend verändern, wie in Annas Geschichte:

Eines Tages spricht sie mit ihrem Kollegen Bruno über das Drama, das ihre Jugendzeit erschüttert hat: den Verlust ihres Vaters. Bruno hört schweigend zu, ohne etwas dazu zu sagen. Einige Tage später vertraut er ihr an, daß ihn dieses Gespräch veranlaßt hat, über die Prioritäten seines eigenen Lebens nachzudenken. Er hat sich deshalb vorgenommen, von nun an mehr Zeit mit seiner anderthalbjährigen Tochter zu verbringen, und hat den Versuch gemacht, wieder mit seiner älteren Tochter Kontakt aufzunehmen, die er seit fünf Jahren nicht gesehen hat, weil er mit seiner Ex-Frau ein äußerst gespanntes Verhältnis hat. Dank Anna ist ihm bewußt geworden, wie wichtig der Vater für ein Kind ist.

Manchmal genügt ein winziger Auslöser, um eine Revolution zu entfachen. Dadurch, daß Anna über sich selbst und über ihr Leiden sprach, hat sie diesen Auslöser ermöglicht. Bruno und seine beiden Töchter werden ihr dafür noch lange dankbar sein. Der affektive Austausch ist für alle bereichernd.

Empfangen

Martine ist eine junge Mutter von vier Kindern; vor zwei Monaten hat sie ihren Jüngsten zur Welt gebracht. Sie erzählt einer Freundin, wie sehr sie das nächtliche Stillen anstrengt ... Tagsüber kann sie sich nicht erholen, denn auch die anderen Kinder fordern ihre Aufmerksamkeit. Claire schlägt ihr deshalb vor, die zweijährige Tochter Martines für einen halben Tag zu sich zu nehmen. Die anderen Kinder sind schon in der Schule. Martine könnte sich in dieser Zeit ein wenig ausruhen. Doch Martine lehnt ab. «Nein, nein, das ist nicht nötig, es würde mir ohnehin nicht gelingen, mich auszuruhen ...» Als ich sie nach dem wahren Grund für ihre Ablehnung frage, vertraut sie mir an: «Es stimmt, ich bin erschöpft, aber das ist mir peinlich.» Martine kann sich nicht helfen lassen.

Als wir letzte Woche bei Freunden eingeladen waren, brachten wir ihnen einen wunderschönen Blumenstrauß mit. Es hatte mir großen Spaß gemacht, ihn – in Gedanken an sie – zusammenzustellen. Aber sie nahmen ihn mit den Worten: «Das hättet ihr nicht tun sollen!» in Empfang. Ich war enttäuscht. Freuten sie sich denn nicht über den Strauß? Höflichkeit kann zuweilen recht beleidigend sein. Mir wäre lieber gewesen, sie hätten gesagt: «Diese Blumen sind wirklich prachtvoll. Vielen Dank, wir freuen uns sehr darüber.»

«Das wäre nicht nötig gewesen.» Wie oft haben Sie diesen kleinen Satz nicht schon gehört, wenn Sie ein Geschenk überreichten?

Hinter dieser Höflichkeitsfloskel steckt im Grunde das Gefühl, etwas nicht verdient zu haben. Diese Menschen fühlen sich unwürdig, ein Geschenk zu erhalten; wahrscheinlich, weil sie nicht gewohnt sind, viele «Kuscheltücher» zu bekommen.

«Ich weiß nicht, wie ich dir danken soll.» Nun, indem man einfach «danke» sagt oder, noch besser, indem man in Worte faßt, was man angesichts dieses Geschenks empfindet. Ist es so schwer, zu danken und dem anderen dabei in die Augen zu schauen?

Ständig verhalten wir uns so, als versuchten wir zu verhindern, daß zu starke Affekte an die Oberfläche kommen. Gewiß ist es nicht leicht, jemandem zu verstehen zu geben, daß man ihn mag – wir sind es ja nicht gewohnt! Um in der Lage zu sein, etwas anzunehmen, muß man manchmal ein wenig an sich arbeiten. Vielleicht weigern Sie sich heute, Dinge anzunehmen, weil Sie in Ihrer Vergangenheit zu wenig bekommen haben. Vergegenwärtigen Sie sich also einmal, wie Sie als Kind waren. Welche Bedürfnisse hatten Sie damals? Suchen Sie jetzt, als Erwachsener, im Geiste dieses Kind, das Sie einmal waren, auf. Sagen Sie ihm, daß es das Recht hat, Geschenke anzunehmen.

Manuela hat Krebs. Ihr Mann kümmert sich viel um sie. Darunter leidet sie. Es fällt ihr schwer, zu akzeptieren, daß er für sie sorgt. Wenn der Schmerz sie ans Bett fesselt, so traut sie sich nicht, es ihm zu sagen. «Nein, nein, es geht mir gut», antwortet sie ihm, wenn er beunruhigt ist. Als ich sie darauf hinweise, daß sie ihn damit auf Distanz hält, rechtfertigt sie sich mit dem Satz: «Ich kann nicht sehen, wie er leidet» und vergißt dabei, daß sie ja die Kranke ist. Manuela denkt nicht an ihre eigenen Bedürfnisse. Sie macht sich unglücklich, weil der andere darüber unglücklich ist, sie so unglücklich zu sehen ... Die Situation wird dadurch furchtbar kompliziert.

Ich fordere sie auf, sich in einer Art Rollenspiel in die Lage ihres Mannes zu versetzen, und schlage ihr vor, einmal seinen Platz einzunehmen, Pierre zu werden und Manuela zu betrachten. Auf diese Weise kann sie spüren, was Pierre fühlt, wenn sie sich seinetwegen grämt und seine Aufmerksamkeiten zurückweist. Sie begreift jetzt: Je mehr sie versucht, ihn zu schützen, desto trauriger und ohnmächtiger fühlt er sich. Durch den Rollentausch wird Manuela bewußt, was er am nötigsten braucht: daß sie ihm vertraut und daß sie seine Hilfe annimmt. Er hat nicht die Macht, sie zu heilen, aber die, ihr Liebe zu geben. Es ist sehr wichtig, ihm die nicht zu entziehen. Nach dieser Sitzung öffnete Manuela ihr Herz und gestattete sich, seine Fürsorge anzunehmen. Sie fühlte sich ihm nahe, geliebt und stark.

Gehören Sie zu den Menschen, die sagen: «Wenn es mir schlechtgeht, bin ich am liebsten ganz allein», oder verstehen Sie es, die Krisenzeiten des Lebens zu nutzen, um die Bindungen mit Ihrer Umgebung zu festigen?

Ablehnen

«Natürlich wirst du das Osterwochenende mit uns verbringen, mein Liebes!»

Noémi ist fünfundzwanzig und hat große Mühe, sich von ihren Eltern zu lösen. «Nein, Mama, das kann ich nicht, ich habe furchtbar viel zu tun.» Es folgt ein Gespräch über das Thema: «Du arbeitest zuviel, du wirst dir noch deine Gesundheit ruinieren...», in dem beide aneinander vorbeireden.

Noémi muß lernen, zu sagen: «Nein, Mama, ich komme nicht; ich möchte diese drei Tage lieber mit Freunden verbringen», oder: «Ich habe Lust, allein in meiner Wohnung zu sein; ich bin fünfundzwanzig und brauche meine Unabhängigkeit.»

Ihrer Mutter, die darauf vielleicht erwidert: «Du bist egoistisch, denk an deinen Vater, dem es gesundheitlich so schlechtgeht», könnte sie antworten: «Ich liebe meinen Vater, und dich liebe ich auch, aber ich komme zu Ostern nicht zu euch, weil ich etwas anderes vorhabe.»

Es ist schwer, sich nun nicht zu einem Disput hinreißen zu lassen, nicht in die Falle zu gehen und von der Krankheit des Vaters zu sprechen; es ist nicht einfach, dieses zu vermeiden, «ich kann nicht» zu sagen, womit man nur seine Ohnmacht zum Ausdruck brächte; es ist schwer, mit seinen Worten Verantwortung für das eigene Verhalten zu übernehmen und deutlich zu sagen: «Ich will nicht» oder «ich habe mich entschieden zu ...». Aber wieviel besser fühlt man sich dann! Wenn Sie nein sagen können, können Sie endlich auch wirklich ja sagen. Und das wird kein Ja der Unterwerfung, der ohnmächtigen Resignation mehr sein, sondern es wird ein Ja sein, zu dem Sie ganz und gar stehen können.

Ich erinnere mich noch gut an eine Begebenheit, die sich vor einigen Jahren zutrug. Ich gab damals Abendkurse am Conservatoire des Arts et Métiers. Die Kursleiter trafen sich von Zeit zu Zeit zu informativen Gesprächen. Eines Morgens wachte ich auf und wußte sofort, daß ich nicht die geringste Lust hatte, an dem anberaumten Treffen teilzunehmen. Ich rief die Sekretärin an und bat sie, meinen Vorgesetzten und meinen Kollegen mitzuteilen, daß ich heute um zehn Uhr nicht da sein würde, denn ich hätte keine Lust zu kommen. Sie antwortete: «Gut, ich werde ihnen sagen, daß Sie krank sind!»

«Nein, ich bin nicht krank, ich habe keine *Lust* zu kommen!»

«Aber ich soll ihnen doch wohl sagen, daß Sie nicht kommen können?»

«Nein, sagen Sie ihnen bitte, daß ich nicht kommen *will.*»

Ich mußte ungefähr eine Viertelstunde mit der Sekretärin herumdiskutieren. Es war ihr einfach nicht begreiflich zu machen, daß ich es wagen konnte, zu sagen, ich hätte eben keine Lust. Sie versuchte, Entschuldigungen für mich zu finden, «damit es akzeptabel klang». Ich hatte alle Mühe, sie zu der Einsicht zu bewegen, daß ich allein für meine Gefühle und Handlungen verantwortlich war.

Nicht immer ist uns bewußt, welch hohen Preis uns unsere kleinen Feigheiten kosten. Wenn eine unbedeutende Lüge auch eine vorübergehende Erleichterung mit sich bringen mag (da man es ja vermeidet, sich mit dem anderen auseinanderzusetzen), so bezahlt man, langfristig gesehen, dafür – selbstverständlich ohne immer den Grund für die eigene Verdrießlichkeit zu erkennen. Jede Feigheit nährt unbewußte Gefühle der Scham und der Unwürdigkeit. Und warum sollten wir uns darum Gedanken machen, wo sie doch unbewußt sind? Weil das Unbewußte es im allgemeinen nicht dabei bewenden läßt. Diese verdrängten Gefühle steuern unser Leben; sie lassen die falschen Personen auf Sie zukommen, lassen Ihre Pläne scheitern, nehmen Ihren Beziehungen die Lebendigkeit. Lohnt sich das wirklich?

Es mag vorkommen, daß man in manchen Situationen, wo die Konsequenzen zu schwerwiegend sein könnten, gezwungen ist, zu lügen. Aber mir scheint, daß mit den Strategien zur Vermeidung von Verantwortung vom Typ «ich bin krank», «ich bin verhindert», die man benutzt, um den anderen nicht zu verletzen oder um nicht die Verantwortung für seine Gefühle und für die Konsequenzen tragen zu müssen, geradezu Mißbrauch getrieben wird. Denn unbestreitbar hat eine solche Einstellung Folgen. Wenn Sie sagen, Sie seien krank, wird man Sie hinterher fragen, ob es Ihnen jetzt besser geht... Wenn Sie hingegen sagen, Sie hätten keine Lust, etwas zu tun, kann es natürlich sein, daß sich die anderen verletzt fühlen; Sie werden also Erklärungen abgeben müssen.

Als ich am Nachmittag bei meiner Arbeitsstelle eintraf, fragten mich meine damaligen beiden Vorgesetzten, warum ich keine Lust gehabt hätte, zu kommen. Ich sagte ihnen die Wahrheit: daß ich diese Versammlungen nervtötend und zwecklos fände. Wir sprachen darüber, suchten zusammen Lösungen und fanden auch welche. Danach wurden die Versammlungen zu Gelegenheiten für einen regen Austausch. Hätte ich mich hinter einer Entschuldigung verschanzt, wären unsere Treffen langweilig geblieben, und ich hätte noch oft «krank» werden müssen!

Indem man seine wahren Gefühle verschweigt, hält man den *status quo* aufrecht und fördert damit Mißverständnisse und unklare Situationen. Bringt man dagegen klar zum Ausdruck, was man fühlt, kann man dazu beitragen, die Welt um sich herum zu ändern.

Etwas verlangen

Nichts verlangen, um einen anderen nicht zu nötigen; seine wahren Bedürfnisse nicht zeigen, um nicht anspruchsvoll zu wirken. «Es schickt sich nicht, zu fordern!» Wie viele von uns haben diesen Ausspruch immer wieder von ihren Eltern gehört! Damit wird vorausgesetzt, daß das Kind zu schweigen hat, daß es keine Rechte besitzt. Seine Eltern wissen besser als es selbst, was gut für es ist – und deshalb hat es den Mund zu halten. Es gilt als unhöflich, um etwas zu bitten; infolgedessen erwarten wir oft von unserem Partner, daß er unsere Bedürfnisse «errät», nach der Devise: «Wenn er mich wirklich liebte, würde er das tun.» «Wenn ich ihn darum bitte, ist es nicht dasselbe, ich möchte, daß er es aus eigenem Antrieb tut.» Nur haben eben nicht alle Menschen dieselben Bedürfnisse, nicht dieselben Wünsche und auch nicht dieselben familiären Gebräuche.

Niemand hat Lust, einen Menschen zufriedenzustellen, der sagt: «Du liebst mich nicht, wenn du meine Bedürfnisse nicht befriedigst.» Bittet man wirklich um etwas, muß man sich klar darüber sein, auch einmal auf Ablehnung zu stoßen.

Um ein Kuscheltuch bitten

«Massierst du mir die Schultern? Ich habe Lust auf Blumen, wirst du mir diese Woche bitte einen Strauß schenken? Wähl du den Tag dafür aus, du überraschst mich dann damit. Was liebst du an mir? Was ging dir durch den Kopf, als wir uns das erste Mal begegnet sind? Ich habe Lust auf dich, streichelst du mich ein bißchen? Ich habe das Bedürfnis, zu hören, daß du mich liebst, damit ich mich dir noch stärker verbunden fühle, bitte sag es mir», usw.

Formulieren Sie klare, verständliche Bitten. Und fragen Sie auch die Menschen in Ihrem nächsten Umfeld, was sie mögen und brauchen. Schlagen Sie Ihrem Lebenspartner folgende Übung vor: Jeder erstellt eine Liste mit zehn Wünschen, die er vom anderen gerne erfüllt bekäme – zehn kleine oder größere Aufmerksamkeiten, die für die Beziehung wichtig sind –, und gibt sie dem anderen. Und jeden

Tag greifen beide Partner irgendeinen Punkt aus den jeweiligen Liste heraus. Hier ist Nicoles Liste:

- Ich will, daß du mich umarmst;
- ich will, daß du mich von Zeit zu Zeit anlächelst, während du fernsiehst;
- ich will, daß du mir Rosen schenkst,
- ich will, daß du mir sagst, daß du mich liebst;
- ich will, daß du mir sagst, daß dir das Kleid, das ich trage (oder ein anderes meiner Kleider), gefällt;
- ich will, daß du meine Nachttischlampe reparierst;
- ich will, daß du mir beim Frühstück den Tee in meine Tasse einschenkst;
- ich will, daß du mir Butter auf meine Brotscheibe streichst;
- ich will einen Kuß auf den Nacken, gerade dann, wenn ich nicht darauf gefaßt bin;
- ich will, daß du mich im Büro anrufst, um mir zu sagen, daß du mich liebst.

Und hier ist die Liste von Hervé, ihrem Lebensgefährten:

- Ich will, daß du den Videorekorder einstellst und eine Sendung aufnimmst, die mir gefallen würde, die ich jedoch aus Zeitgründen nicht sehen kann;
- ich will, daß du mich an einem der kommenden Abende in ein Restaurant einlädst;
- ich will, daß du mich im Büro anrufst und dich mit mir auf ein gemeinsames Mittagessen verabredest;
- ich will, daß du mir einen Kuß auf den Nacken gibst;
- ich will, daß du mir die Schultern und den Rücken massierst;
- ich will, daß du beim Schmusen einmal die Initiative übernimmst;
- ich will, daß du dich nach dem Abendessen zu mir aufs Sofa setzt und dich an mich kuschelst, anstatt danach sofort in die Küche zu gehen und das Geschirr zu spülen;
- ich will, daß du mir eine Grünpflanze kaufst, die ich in meinem Büro aufstellen kann;

- ich will, daß du einmal einen Vorschlag machst, wohin wir zusammen ausgehen könnten;
- ich will, daß du mir ein Eis am Stil holst, während ich fernsehe.

Wie man um Aufmerksamkeit für seine Bedürfnisse bittet
«Du kommst auf alle Fälle noch vor Mitternacht nach Hause! Mädchen deines Alters dürfen sich um eine gewisse Uhrzeit nicht mehr auf der Straße herumtreiben. Keine Widerrede!»

Versetzen Sie sich einen Augenblick lang in die Lage dieser Tochter. Was würden Sie fühlen, wenn Ihre Mutter so mit Ihnen spräche?

Und jetzt hören Sie einer anderen Mutter zu: «Wenn du erst nach Mitternacht heimkommst, so beunruhigt mich das, weil ich mir sage, es kann schließlich sehr viel passieren. Warum meine Toleranzschwelle ausgerechnet bis Mitternacht reicht, weiß ich eigentlich nicht, das ist rational nicht zu erklären; vielleicht, weil man sagt, daß um diese Zeit die meisten Verbrechen geschehen. Jedenfalls habe ich Angst, daß du einen Unfall haben könntest oder daß dich jemand überfällt ... Bis Mitternacht mache ich mir keine Sorgen, danach muß ich dich in Sicherheit wissen, ansonsten kann ich nicht ruhig schlafen.»

Was empfinden Sie? Was möchten Sie im ersten Fall tun? Und was im zweiten?

Ein Befehl reizt immer zum Widerspruch. Gefühle dagegen flößen Respekt ein. Zwischen Willkür und Laxheit steht der Ausdruck des emotionalen Erlebens. Die Emotion setzt die Grenze, nicht ein abstraktes und willkürliches Gesetz. Ein Kind kann ein Gefühl respektieren, es hat im allgemeinen auch den Wunsch, dies zu tun. Dagegen hat es nicht oft Lust, ein willkürliches Gesetz zu befolgen. Ich habe Kinder gesehen, die auf ihren allzu nachgiebigen Eltern «herumtrampelten», jedoch nie auf Eltern, die in der Eltern-Kinder-Beziehung wirklich präsent waren. Bei willkürlichem oder autoritärem Verhalten ergreift einer die Macht über den anderen, bei der Laxheit ergreift das Kind Macht über seine Eltern.

Ganz bei sich selbst sein, sich auf den anderen einlassen und seine eigenen Bedürfnisse zum Ausdruck bringen – das ist der goldene Mittelweg.

Es ist heiß. Seit dem frühen Morgen fordert Bénédicte ihren Sohn immer wieder auf, doch seinen Rollkragenpullover auszuziehen.

«Mein Gott, leg das doch ab, hast du nicht bemerkt, was für eine Wärme wir heute haben?»

«Nein, nein, ich fühl' mich wohl so, mir ist nicht heiß», antwortet ihr Junge.

Am Abend entdeckt sie endlich die Gründe für sein merkwürdiges Verhalten. Olivier kann nicht mehr verbergen, daß er einen riesigen roten Striemen am Hals hat.

Bénédicte wird zornig. «Was ist denn das? Und warum hast du es den ganzen Tag vor mir verheimlicht? Wer hat dir das angetan?» Da Olivier schweigt, schreit sie noch lauter. «Sag mir sofort, was das ist!» Dann, als sie begreift, daß sie die Sache falsch angeht, dämpft sie ihren Ton und versucht, ihn zu beruhigen: «Ich werde dich nicht ausschimpfen, aber du mußt es mir sagen.» Doch auch damit hat sie kein Glück.

Am nächsten Tag schildert mir Bénédicte die Szene. Ich fordere sie daraufhin auf, ihrem Sohn zu sagen, was sie fühlt.

Und so verlief das Gespräch:

«Geht's dir gut?»

«Ja, ganz gut, und dir?»

«Mir geht's gar nicht gut.»

«Was ist los, Mama?»

«Ich fühle mich schlecht, weil ich den ganzen Tag an diesen Striemen denken mußte, den du letzten Sonntag am Hals hattest. Das beunruhigt mich. Ich male mir alle möglichen Dinge aus, zum Beispiel, daß du in der Schule Opfer einer Erpressung geworden bist, daß man dich mißhandelt, und deshalb habe ich Angst um dich. Und dann geht es mir schlecht, weil du dich weigerst, mit mir darüber zu reden. Ich fühle mich ohnmächtig und bin enttäuscht, daß du mir kein Vertrauen schenkst.»

Olivier hörte seiner Mutter aufmerksam zu, dann schaute er von seinem Schulheft hoch und beugte sich zu ihr vor. «Aber Mama, das ist doch alles halb so schlimm, ich habe mich doch bloß mit Dimitri geprügelt. Ich wollte nicht, daß du es weißt, weil ich Angst hatte, du glaubst mir nicht.»

Achten Sie auf die Beziehungsdynamik: Je drängender Bénédicte ihren Sohn aufforderte, es ihr zu sagen, desto mehr zog sich der Junge zurück. Als aber Bénédicte ihre eigenen Gefühle zeigte, anstatt die Oliviers zu erforschen, brauchte er sich nicht mehr vor den insistierenden Fragen seiner Mutter zu schützen und konnte ihr Bedürfnis respektieren.

Flügel oder Schenkel

Nach dem Abendessen kündigt mir Jean Bernard, mein Lebensgefährte, an: «Ich muß heute abend eine Arbeit abschließen.»

Früher hätte ich das zwar schweigend hingenommen, aber innerlich gebrummt: «Wieder hat er also etwas zu tun, und mir wird es zufallen, mich den ganzen Abend um das Baby zu kümmern, wodurch ich selbst natürlich nicht zum Arbeiten komme. Schade, denn ich fühle mich momentan richtig energiegeladen, ich habe Lust zu schreiben. Ich finde, daß sein Computer allmählich zuviel Raum einnimmt; das ist ungerecht, Jean Bernard schenkt meinen Wünschen nicht genug Beachtung . . .» Aber diesmal denke ich eine Weile nach und sage mir schlußendlich, daß ich – ehe wir das übliche Frage-und-Antwort-Spiel durchexerzieren – ihm mein Bedürfnis immerhin erst einmal mitteilen und dann prüfen kann, wie dringlich seines ist.

«Wenn du dir eine Werteskala von eins bis zehn vor Augen hältst – mit welcher Zahl würdest du die Wichtigkeit einschätzen, heute abend zu arbeiten?»

«Och – ich würde sagen, mit der Fünf.»

Seine Antwort verblüfft mich. Für mich hatte seine Formulierung «ich muß heute abend eine Arbeit abschließen» unausweichlich geklungen. Ich war darauf gefaßt gewesen, daß er die Wichtigkeit mit acht oder neun angeben würde. Wir hätten hart verhandelt, und ich hätte nachgegeben. Aber nein. Die Fünf zwingt mich, Verantwortung für meine eigenen Wünsche zu übernehmen. Vielleicht hätten alle vergangenen Tage anders ausgesehen, wenn ich mich deutlicher artikuliert hätte …

«In diesem Fall, mein Liebling, glaube ich, daß du heute abend nicht arbeiten wirst, denn auch ich habe ein Bedürfnis, das ich aber mit neun beziffere!»

«In Ordnung, ist mir auch recht.»

Ich kann es gar nicht fassen. Wir funktionieren einfach unterschiedlich. Ich habe die Gewohnheit, mich zuerst nach seinen Absichten zu erkundigen und danach, wenn überhaupt, zu sagen, was ich möchte (außer, wenn ich ein absolut dringliches Anliegen habe). Also hatte ich mir immer vorgestellt, bei ihm wäre es ebenso. Und wenn er seine Bedürfnisse äußert, so nehme ich stets automatisch an, sie wären unaufschiebbar, und ordne mich ihnen unter. Nur – er sieht die Dinge ganz anders. Er spricht seine Wünsche aus und erwartet, daß ich auch meine äußere. Wenn ich nichts sage, so folgert er daraus, daß ich derzeit keine Bedürfnisse habe. Kurz, es ist ein Glück, daß ich den Mund aufgemacht habe.

Sie stellen ein gebratenes Hähnchen auf den Tisch. Eigentlich möchten Sie gerne den Flügel, bieten ihn aber aus Höflichkeit Ihrem Gast an. Nur hätte der im Grund gerne den Schenkel. Er wagt aber nicht, es Ihnen zu sagen, denn er ist überzeugt, daß auch Sie – wie er – den Schenkel vorziehen.

Wenn jeder ein wenig egoistischer, das heißt realistischer ist, wird der Umgang mit dem anderen direkter, und der Austausch von Meinungen bekommt mehr Tiefe.

Die anderen fragen, was sie fühlen

«Ich wußte gar nicht, daß du das so empfindest.»

«Du hast mich ja auch noch nie danach gefragt.»

Wie oft hat man mir einen solchen Dialog schon geschildert? Wenn ich einem Menschen vorschlage, seiner Umgebung seine Wünsche und Anliegen mitzuteilen, so erzählt er beim nächsten Treffen oft, wie positiv überrascht er von dem Resultat ist und über wie viele neue Informationen er nun verfügt, die er nicht im geringsten vermutet hatte. Machen Sie sich daran, die Menschen, die um Sie herum sind, zu entdecken; fragen Sie sie, welche Gefühle sie gegenüber Ihnen und gegenüber dem, was Ihr Umfeld ausmacht, haben.

Die Intelligenz des Herzens beruht auf den Fähigkeiten von geben, erhalten, etwas verlangen, ablehnen. Sie fordert zudem von uns, daß wir in der Lage sind, anderen Menschen zuzuhören, ihre Botschaften zu entschlüsseln und unsere Konflikte auf nicht gewaltsame Weise zu lösen.

11 Empathie und Konfliktlösung

Wirklich zuhören

«Ich bin dick.»

«Aber nein, das bildest du dir nur ein.»

«Das kannst du nicht verstehen!»

Géraldine hat versucht, ihre Freundin zu beruhigen, und hat sie dadurch nur noch mehr verletzt.

Bewußtes Zuhören – die Sprache der Empathie
Thomas Gordon ist ein Schüler von Carl Rogers, dem Vater des empathischen Gesprächstils. Er hat das, was er die «effiziente» Sprache nannte, in ein leicht verständliches System umgesetzt, damit Eltern diese Sprache gegenüber ihren Kindern anwenden können. «Effizient» ist hier in dem Sinne gemeint, daß sie ihr Kommunikationsziel erreicht. Eine Kommunikation ist für Gordon ineffizient, wenn sich der eine oder der andere Gesprächspartner nicht respektiert fühlt. Sein erstes Buch, das 1976 erschien und den Titel *Familienkonferenz* trug, war und ist noch immer ein Bestseller. Er beabsichtigte damit, Eltern die Sprache zu lehren, die er selbst in seiner psychotherapeutischen Praxis verwendete: die Sprache der Empathie, die Sprache, mit der man Probleme löst.

Damals wurde er von vielen Fachleuten heftig kritisiert, die darin einen Verlust ihrer Macht über den Klienten sahen. Thomas Gordon zeigt, wie wenig die meisten von uns in der Lage sind, zuzuhören. Er gibt Schlüssel, die sehr einfach und zugleich sehr schwer zu handhaben sind, weil sie unser Verhältnis zu den anderen und zu uns selbst verändern: keine Machtspiele mehr, weder Zwang noch Drohungen, um das zu bekommen, was man will –

was allein zählt, ist der echte Meinungsaustausch zwischen zwei Menschen.

Wir alle neigen dazu, immer gleich Fragen zu stellen, die mit «warum» beginnen. «Warum sagen Sie das?» Anstatt zuzuhören, sind wir krampfhaft bemüht, Lösungen anzubieten, zu helfen, uns nützlich zu machen, damit wir uns dem furchtbaren Gefühl der Ohnmacht nicht aussetzen müssen.

Gordon hat zwölf Barrieren für die Kommunikation herausgefunden – wobei er sich wiederum von Rogers anregen ließ –, zwölf Arten dazwischenzufahren, wenn jemand versucht, uns eine Emotion oder ein Problem zu schildern. Jede einzelne jedoch blockiert, lenkt sie in eine bestimmte Richtung oder zerstört sie sogar.

Die zwölf Barrieren

1. Befehlen, kommandieren, fordern
   Geh in dein Zimmer!
2. Drohen, angst machen
   Wenn du nicht aufhörst, bekommst du eine Tracht Prügel!
3. Moral predigen, abkanzeln
   Man fällt einem anderen Menschen nicht ins Wort.
4. Raten, Lösungen vorschlagen
   Warum gehst du nicht mit deinen Freunden spielen?
5. Eine Lehre erteilen, Tatsachen anführen
   Bücher sind dazu da, daß man sie liest, und nicht, daß man sie herumwirft.
6. Urteilen, kritisieren, rügen
   Du bist unaufmerksam!
7. Gratulieren, schmeicheln
   Wie nett von dir ...
8. Lächerlich machen, Spitznamen geben
   Du solltest dich schämen.
9. Interpretieren, analysieren
   Du bist einfach eifersüchtig auf diese Frau.
10. Beruhigen, sympathisieren
    Das ist doch nicht so schlimm, das geht vorüber.

11. Ausforschen, insistierende Fragen stellen
    Warum hast du so etwas getan?
12. Ausweichen, ablenken, nicht ernst nehmen
    Schau, wie schön das Wetter heute ist!

Fast alle unsere üblichen Verhaltensweisen tauchen in dieser Liste auf: Was also soll man dann überhaupt sagen? Nun – nichts.

Der andere benötigt nichts anderes, als daß man ihm zuhört: er braucht aufmerksames Schweigen und einen wachen Blick; oder er benötigt einen Zuhörer, der ihm ermöglicht, seine Gedanken voranzutreiben, sich von der Last seiner Gefühle zu befreien, seine Erlebnisse differenzierter zu sehen und nach und nach seine eigenen Lösungen zu finden. Euripides hat gesagt: «Sprich, wenn du Worte hast, die stärker sind als das Schweigen, ansonsten bewahre Schweigen.» Respektieren Sie ganz einfach die Emotion, die da ist.

Ihr Gesprächspartner weint. Wenn Sie sich mit einem «Was ist denn los?» auf ihn stürzen, so zwingen Sie ihn, die Tatsachen zu berichten, Ihnen den Grund für seine Emotion zu nennen. Doch er kennt ihn gar nicht immer; deshalb ist es besser, vorsichtig zu sein, ihm zunächst einmal die Möglichkeit zu geben, sich auszuweinen, und Sätze zu sagen wie: «Du bist traurig» oder «Du wirkst verstört» usw.

Thomas Gordon hat diese aufmerksame Anteilnahme, die von Sätzen begleitet wird, welche das Gesagte noch einmal aufnehmen, «aktives Zuhören» genannt. Entgegen den gängigen Vorstellungen sind nicht die Tatsachen wichtig, sondern die Gefühle, die diese in uns auslösen.

«Ich bin dick.» Eine mögliche Umformulierung wäre: «Du gefällst dir nicht!»

«Das schaffe ich nie.» Eine mögliche Umformulierung wäre: «Du hast Angst, daß es dir nicht gelingt.»

Sich von dem «Warum?» befreien

Wenn Sie sich ohnmächtig fühlen oder versucht sind, Lösungen vorzuschlagen oder jemandem Ratschläge zu geben, dem Sie gerne helfen wollen, dann probieren Sie gerne folgende Formulierungen aus:

Den Zustand des Betroffenen aufnehmen:

Es ist sicher schwer für Sie, daß ...

Es ist schwierig ...

Ich sehe, daß ... (Sie traurig sind, daß es Ihnen heute nicht sehr gutgeht ...)

Ich kann mir vorstellen, daß ...

Sie sind ... (traurig, zornig, unruhig ...)

Bei dem Gedanken an ... fühlen Sie sich traurig

Sie möchten gerne ...

Offene Fragen:

Was ist geschehen? (Fragen Sie ihn nicht: «Warum denken Sie daran?», sondern vielmehr: «Was veranlaßt Sie, ausgerechnet an so etwas zu denken?»)

Was haben Sie empfunden, als ...

Was macht Sie dabei am traurigsten, am zornigsten? (Falls diese Emotion sichtbar ist)

Was fehlt Ihnen am meisten?

Was bereitet Ihnen am meisten Sorge?

Wie erleben Sie die Situation?

Wovor haben Sie am meisten Angst?

Was brauchen Sie?

Und wenn die Situation ausführlich besprochen wurde und die Emotionen zum Ausdruck kamen, kann man schließlich fragen:

Was können Sie jetzt tun?

Wie kann ich Ihnen helfen?

Man muß mit seinen eigenen Emotionen umgehen können, damit man sich nicht in die Belange anderer einmischt

Wir sind immer wieder versucht, unsere eigenen Erfahrungen und unsere eigenen Emotionen auf die Erfahrungen anderer Menschen zu übertragen. Daniel hatte Leukämie, ihm wurde von ärztlicher

Seite angeraten, eine Transplantation vornehmen zu lassen. Seine Familie, seine Freunde, alle drängten ihn, sich dieser Operation zu unterziehen. Ihre eigene Angst vor Daniels Krankheit hinderte sie daran, empathisch zu sein; in ihrer Unfähigkeit, zuzuhören, nötigten sie ihn dazu. Sie brauchten die Gewißheit, daß Daniel sich operieren ließ, wie die Ärzte es empfahlen, weil sie sich nicht verantwortlich fühlen wollten. Aber er hatte Angst vor dem Eingriff. Alle, die ihn liebten, haben ihn so lange angefleht, ihm gedroht und ihn am Ende überzeugt, daß er sich schließlich bereit erklärte. Er starb auf dem Operationstisch. Sein Herz versagte.

Es ist offenkundig, daß nicht alle Menschen, die Angst vor einer Operation haben, auch währenddessen sterben. Auch erschreckt der Gedanke an eine Operation nicht alle Leute so sehr, daß sie nur noch den Wunsch haben, diese so lange wie möglich hinauszuschieben. Bei Daniel war das jedoch der Fall. Da seine Umgebung ihn so hartnäckig drängte, gab er letztlich seine eigenen Gefühle auf. Doch jedem Menschen obliegt es, die Entscheidungen, die sein eigenes Leben betreffen, selbst zu fällen. Wir müssen lernen, uns unseren eigenen Emotionen zu stellen, damit wir imstande sind, die individuellen Wege unserer Mitmenschen zu respektieren.

Mir gefallen die Fragen, die die Kanadier sich gern stellen: «Sagt mir das ja?» oder «Sagt mir das nein?» Es sind Fragen, mit denen man sein Inneres erforscht. Sie sind zuverlässiger als die gewohnten Zweifel («Ist das gut oder schlecht?»), die sich an äußeren Anhaltspunkten orientieren. Darüber, was gut oder schlecht ist, kann jeder eine andere Meinung haben. Das Beste ist, in sich hineinzuhören.

Die Universalität der Emotionen

Vor einigen Jahren leitete ich einen einwöchigen Kurs zum Thema Schuld. Zu unserer Teilnehmergruppe gehörte auch ein Marokkaner. In den ersten zwei Tagen drückte er sich ungefähr dahingehend aus: «Ihr könnt mich ohnehin nicht verstehen, denn ihr seid keine Moslems. Wir kennen das Gefühl der Schuld nicht. Wir empfinden die Dinge nicht wie ihr.» Am dritten Tag wurde er schweigsam und beobachtete sehr aufmerksam alles, was vor sich ging. Im Laufe der nun folgenden Übungen teilte jeder Teilnehmer seine tiefgehenden Erfahrungen mit und zeigte dabei Emotionen in einer konzentrierten und ehrlichen Atmosphäre. Die Ernsthaftigkeit, die alle dabei an den Tag legten, rührte den Marokkaner, und seine vorige Angst, er könne wegen seiner Religion und seiner Tradition angegriffen oder verletzt werden, verschwand allmählich. Am vierten Tag sahen wir ihn weinen ... Bei der Bewertung am Ende des Kurses rührte er uns alle, als er sagte, daß das, was er hier erlebt habe, beweise, daß alle Menschen ähnlich seien und daß die Moslems dieselben Emotionen hätten wie die Christen, die Hindus oder die Buddhisten. Ihm war klargeworden, daß das Gefühl der Schuld sein Leben seit dem ersten Augenblick geprägt hatte und ihn noch heute daran hinderte, bestimmte Aspekte seiner Erziehung in Frage zu stellen.

Wenn Menschen in Verbindung mit ihren Affekten sind, können sie sich ohne Hindernisse austauschen. Im emotionalen Bereich sind wir alle ähnlich und können uns über alle Kulturen hinweg begegnen.

Zu Beginn seiner Untersuchungen dachte Paul Ekman[22], die Ereignisse, die Emotionen auslösen, seien auf einen kulturellen Lernprozeß zurückzuführen, wohingegen die Ausdrucksformen dafür überall die gleichen seien. Einer seiner Studenten bewies ihm das Gegenteil – auch die auslösenden Ereignisse sind universal.

Im Jahr 1967 zeigte Ekman den Papuas von Neuguinea Fotos, auf denen unterschiedliche emotionale Ausdrucksformen zu sehen waren, und bat sie, Ereignisse zu nennen, die diese erklären könnten. Nicht nur erkannten die Papuas die Emotionen der amerikanischen Studenten genau, sondern ihre Vorschläge zur Deutung der wahrscheinlichen Auslöser kamen den eigentlichen Motiven sehr nahe.

«Von einem wilden Schwein angegriffen werden», wurde am häufigsten als Grund angegeben, um den Ausdruck der Angst zu erklären. Ändern Sie das Tier in einen tollwütigen Hund um, und die Deutung gilt auch für unsere westlichen Breiten. Die Einzelheiten sind natürlich kulturbedingt verschieden, aber das Motiv – die Gefahr, von einem Tier körperlich verletzt zu werden – bleibt dasselbe.

Das traf auch auf die weiteren sechs erforschten Emotionen zu: Verlust eines Gegenstands, an dem man hängt, für Traurigkeit; ein unvorhergesehenes Ereignis oder eines, das sich allen Erwartungen zum Trotz zugetragen hat, für Überraschung; etwas, was unsere Sinne als abstoßend empfinden oder den eigenen Überzeugungen zuwiderläuft, für den Ekel. Für den Zorn fand Ekman fünf Prämissen: die Frustration, wenn jemand in seiner Tätigkeit behindert wird, die körperliche Bedrohung, die Beleidigung, Verunglimpfung der eigenen Wertvorstellungen, der Zorn eines anderen, der sich gegen einen selbst richtet. Für das Glück fand er vier Prämissen: die Freude, die Erregung, das Lob und die Erleichterung.

1984 machte Levy, ein anderer Spezialist, der sich leidenschaftlich für die Sprache der Emotionen interessierte, eine wichtige Beobachtung: Die Tahitianer besitzen kein Wort für Traurigkeit. Aber die Beobachtung zeigte, daß sie angesichts eines Todesfalls Traurigkeit zum Ausdruck bringen, selbst wenn sie diese emotionalen Äußerungen mehr der Krankheit als dem Verlust zuschreiben.

Auf der ganzen Welt erzeugen Angst oder Überraschung, Zorn oder Freude dieselben Muskelkontraktionen. Die Mitteilungen des Körpers lügen nur selten.

Mit seinem Körper zuhören – die Synchronie

Der Körper spricht. Anstatt uns Macht über einen anderen Menschen anzumaßen, indem wir analysieren, was es wohl zu bedeuten hat, daß er die Beine gekreuzt hält oder sein Haar auf eine bestimmte Weise zurückstreicht, sollten wir die Sprache des Körpers lieber nutzen, um uns gegenseitig besser zu verstehen. Zahlreiche Forscher haben den Prozeß der Synchronie beschrieben. Auch wenn noch nicht all seine subtilen Mechanismen erforscht sind, so kann man doch eines beobachten: Menschen, die miteinander kommunizieren, neigen dazu, ganz spontan dieselben Körperhaltungen einzunehmen, dieselben Gesten zu machen, im selben Tonfall zu sprechen, ja zuweilen sogar dasselbe Vokabular zu verwenden. Ihre Körper bewegen sich synchron, im selben Tempo. Manchmal ist dieser Prozeß kaum wahrnehmbar, dann wiederum ist er sehr ausgeprägt. Schauen Sie sich zwei Verliebte an, die sich im Restaurant gegenübersitzen – sie tanzen. Tatsächlich tanzen wir alle. Unsere Körper interagieren und sprechen miteinander, ohne daß es uns bewußt wäre. Es bedurfte der Filme von Birdwhistl, um dies zu entdecken. Die Verlangsamung, aber auch die Beschleunigung der Bilder enthüllt uns diesen so subtilen Prozeß, der im allgemeinen unbemerkt vor sich geht. Der Prozeß der Synchronie ist unbewußt. Nutzt man ihn im Laufe einer schwierigen Beziehung ganz bewußt, so kann man seine Empathiefähigkeiten verbessern. Indem man eine Körperhaltung einnimmt, die dem des Gesprächspartners ähnlich ist, indem man im selben Rhythmus spricht, indem man seine Gesten nachahmt und, vor allem, indem man die eigene Atmung mit seiner in Einklang bringt, kann man spüren, was in ihm vorgeht; denn alle Menschen drücken durch ähnliche Körperhaltungen ähnliche Gefühle aus.

Wenn Éric Ihnen von seiner Angst erzählt und Sie ihm zuhören, während Sie halb ausgestreckt, mit ausgebreiteten Armen und nach hinten geneigtem Kopf in Ihrem Sessel liegen, wird er den Eindruck haben, Sie verständen ihn nicht richtig. Und wahrscheinlich wird sein Eindruck richtig sein, denn in dieser Körperhaltung können Sie seine Angst nicht spüren und können sich deshalb auch nicht mit seiner Gefühlswelt identifizieren. Schauen Sie Éric an, er wirkt eher gesammelt, angespannt, beugt sich nach vorne, und seine Hände sind verkrampft.

Mit seinem Herzen zuhören heißt mit seinem Körper zuhören. Gefühle kommen durch den Körper zum Ausdruck. Eine Emotion kann man vom Gesicht ablesen, aus der Mimik, aus einer Veränderung der Blickrichtung, einem Wechsel der Hautfärbung. Man erkennt sie an der Körperhaltung, der Muskelspannung, einem bestimmten Herz- und Atemrhythmus.

Susana Bloch ist seit den siebziger Jahren zusammen mit ihrem Forschungsteam dabei, dies aufzuzeigen. «Zu jeder grundlegenden Emotion gehören nicht nur ein Gesichtsausdruck oder eine Körperhaltung, sondern auch ein bestimmter Atemrhythmus. Man kann sogar den gewünschten emotionalen Zustand herbeiführen, indem man die betreffende Versuchsperson bittet, die dafür charakteristische Atemweise nachzuahmen.»

Um zu fühlen, was der andere durchlebt: Atmen Sie wie er, nehmen Sie dieselbe Körperhaltung an, deuten Sie seine Mimik an, und passen Sie das Volumen und den Tonfall Ihrer Stimme seiner an. Genieren Sie sich nicht, ihn nachzuahmen. Er wird auf diese Weise mehr Vertrauen zu Ihnen haben. Sie werden ihn besser verstehen, und das wird er spüren. Wenn Ihre Stimme in Tonfall und Volumen der seinen ähnlich ist, wird er sich verstanden fühlen. Und bestimmt werden Sie ihn dann wiederum besser verstehen.

Entschlüsseln entschärft

«Stellen Sie sie da hin! Nein, nicht dort! Also – ich habe wirklich noch anderes zu tun!» Die Verkäuferin ist gereizt, aggressiv, ihr Benehmen grenzt an Unhöflichkeit. Xavier könnte sich jetzt aufregen, er fühlt, wie Ärger in ihm hochsteigt. Schließlich bringt er ihr seine leeren Flaschen zurück und bestellt fünfzig Liter Apfelsaft, könnte sie da nicht ein wenig freundlicher sein? Er verkneift sich eine bissige Bemerkung und läßt seine Blicke im Supermarkt umherschweifen. Es ist kalt, es regnet, und es sind nur wenige Kunden zu sehen. Vielleicht ist das der Grund für die schlechte Laune der Frau. Er versucht, ihr entgegenzukommen: «Das muß ein harter Tag für Sie sein; Sie sind wohl sauer, weil das Wetter schlecht ist und kaum Kunden da sind?»

Sie schaut ihn an: «Nein, das ist es nicht... aber es stimmt, manchmal ist es hart, und ich habe mich wirklich über etwas geärgert.» Sie lächelt. «Ihre Flaschen sind hier. Steht Ihr Wagen weit entfernt?»

Wäre die Welt nicht angenehmer, wenn wir öfter aufmerksamen Menschen begegneten, wie Xavier einer ist? Wie viele von uns wären in derselben Situation einfach hinausgegangen oder hätten die Unhöflichkeit schweigend hingenommen oder, im Gegenteil, die aggressive Verkäuferin nun ihrerseits angefahren?

Die Empathie ist eine wichtige Dimension der emotionalen Intelligenz. Sie erfordert, daß man es versteht, aus seiner Ichbezogenheit herauszufinden, damit man sich auf das Erleben seines Mitmenschen konzentrieren kann. Sich empathisch zeigen bedeutet mitfühlen, ohne zu urteilen. In allem, was ein Mensch sagt oder tut, spricht er immer nur über sich selbst, seine Bedürfnisse und seine Erwartungen. Je kritischer, je beleidigender seine Ausdrucksweise ist, desto deutlicher tritt zutage, wie groß seine Not, sein Unbehagen sind. Solange seine Gefühle nicht wahrgenommen werden, wird ein Mensch, der leidet, sie durch sein gestörtes Verhalten unübersehbar zu erkennen geben.

Nadine beklagt sich über das schwierige Verhältnis, das sie zu ihrem Sohn hat. Sie ist ungemein zornig darüber, daß es ihr nicht gelingt, sich bei ihm Gehör zu verschaffen: «Ich kann nicht mit ihm reden, er hört mir nicht zu; ich langweile ihn, und das zeigt er mir ganz unverhohlen. Nach zwei Minuten beginnt er zu gähnen! Er kommt zu keinem Familientreffen, und das, ohne vorher Bescheid zu sagen. Er kam noch nicht einmal zu meinem Geburtstag! Überdies braucht er ständig Geld oder will sich meinen Wagen ausleihen. Nebenbei bemerkt, hat er mir bereits drei zu Schrott gefahren ... Nicht, daß ich das schweigend hingenommen hätte; ich habe ihm gesagt, wie wütend und wie enttäuscht ich war: ‹Ich habe so viel für dich getan, ich bin wirklich eine gute Mutter.› Jedesmal hört er mich an, behauptet, er würde nun achtgeben ... Aber es geht im alten Stil weiter.»

Wenn alle Mitteilungen ohne Wirkung bleiben, ist es zwecklos, sie zu wiederholen. Es kann die Lage nur verschärfen, wenn Nadine ihrem Sohn immer und immer wieder sagt, daß sie unzufrieden mit ihm ist. Soll sie ihn also so weitermachen lassen? Nein, aber sie sollte ihm zuhören. Xavier versucht etwas auszudrücken, wofür er keine Worte findet. Empathie zeigen heißt hier zu begreifen versuchen, was er erlebt, seine Einstellungen entschlüsseln, um ihn besser zu verstehen. Damit dies möglich wird, frage ich Nadine: «Können Sie sich vorstellen, warum er sich so benimmt?»

«Er versucht, sich von mir zu distanzieren ... (Schweigen) ... Es stimmt, ich war zu fürsorglich ihm gegenüber, war allzu präsent, ja direkt aufdringlich.»

Als sie versteht, daß Xavier versucht, sich aus einer übergroßen Abhängigkeit zu lösen, läßt ihr Zorn nach. Sie kann ihm endlich zuhören. Nadine und ich haben zusammen einen Satz konstruiert, der für Xavier gedacht ist: «Daraus, daß du nicht zu meinem Geburstag kommst, daß du mich nur anrufst, wenn du Geld brauchst, daß du gähnst, wenn du mit mir zusammen bist, ersehe ich, daß du wütend auf mich bist; ich verstehe das, weil mir jetzt klar ist, daß ich in der Vergangenheit manchmal zu aufdringlich und zu präsent war. Ich möchte, daß wir darüber reden und daß du mir all deinen Groll mitteilst, damit unsere Beziehung besser werden kann.»

Schlüssel, um Herzen zu öffnen

Es ist wahrscheinlich, daß Xaviers erste Antwort auf den empathischen Satz von Nadine lauten wird: «Wie kommst du denn darauf?» Die Motivation seines Handelns ist ihm möglicherweise noch gar nicht bewußt. Und dann ist es schwer zu akzeptieren, daß man sich auf diese Weise erkannt fühlt, dazu noch von seiner eigenen Mutter. Aber der Gedanke wird sich in seinem Kopf allmählich durchsetzen. Vielleicht gibt seine Mutter ihm hiermit zum ersten Mal die Erlaubnis, Zorn auf sie zu empfinden; er braucht Zeit, sich daran zu gewöhnen.

Im allgemeinen kann man sagen: Wenn Ihr Gesprächspartner reagiert, indem er sich verschließt, so sollten Sie sich nicht dagegen auflehnen. Nehmen Sie sich die Zeit, sich eingehend mit dem zu beschäftigen, was er innerlich durchlebt. Es hat keinen Zweck, in ihn zu dringen; das würde seinen Widerstand nur vergrößern. Er ist nicht imstande, Ihnen Gehör zu schenken? Nun, er hätte selbst zuvor gehört werden müssen. Jetzt hat er Angst vor seinen eigenen Emotionen, er fühlt sich schuldig und gleichzeitig hat er den Wunsch, sich zu rächen. Verschiedene Gründe können ihn daran hindern, Ihnen Antwort zu geben. Lassen Sie nicht zu, daß seine Abwehrhaltung zum Machtspiel wird, versuchen Sie nicht, ihn um jeden Preis zum Sprechen zu bewegen. Sagen Sie ihm abwechselnd, was Sie an seiner Haltung verstehen und wie Sie sich fühlen, wenn er so reagiert. Eine empathische Mitteilung könnte beispielsweise sein: «Du bist betroffen über das, was ich dir gesagt habe, und nun weißt du nicht, was du antworten sollst...» Und eine bestärkende Mitteilung wäre: «Wenn du mir nicht antwortest, bin ich traurig und fühle mich hilflos; ich habe den Eindruck, daß du mich nicht mehr liebst; ich habe das Bedürfnis, daß du mich ansiehst und mich beruhigst.» Und lassen Sie ihn seinem Rhythmus gemäß aus seinem Zustand herausfinden – um dann darüber zu reden! Es ist sehr wichtig, daß jeder in Ruhe und Gelassenheit dem anderen sagen kann, was er gefühlt hat.

«Was spielte sich in deinem Inneren ab, während du nichts sagtest?»

«Was hast du bei dir gedacht, ohne es auszusprechen?»

«Wie kann ich dir in solchen Augenblicken helfen?»

«Mit welchem Verhalten kann ich dir entgegenkommen?»

Bitten Sie um Schlüssel, mit denen Sie die Türen öffnen; die können sich jedoch automatisch wieder schließen, selbst wenn der Besitzer wünscht, sie offenzuhalten. Wir haben keine Allmacht über unsere psychischen Mechanismen, es wäre unrealistisch, von den anderen zu erwarten, daß sie nun für alle Zeiten offen und empfänglich bleiben. Deshalb benötigen wir Hilfsmittel, um die Dinge gemeinsam zu verändern.

Es zeugt von emotionaler Intelligenz, wenn man es versteht, Machtspielen zu entgehen, wenn man nicht mehr versucht, zu gewinnen, sondern seine ganze Sensibilität einsetzt, um seine Beziehungen zu verbessern. Nur hat man eben nicht immer Lust, dem anderen zuzuhören, denn es kann durchaus geschehen, daß seine Emotionen Schuldgefühle und Traurigkeit in uns wecken. Daher hindern wir ihn mehr oder weniger bewußt am Reden. Wichtig ist, die Dinge von Anfang an klar auszusprechen. Behält man sie allzulange in sich, so «gären» sie und verstärken den Groll. Und dann ist man nicht mehr fähig, zuzuhören.

Sarah, eine sehr schöne Frau, findet sich häßlich. Weil sie so hochgewachsen ist, ist das Gehen auf der Straße für sie eine wahre Tortur. Männer und Frauen drehen sich nach ihr um, und in ihren Blicken liest sie: «Du bist nicht wie wir.» Sie folgert daraus: «Ich bin unattraktiv.» – Ich bringe ihr bei, schlagfertig zu reagieren.

An einer Straßenecke trifft sie auf zwei Männer. Der eine sagt zum anderen: «Bei einer Frau wie der brauchte ich einen Schemel!» Sie dreht sich zu dem Mann um, schaut ihm direkt ins Gesicht und fragt ihn, ohne jede Feindseligkeit: «So klein fühlen Sie sich also?»

Er schaut sie verblüfft an. Und betroffen antwortet er: «Woher wissen Sie das? Ich bin der kleinste von fünf Geschwistern und habe immer sehr darunter gelitten.»

Sie lächeln sich an.

Ich erzähle diese Geschichte oft, und immer antwortet die ganze Gruppe im Chor: «Und sie heirateten und hatten viele Kinder.» Nein, sie haben nicht geheiratet, sie haben sich nicht einmal wiedergesehen. Aber in diesem Dialog kam eine große Vertrautheit zum Ausdruck. Die beiden haben sich gut gefühlt – sie haben sich gegenseitig erkannt und verstanden. Sie konnten «Kuscheltücher» anstelle von «Nesselfetzen» austauschen. Und doch war der erste Satz eine Provokation gewesen.

Um sich vom anderen nicht verletzt zu fühlen, genügt es oft, nicht auf den Köder anzubeißen, sondern vielmehr die Bedürfnisse des Fischers unter die Lupe zu nehmen. Dazu muß man von seinen eigenen alten Verletzungen geheilt sein; ansonsten wird es für den anderen ein leichtes sein, diese Wunden wieder aufzureißen.

«Die Schakale sind Giraffen, die ein Sprachproblem haben»

Jede Kritik, jede Aggression ist ein Ausdruck eines unbefriedigten Bedürfnisses, behauptet Marshall Rosenberg, Pädagoge und Vortragsredner. In seinen Kursen über gewaltlose Kommunikation verwendet er recht originelle Mittel: zwei Marionetten – einen Schakal und eine Giraffe, die sich gegenseitig beleidigen und miteinander diskutieren. Die Sprache des Schakals besteht aus Kritik und Manipulationen, aus Definitionen und Urteilen. Die Sprache der Giraffe ist die Sprache des Herzens.

Er hat die Giraffe als Symbol der gewaltlosen Kommunikation gewählt, weil sie das Tier ist, das im Vergleich mit allen anderen das größte Herz besitzt. Die Giraffe läßt sich auf das Risiko ein, ihre Verletzbarkeit zu zeigen und ihre Träume zu erzählen; dank ihres langen Halses hat sie eine «höhere» Sicht der Dinge, was ihr die Möglichkeit gibt, die Wirkung ihrer Handlungen sehr weit vorauszusehen. Die Giraffe hört zu, bringt ihre Emotionen zum Ausdruck, äußert Bitten und hat Mitgefühl. Sie versteht es, sich zu behaupten, und sie tut es mit Takt und Anstand.

Der Schakal, das Symbol der Gewalt, betreibt Machtspiele. Er stempelt ab, urteilt, klassifiziert, diagnostiziert und stellt Forderungen. Er kontrolliert die anderen, indem er auf ihre Schuldgefühle setzt. Schakal und Giraffe sind Metaphern für unsere Einstellungen gegenüber den anderen. Vergessen wir nicht, daß ein Schakal immer wieder auf das willige Ohr der Giraffe angewiesen ist, die ihm hilft, zu entschlüsseln, was er auszudrücken versucht. Denn «Schakale sind nichts als Giraffen, die ein Sprachproblem haben»; das kann man gar nicht oft genug sagen.

Seit den siebziger Jahren hört man immer wieder: «Du bist für alles, was du fühlst, selbst verantwortlich», «Niemand kann dich dazu bringen, irgend etwas zu fühlen . . .» Fritz Perls hat den Gedanken, daß die anderen Menschen nicht die Ursache unserer Emotionen sind (und auch wir nicht die ihrer), publik gemacht. Aber aus diesem Anfangskonzept entstand eine regelrechte Mode, in der das Motto gilt: «Wenn du irgend etwas so empfindest, so ist das dein Problem», was darauf hinausläuft, daß einer gegenseitigen Verantwortung ausgewichen wurde. Unsere Verhaltensweisen haben eine Wirkung auf die Emotionen der anderen, und das ist gut so. Übernehmen Sie also auch Ihren Teil der Verantwortung an den Reaktionen der anderen. Dennoch sollten Sie ganz systematisch die Mitteilungen, die mit «du bist» beginnen und die einen Menschen charakterisieren, umformulieren, so daß sie Ihre Gefühle zum Ausdruck bringen, die durch bestimmte Verhaltensweisen des anderen geweckt wurden.

Wenn jemand zu Ihnen sagt: «Du bist wirklich eine Niete», so antworten Sie beispielsweise: «Du bist zornig, weil du das Gefühl hast, daß ich nicht verstanden habe, was du mir sagen wolltest.»

Ganz allgemein: Wenn jemand Ihnen eine anklagende Mitteilung zukommen läßt, dann suchen Sie das Körnchen Wahrheit darin.

«Ich habe den Eindruck, daß du mich nicht mehr liebst», sagt Raymonde zu René. Gleich, ob er nun mit «aber ja doch» oder mit «aber nein» antwortet, er blockiert die Kommunikation und bringt die Beziehung in Gefahr.

In diesem Fall fühlt sich der andere unverstanden, Sie bestätigen ihm in gewisser Weise, daß er Ihnen «vollkommen gleichgültig ist», da Sie keinen Wert auf das legen, was er Ihnen – zugegebenermaßen ungeschickt – zu vermitteln versucht.

Würde es Raymonde nicht viel mehr beruhigen, wenn sie die Wahrheit hörte? «Es ist wahr, daß ich seit einigen Tagen ärgerlich auf dich bin, weil ich nicht weiß, was ich tun soll. Ich habe wirklich Lust, meine Eltern zu besuchen, und du willst nicht mitkommen.»

Seine Irrtümer erkennen – und sich entschuldigen

Marthe hat vergessen, ihrem Sohn zum Geburtstag zu gratulieren. Als er ihr sagt, wie enttäuscht er darüber ist, ruft sie aus: «Du wirst doch deswegen kein großes Theater machen!» Sie lehnt es ab, sich schuldig zu fühlen, und leugnet darum ihre Verantwortung, indem sie den Vorfall herunterspielt. Menschen, die nicht besonders selbstsicher sind, kann es zuweilen sehr schwerfallen, sich zu entschuldigen. Sie haben Angst, dabei das Gesicht zu verlieren.

Sich empathisch zeigen bedeutet zu sagen: «Ich verstehe, daß du zornig bist . . .», eine Pause zu machen, damit der andere diese Anerkennung seiner Gefühle aufnehmen kann, und dann hinzufügen: «Entschuldige bitte, daß ich dich verletzt habe.»

Erst nachdem man die Wichtigkeit der Gefühle des anderen

verstanden, akzeptiert und anerkannt hat, kann man die Gründe anführen, die einen zu diesem Verhalten veranlaßt haben.

Um die Angelegenheit abzuschließen, sollten Sie eine Wiedergutmachung vorschlagen. Anstatt das nächste Mal, ohne ein Wort zu sagen, Blumen mitzubringen, sollten Sie lieber fragen: «Wie kann ich das wieder in Ordnung bringen?»

Aus Konflikten herausfinden

Sie befinden sich im Konflikt mit Gustave oder Thérésa? Warum wollen Sie weiterleiden? Tun *Sie* den ersten Schritt. Das ist nur dann schwer, wenn man in der Dynamik des Machtspiels bleibt, wo eine Versöhnung bedeutet, das Gesicht zu verlieren.

«Ich aber sage euch, daß ihr nicht widerstreben sollt dem Übel; sondern, wenn dir jemand einen Streich gibt auf deine rechte Backe, dem biete die andere auch dar. Und wenn jemand mit dir rechten will und deinen Rock nehmen, dem laß auch den Mantel. Und wenn dich jemand nötigt eine Meile, so gehe mit ihm zwei» (Matthäus, 5, 39–41). Ist das Passivität? Man kann den Autor kaum der Feigheit bezichtigen! Auch die andere Wange darbieten, das ist wahrer Mut, der sich darin zeigt, daß man der Rachsucht widersteht und dem anderen seine Verantwortung vor Augen hält. Die andere Wange darbieten heißt nicht, sich als schwach hinzustellen und Schläge einzustecken; es bedeutet vielmehr, daß Sie Ihren Angreifer ohne Angst oder Aggressivität ansehen! Indem Sie nicht zulassen, daß die Gewalt von Ihnen Besitz ergreift, indem Sie zuschauen, wie die gewalttätige Energie in ihm wirkt, ermöglichen Sie ihm, sich selbst zu sehen. Dieser Blick ist entscheidend, er allein kann schon die Schläge stoppen. Es ist viel schwieriger, jemanden zu schlagen, der Ihnen ohne Feindseligkeit in die Augen blickt, als jemanden, der vor Ihnen davonläuft oder Ihnen seinerseits Aggressivität entgegenbringt. Wenn Sie dagegen zurückschlagen, liefern Sie Ihrem Widersacher die Entschuldigung für sein fehlendes Verantwortungsbewußtsein; also rechtfertigen Sie damit einen neuen

Schlag. «Wer Schlag mit Schlag vergilt, macht sich zum Mitschuldigen am Bösen, dem er sich widersetzen sollte und setzt die Gewalttat ins Unendliche fort.»[23]

Es geht nicht darum, hinzunehmen, daß man geschlagen wird, ganz im Gegenteil. Die andere Wange darbieten heißt *dem anderen nicht mehr die Möglichkeit geben,* zu schlagen. Ein Mensch, der gewalttätig agiert, ist gefangen in Gefühlen der Furcht, der Ohnmacht oder des Hasses, mit denen er nicht umgehen kann. Um der Gewalt ein Ende zu bereiten, muß man aufhören, diesen Gefühlen neue Nahrung zu geben. Wenn Sie Angst haben, vergrößern Sie den Schrecken des anderen; wenn Sie sich vor ihm verschließen, verstärken Sie sein Gefühl der Ohnmacht; wenn Sie ihm nicht Gehör schenken können, kann er Sie nur um so mehr hassen.

«Ich fasse für den Kampf gegen alles, was unsittlich ist, einen geistigen und daher sittlichen Widerstand ins Auge. Ich suche, dem Schwert des Tyrannen seine Schärfe vollständig zu nehmen, nicht indem ich es mit einer besser geschliffenen Waffe schlage, sondern indem ich seine Erwartung, ich würde ihm physischen Widerstand entgegensetzen, enttäusche. Er wird bei mir einen seelischen Widerstand finden, der seinem Zugriff entzogen ist. Dieser Widerstand wird ihn anfänglich verblenden, dann aber zwingen, sich zu beugen. Dieses Sich-beugen wird den Angreifer jedoch nicht demütigen, sondern erhöhen»[24], schreibt Gandhi. Diese Dimension macht den Unterschied zwischen Pazifismus und Gewaltlosigkeit aus. Der Pazifist unterdrückt den Konflikt, der Gewaltlose wagt den Konflikt, ohne deswegen die Spirale der Gewalt zu akzeptieren. Wenn der Pazifismus sich zuweilen auch auf die passive Resignation vor der Ungerechtigkeit beschränken kann, so trägt die Gewaltlosigkeit den Konflikt aus; sie ist die Bestätigung dafür, daß es Gerechtigkeit gibt und daß Gewalt als Mittel der Konfliktlösung abgelehnt wird. Ich liebe den berühmten Satz von Mahatma Gandhi: «Mit Auge um Auge wird man nie etwas anderes ausrichten, als die Welt blind machen.» Das Vergeltungsrecht war in den Zeiten seiner Entstehung ein Fortschritt, insofern als es der Rache Grenzen setzte: ein Auge für ein Auge, nicht mehr. Aber es rechtfertigte weiterhin den Geist der Rache. Es ist nicht einfach, auf Verhaltensweisen zu verzichten, die uns natürlich und legitim erscheinen.

«Die Gewalt begreift sich immer als rechtmäßige Vergeltungsmaßnahme. Daher muß man auf das Recht zur Vergeltung verzichten, ja sogar auf Handlungen, die in vielen Fällen legitimer Verteidigung geschehen. Da die Gewalt mimetisch ist, da niemand sich für sein erstes Aufbrausen verantwortlich fühlt, kann einzig ein bedingungsloser Verzicht zum gewünschten Resultat führen», sagt René Girard.

Natürlich ist diese Technik nicht durchweg wirksam. Zunächst einmal deshalb, weil sie keine Technik, sondern eine mehr innere als äußere Haltung ist. «Sie ist wesentlich ein Appell an das Gewissen und an die Freiheit unseres Feindes, er möge sein Unrecht einsehen und auf das Böse verzichten. Doch er behält die Macht, diesen Appell zurückzuweisen und im Bösen zu verharren» (Jean-Marie Muller). Dieser Mann, der Sie heute schlägt, beleidigt oder herabsetzt, hat auch andere Seiten. Die andere Wange darbieten bedeutet, seine Aufmerksamkeit auf andere Aspekte seiner Persönlichkeit zu lenken, die in diesem Augenblick nicht sichtbar sind, die er jedoch in sich hat. Vertraut man auf die gerechten und sensiblen Züge seiner Persönlichkeit, so gibt man ihm eine Chance, diese zu zeigen. «Die andere Wange hinhalten und Gutes für Böses erweisen heißt nun gewiß nicht, man müsse glauben, unser Feind sei gut, sondern er sei des Guten fähig» (Jean-Marie Muller).

Die Macht des Mitleids

Pauline mußte seit Monaten einen besonders autoritären Chef ertragen. Er ließ keine Gelegenheit aus, sie herabzusetzen, begegnete ihr mit Sarkasmus und beißender Ironie und schreckte auch nicht davor zurück, sie in aller Öffentlichkeit lächerlich zu machen. Jedesmal, wenn sie ihn traf, wurde sie von Angst gepackt. Bei solchen Umständen ist Mitleid wirksamer als jede andere Reaktion. Ich arbeitete mit Pauline und bat sie, in ihrem Chef den kleinen, unglücklichen Jungen zu sehen, der im Grund hilflos und ohnmächtig war und kein anderes Mittel fand, um sich ein wenig aufzuwerten.

Als ihr Chef das nächste Mal in ihr Büro kam, schaute sie ihn nur an … Er ging wieder hinaus, ohne ein Wort gesagt zu haben und offensichtlich verunsichert. Sie hatte «eine Runde» gewonnen. Natürlich ließ er so schnell nicht locker und demütigte sie kurze Zeit später vor allen Direktoren. Diese letzte öffentliche Demütigung war so etwas wie ein aussichtsloser Kampf zu seiner Ehrenrettung. Innerhalb von zwei Wochen änderte sich ihre Beziehung grundlegend. Sie wurden keine Freunde, bei weitem nicht, aber heute respektiert ihr Chef sie.

12 Das Kind in seiner affektiven Entfaltung begleiten

Der Stellenwert der Gefühle

«Camille, was habe ich eben erklärt?» Camille ist zerstreut. Sie ist unfähig, sich auf etwas anderes als die Scheidung ihrer Eltern zu konzentrieren. Aber niemand fragt sie, was denn mit ihr los sei. Sie fühlt wohl, daß dieses «An was denkst du?» keine wahre Antwort verlangt. Was würde geschehen, wenn sie sagte, was wirklich in ihr vorgeht? Eigentlich denkt sie gar nicht richtig, jedenfalls nicht klar. Dieses Durcheinander in ihren Gedanken ist ja das Problem. Letzte Woche hat Mama ihr gesagt, daß sie sich von Papa trennen wird. Camille wurde daraufhin von einer ungeheueren Traurigkeit erfaßt. Und jetzt ist alles dunkel in ihrem Kopf. Sie erinnert sich an die Augenblicke, in denen sie böse zu ihren Eltern war. Sie fühlt sich schuldig, vielleicht hat sie schuld daran, daß sie auseinandergehen. «Du machst deiner Mutter Kummer», sagte ihr Vater oft. Camille hat Angst; wie wird es mit ihr weitergehen? Was interessieren sie da die komischen Zeichnungen, die die Lehrerin an die Tafel malt! Camille hat den Kopf zu voll, um sich auf irgend etwas konzentrieren zu können. Wenn man ihr erlaubte, über das zu sprechen, was sie beschäftigt, könnte sie sich vielleicht davon lösen und an etwas anderes denken. Aber in den meisten Unterrichtsstunden ist kein Raum für Gefühle. Man muß «sein Privatleben an der Garderobe lassen», wie man später im Berufsleben sagen wird.

Muß man unsere Kinder erziehen?

«Die Erziehung hat bei weitem nicht nur das Individuum und seine Interessen zum einzigen und hauptsächlichen Ziel, sie ist vor allem das Mittel, durch das die Gesellschaft fortwährend die Bedingungen ihrer eigenen Existenz erneuert» (Émile Durkheim).

Wir leben in einer Gesellschaft und brauchen Regeln, um in Harmonie zusammenzuleben. Das Gemeinschaftswesen benötigt eine gewisse Homogenität unter seinen Mitgliedern. Es gehört zur Rolle der Erziehung dazu, den jungen Menschen zu einem sozialen Wesen zu formen – in der Schule wie zu Hause –, denn die Familie ist häufig die Vermittlerin der Normen. Die Erziehung gibt die Traditionen, die Überzeugungen und die Gepflogenheiten der Gemeinschaft weiter. Je nach Land wird dem individuellen Denken mehr oder weniger Raum gelassen. Einige Philosophielehrer versuchen, den Kindern beizubringen, wie man selbst denkt. Doch muß man einräumen, daß die meisten Lehrer sich kaum um etwas anderes kümmern, als ihren Schülern den Lehrstoff einzutrichtern und sie anzuleiten, wie «jedermann» zu denken. Betrachtet man die Schullaufbahn Albert Einsteins, so kann man ermessen, wie wenig erwünscht es von jeher in unseren Schulen war, anders zu denken. Das ist zwar schon einige Jahrzehnte her, aber fragen Sie heute einmal einen Jugendlichen, was passiert, wenn er Stephen Jay Gould gelesen hat und es sich herausnimmt, seinem Lehrer zu sagen, daß der Darwinismus überholt ist; oder wenn er zu behaupten wagt, daß Descartes ein Mystiker war; kurz, wenn er eine andere Sicht von der Welt hat als sein Lehrer. Für einen Lehrer oder einen Elternteil ist es deshalb so schwer, einem Kind zu erlauben, anders als er selbst zu denken, weil die Emotionen sich dagegen auflehnen. Ihr Ego kann es nicht ohne weiteres hinnehmen, daß ihr Wissen von einem Kind in Frage gestellt wird.

Emotionalität in der Schule

In der Schule spricht man über Vercingetorix, über die Quadratwurzeln und die Religionskriege, aber man verliert kein Wort über Zorn, Trauer, Liebe oder den gewaltlosen Umgang mit Konflikten. Man spricht in der Schule nicht über Emotionalität, und noch viel weniger geht man sinnvoll damit um. Auch wenn man längst weiß, daß Kinder besser arbeiten, wenn sie ihren Lehrer sympathisch finden, daß affektive Probleme die Ursache von 98 Prozent aller Lernschwierigkeiten darstellen – das ist ein unbekanntes Feld, auf das man sich nicht wagt.

Von einigen Lehrern, die Neuem aufgeschlossen waren, wurden und werden pädagogische Experimente in alternativen Schulen oder öffentlichen Einrichtungen durchgeführt. Célestin Freinet, Ovide Decroly, Rudolf Steiner, Maria Montessori, A. S. Neill – um nur die berühmtesten zu nennen – ist es gelungen, in punkto Respekt und Aufmerksamkeit für die soziale und affektive Entwicklung der Kinder wichtige Durchbrüche in eine Mauer aus Ignoranz zu schlagen. Warum werden diese Erkenntnisse in den Schulen nicht mehr berücksichtigt? Alle sind sich darin einig, daß es wirksame Methoden sind, daß die Kinder dabei glücklicher sind und leichter lernen: Warum also gibt es nicht mehr Lehrer, die sich nach diesen Leitlinien richten? Ist es so schwer zu begreifen, daß man die Bedürfnisse eines Kindes respektieren muß?

Sobald die Kleinkinder bei uns das zweite Lebensjahr vollendet haben, gehen sie in den Kindergarten. Mit drei Jahren sind neunzig Prozent von ihnen bereits in der Vorschule. Sie sind bis zu 25 Kinder in einer Klasse. Während der Pausen sind sie nicht immer von den größeren Kindern getrennt, die oft wild herumrennen und viel Lärm machen. Wie viele Menschen und was für ein Streß! Es gibt noch immer zu wenige Schulen, die den Kindern vor ihrer Einschulung eine allmähliche Gewöhnung an den Klassenalltag ermöglichen. Noch heute kommt es vor, daß man von Vorschülern verlangt, daß sie mehr als eine ganze Stunde lang ruhig dasitzen und aufmerksam sind. Wie werden sie angesichts dieser körperlichen Zwänge mit ihren Ängsten und ihren Frustrationen fertig? Tag für Tag sind sie der Angst vor Ablehnung, vor Unterdrückung, vor Mißerfolg ausgesetzt … Keine leichte Angelegenheit für unsere Kleinkinder. Wer kümmert sich um ihre Emotionen? Sie begreifen sehr schnell, daß sich hier niemand wirklich für ihre Gefühle interessiert. Also gehen sie auf ihre Weise mit ihrer Angst und ihrem Groll um. Manche stellen sich abseits, andere klammern sich an der Erzieherin fest, wieder andere werden überaktiv oder beißen oder schlagen andere Kinder. Man meint dann, das sei ihr «Temperament». Auch die Mütter behaupten gern, ihre Sprößlinge hätten diese Neigungen schon seit frühester Kindheit. Nein, es ist nicht ihr Charakter, es sind Streßreaktionen. In einem Umfeld, in dem auf ihre körperlichen, affektiven und intellektuellen Bedürfnisse Rücksicht genommen wird, tritt diese Art von Verhalten nicht in Erscheinung. Um das Schulsystem nicht in Frage stellen zu müssen, spielt man die Oppositionshaltung oder die Abkapselung der Kinder herunter. Vielen gelingt es, sich damit zu arrangieren, das ist wahr. Aber um welchen Preis? Die Anpassung, die Menschen leisten, wirkt sich oft schädlich auf sie aus. Den Kindern gelingt es zwar, die Schule so zu ertragen, wie sie nun einmal ist. Man beurteilt ja nicht den Mangel an Autonomie, an Kreativität, an Motivation, an Fähigkeiten zur Kooperation und zum Umgang mit Konflikten, weil das keine Kriterien für den Schulabschluß sind. Und dann regt man sich darüber auf, daß sie sich nicht zurechtfinden, nachdem man sie jahrelang lehrte, wie man sich unterwirft und sich im Denken anpaßt. Wenn die Jugendlichen ihre Schulzeit abgeschlossen haben, besitzen sie (bestenfalls) einiges Wissen, haben jedoch keine Anleitung mitbekommen, die ihnen erlauben würde, mit den Schwierigkeiten, den Verantwortungen und den Herausforderungen des Lebens fertig zu werden.

Könnte es nicht zur Rolle der Schule gehören, den Kindern beizubringen, ihre Emotionen in Worte zu fassen?

In den Vereinigten Staaten haben Pädagogen ein Programm zur affektiven und sozialen Entwicklung erstellt. Dieses Schulprogramm scheint zu hervorragenden Ergebnissen zu führen; die Kinder lernen darin soziale Verhaltensweisen, denn: Kinder, die einen klaren Kopf haben und mit ihren Emotionen umzugehen verstehen, lernen leichter.

Der amerikanische Psychologe Skeels war in den dreißiger Jahren für ein Waisenhaus verantwortlich, in dem Säuglinge, die von ihren Eltern ausgesetzt worden waren, kümmerlich dahinvegetierten. Zwei dieser Kinder, die für schwachsinnig gehalten wurden, hatte man in eine Anstalt für geistig behinderte Erwachsene gebracht. Bei einem Besuch in dieser Anstalt stellte Skeels erstaunt fest, daß diese beiden Babys sich gut zu entwickeln schienen; sie waren zu den ausgemachten Lieblingen der Insassen geworden. Skeels, stutzig geworden, wiederholte das Experiment. Die «schwachsinnigen» Säuglinge entwickelten sich, sobald man sich um sie kümmerte, so gut, daß man sie im Alter von ein oder zwei Jahren als normal einstufen konnte. Doch wurden Skeels und seine «Wunderkinder» mit viel Spott bedacht...

Die Neuronennetze werden in den ersten Lebensjahren aufgebaut. Die in dieser Zeit gemachten Erfahrungen sind entscheidend für das spätere Gefühls- und Beziehungsleben. Wir sollten also alles tun, daß unsere Kinder positive emotionale Erfahrungen machen, damit sie gut gerüstet für ihr Leben sind.

Die grundlegenden emotionalen Bedürfnisse

Arnaud hat seiner knapp zwei Jahre alten Tochter versprochen, er werde mit ihr den Tag verbringen. Aber dann treten unvorhergesehene Änderungen ein, und er fährt in sein Büro. Als er am Abend nach Hause kommt, weigert sie sich, ihm einen Kuß zu geben. Auf seinen Vorschlag hin, mit ihr zu spielen, wendet sie sich ab. Angesichts ihrer mürrischen Miene sagt er sich, daß sie heute wohl keinen besonderen Wert auf seine Anwesenheit legt. Er geht in sein Arbeitszimmer, um ein paar Telefonate zu tätigen, und überläßt sie ihrer Mutter. Aber als er eben die Nummer eines Freundes wählen will, besinnt er sich anders, geht zu seiner Tochter hin und sagt zu ihr: «Ich habe jetzt wirklich große Lust, mit dir zusammenzusein. Wollen wir in deinem Zimmer spielen?» Sofort nimmt sie ihn bei der Hand und sagt: «Gut, gehen wir.» Und beide vertiefen sich eine Stunde lang in ihr Spiel.

Wenn ein Kind sich eine Schürfwunde zugezogen hat, versorgt man sie; doch auch wenn ein Kind emotional verletzt ist, benötigt es Zuwendung. Auch hier muß man «desinfizieren», ehe man «einen Verband anlegt».

Was sollen wir unseren Kindern mitgeben, damit sie für das 21. Jahrhundert gerüstet sind? Selbstvertrauen scheint die wichtigste Voraussetzung für Erfolg und Glück zu sein. Es ist ein generisches Konzept, das verschiedene Dimensionen einschließt: das Basisvertrauen, das Vertrauen in die eigenen Wünsche, in die eigenen Gefühle, in das eigene Urteilsvermögen, in die eigenen Qualifikationen und in die Fähigkeit, mit anderen Menschen Verbindung aufzunehmen und nützlich zu sein.

Das Vertrauen

Die grundlegendste und die archaischste Facette des Vertrauens ist das Basisvertrauen. Es handelt sich um ein tiefgehendes Vertrauen in den eigenen Körper, das einem ermöglicht, sich unter allen Umständen mit der Welt im reinen zu fühlen. Es verleiht einem das Gefühl innerer Sicherheit.

Das Vertrauen in den anderen, die Gewißheit, daß er den Bedürfnissen, die man hat, entsprechen wird – mit anderen Worten, das Vertrauen, daß man den Blick des anderen auf sich ziehen kann und eines Interesses würdig ist, entsteht in den ersten Wochen der Existenz.

Im Laufe des zweiten Lebensjahres bringt das Bewußtsein des Kindes, ein eigenständiger Mensch zu sein, der um seine eigenen Wünsche weiß, auch die Fähigkeit mit sich, sich den Wünschen der anderen Menschen – und in erster Linie der Eltern – zu widersetzen. Das Ichgefühl entsteht aus dem Vertrauen in die eigenen Empfindungen, Wahrnehmungen und Emotionen heraus. Es ist demnach verbunden mit der Fähigkeit, nein zu sagen.

Das Vertrauen in die eigenen Gedanken ermöglicht, gesellschaftlichen Einflüssen zu widerstehen, selbstverantwortlich zu denken und Vorurteile in Frage zu stellen. Es bedarf dafür der Toleranz und der Eigenständigkeit, denn damit man inmitten der anderen ganz sich selbst bleiben kann, benötigt man eine sehr starke innere Kraft.

Um eines Tages unabhängig zu werden, sich zurechtzufinden und autonom zu leben, muß man auch lernen, Dinge im Alleingang zu tun. Das Vertrauen in die eigenen kreativen Möglichkeiten, die eigenen Kompetenzen und Fähigkeiten entsteht im Laufe der Erfahrungen, die man macht. Lernen zu laufen, zu sprechen, sich allein anzuziehen, Sandburgen zu bauen, die Rutschbahn hinunterzurutschen, Kuchen zu backen, zu lesen – all diese Dinge bilden die Basis für zukünftige Lernprozesse, ermöglichen später zum Beispiel, komplizierte Gleichungen zu lösen, aber vor allem, schwierige Situationen zu meistern und zu wissen, daß man imstande ist, Lösungen für seine Probleme zu finden.

Und schließlich bildet sich das Vertrauen in unsere Beziehungskompetenzen heraus, das Vertrauen in unsere Fähigkeit, anderen etwas zu geben und in dieser Welt von Nutzen zu sein.

Fühlen, daß man existiert

In einem Kinderbuch kann man die Geschichte von Bernard lesen, der zu seiner Mutter sagt: «Mama, im Garten ist ein Ungeheuer.»

«Nicht jetzt, Bernard», antwortet darauf seine Mutter.

Das Ungeheuer verschlingt den kleinen Jungen, zerbricht sein Spielzeug, klammert sich an der Hose des Vaters fest, zieht die Mutter an ihrer Schürze, schlüpft in Bernards Bett. Und die Eltern von Bernard sagen immer nur: «Nicht jetzt, Bernard», ohne auch nur einen Blick auf das Ungeheuer zu werfen. «Aber ich bin ein Ungeheuer», sagt das Ungeheuer erstaunt.

Das vorrangige Bedürfnis eines jeden Menschen besteht darin, zu fühlen, daß er für den anderen existiert.[25] Sehr früh schon sucht der Säugling den Blick seiner Eltern. Er braucht den Blick des anderen, um zu lernen, daß er existiert; einen Blick, der besagt: «Ich weiß, du du hier bist.»

Édith ist in der vierten Gymnasiumsklasse. «Ich würde gerne in einer anderen Familie leben», sagt sie zu mir. Sie kommt in meine Sprechstunde, weil sie Ängste hat. Nachts wacht sie schweißgebadet auf, auf der Straße und in öffentlichen Transportmitteln ist sie manchmal wie erstarrt vor Panik. Nach und nach hat die Furcht auf alle Bereiche ihres Lebens übergegriffen. Bei einer überbehütenden Mutter, die ihr kein Vertrauen schenkt und ihr jedes Ausgehen verbietet, und einem Vater, der fast immer abwesend ist, langweilt sie sich. Keiner kümmert sich um sie. Nie wird gelacht, und nie laden die Eltern jemanden ein. Ihr Vater kennt nur seine Arbeit; Édith hat den Eindruck, außerhalb der schulischen Belange gar nicht zu existieren.

Kinder benötigen viel Präsenz und Aufmerksamkeit. Sie müssen für ihre Eltern existieren, müssen spüren, daß sie so wichtig sind, daß die Erwachsenen für sie ihre Pläne und ihre Gewohnheiten ändern und einige ihrer eigenen Bedürfnisse hintenanstellen, um die ihrer Kinder zu befriedigen.

Sich akzeptiert fühlen

«Du hast das Recht, hier zu sein.» «Du hast deinen Platz in der Familie.» Das Kind muß sich so akzeptiert fühlen, wie es ist, das heißt, es muß die Gewißheit haben, daß es, was immer es auch tut, nicht zurückgewiesen wird. Das soll nicht heißen, daß die Eltern lax sein müssen. Es ist für das Kind wichtig zu wissen, was es tun darf und was nicht; auch muß ihm bekannt sein, daß es Verhaltensweisen gibt, die nicht hinnehmbar sind, wie Vorhänge zerschneiden, Sofas vollkritzeln oder mitten auf der Straße laufen. Wenn es diese Gebote übertritt, muß es wissen, daß seine Eltern sagen werden: «Ich bin wütend auf dich», aber niemals: «Du bist ein garstiger Bengel, was habe ich Gott nur angetan, daß er mich mit einem solchen Nichtsnutz bestraft hat.»

«Ich liebe dich.» Diese Worte sind so einfach, doch fällt es einem manchmal sehr schwer, sie zu sagen. Um sich bedingungslos akzeptiert zu fühlen, hat jeder Mensch es nötig, sie oft zu hören, ganz besonders die Kinder. Man kann sich gegenseitig nie genug sagen, daß man sich liebt – meines Erachtens sollte man es mindestens einmal täglich tun. Manche Menschen, denen Liebesworte nicht leicht über die Lippen kommen, behaupten gerne: «Wenn man es zu häufig sagt, so bedeutet es am Ende nichts mehr.» Doch damit verkennen sie das Phänomen der Liebe. Während des Tages ist man von seinen Beschäftigungen in Anspruch genommen, man vertieft sich in seine Arbeit oder in das Spiel. Ein spontanes «Ich liebe dich» öffnet das Herz, erfüllt einen mit Wärme und gibt Energie.

Die Zuneigung beeinflußt alle Bereiche der menschlichen Entwicklung. Untersuchungen haben gezeigt, daß die für die Verdauung notwendigen Sekretionen bei einem Baby nur dann produziert werden, wenn es während der Mahlzeit in guter Stimmung ist. Wenn der Säugling keine liebevolle Beziehung zu seinem Umfeld hat, nimmt er nicht zu und wächst auch nicht. Selbst wenn er ausreichend ernährt wird, kann er ein regelrechtes Verfallssyndrom aufweisen.

Die Zuneigung offenbart sich auch – und vor allem – durch körperlichen Kontakt. Das «Ich liebe dich», das man aus der Distanz heraus sagt, hat nicht dieselbe Wirkung. Kinder brauchen Liebkosungen, Zärtlichkeiten und Küsse mindestens ebenso notwendig wie Milch. «In der Tat haben Ratten, die von ihrer Geburt an bis zur vollendeten dritten Lebenswoche regelmäßig manipuliert werden, eine weit höhere Dichte der Hippocampusrezeptoren für die Glukokortikoiden als nicht manipulierte Tiere.»[26]

Der Hippocampus spielt eine wichtige Rolle bei den mnetischen Prozessen und ganz besonders bei der Speicherung der Informationen. Das hat man durch Experimente an Ratten beobachtet, und es trifft auch auf die Kinder zu: Die Fähigkeiten zur Speicherung entwickeln sich bei einem Kind besser, wenn es als Säugling liebkost und herumgetragen wurde als später durch die mechanische Wiederholung des Lehrstoffes in der Schule.

Sich bedingungslos akzeptiert zu fühlen, das ist die grundlegende Basis für Entwicklung und Glück. Fühlt ein Mensch sich wirklich geliebt und wird ihm viel körperlicher Kontakt zuteil, so kann er seinen eigenen Weg gehen und benötigt keine Abwehr- oder Schutzmaßnahmen. Er entwickelt sich besser, und zwar sowohl in körperlicher als auch in affektiver und intellektueller Hinsicht.

Daß Eltern ihr Kind bedingungslos akzeptieren, können sie ihm sehr bald nach der Empfängnis vermitteln, das heißt sobald sie den Fötus im Bauch seiner Mutter fühlen können und vor allem in den ersten Minuten seines Erdenlebens. Bei allen Säugetierarten stellen wir eine Mutter-Kind-Bindung fest. Beim Menschen entsteht sie in den ersten zehn Minuten, die auf die Geburt folgen, und entwickelt sich danach im Laufe der Monate und Jahre. Die Forscher Klauss und De Chateau (und die grundlegenden Forschungen von Klauss/Kenndl) haben Mütter und ihre Säuglinge in den ersten Stunden nach der Geburt und anschließend in regelmäßigen Abständen während der ersten Lebensmonate ihrer Kinder beobachtet und dabei konstatiert: Je intensiver der Kontakt in den ersten fünfundvierzig Lebensminuten ist, desto stärker wird die Bindung an die Mutterbrust von der ersten Mahlzeit an sein. Je früher und länger diese Begegnung mit der Brust ist, desto aufmerksamer und anhaltender ist die Zuwendung. Selbst die Anzahl der Küsse, die die Mutter ihrem Kind gibt, hängt von diesen ersten Minuten ab. Und all das hat direkte Konsequenzen: Ein Baby, das früh in den Genuß intensiver Berührungen von der Mutter kommt, wird später weniger schreien und mehr lächeln. Der Kontakt in den ersten Lebensstunden ist entscheidend für ihre Art, wie die Mutter ihr Kind hält. Tatsächlich stellt man fest, daß 80 Prozent aller Mütter ihren Säugling auf der linken Brustseite tragen. Eine Mutter, die ihr Kind in den ersten vierundzwanzig Stunden nach der Geburt nicht in den Arm gelegt bekommt, trägt es meistens auf der rechten Seite. Welche Bedeutung hat es, ob ein Baby links oder rechts getragen wird? Das weiß man noch nicht. Auch wurde festgestellt, daß die linke Brust oft größer ist und mehr Milch hat als die rechte. Doch bislang konnte man keine überzeugende Erklärung dafür finden. Dagegen ist statistisch erwiesen, daß die «Babys der rechten Seite» in der Folge doppelt soviel medizinische Hilfe benötigen wie die «Babys der linken Seite».

Sich gewürdigt fühlen

Séverine ist zwei Jahre alt. Sie beginnt gerade, auf dem Dreirad zu fahren. Ihre Mutter schiebt sie mit Hilfe eines Stockes, aber Séverine bedient die Lenkstange. Sie macht das schon recht gut, aber gegen Ende des Spazierganges stößt sie aus Versehen gegen eine

Mauer. Und sofort schreit ihre Mutter los: «Mein Gott, bist du aber ungeschickt, paß doch auf, wo du hinfährst!»

Stellen Sie sich dieselbe Szene vor; aber diesmal sagt die Mutter: «Na, ich habe das Gefühl, daß du allmählich müde wirst. Es ist schwer, so lange aufpassen zu müssen. Ich finde, du machst das schon sehr gut.» Welches von den beiden Kindern wird danach gerne wieder auf sein Dreirad steigen?

Je mehr man gewürdigt wird, desto mehr Lust hat man, weiterzumachen. Abwertung schafft Abhängigkeit. Würdigung führt zur Autonomie. «Ich lebe so gern mit dir zusammen», «Es ist ein Vergnügen für mich, dich anzusehen», «Ich finde es wunderbar, mit dir zu spielen». Erhält man regelmäßig und ausreichend ein positives Feedback, so kann man sich stark und fröhlich fühlen; es erzeugt ein Gefühl der emotionalen Gemeinsamkeit.

Meistens ist es zwecklos, Kindern bestimmte Regeln aufzuzwingen oder ihnen mit Gewalt Höflichkeit (oder was immer sonst) einhämmern zu wollen. Denn natürlich möchten Kinder gewürdigt und geliebt werden und alles richtig machen. Sie wollen von sich aus Verhaltensregeln lernen. Sie imitieren das Benehmen der Erwachsenen. Sie werden sich höflich verhalten und gut benehmen, wenn sie es vorgelebt bekommen. Wie jeder Mensch müssen sie sich frei fühlen und verabscheuen es, wenn man Druck auf sie ausübt.

Seine Emotionen in Worte fassen

In der Familie und in der Schule sind Raum und Zeit notwendig, um den Kindern die Möglichkeit zu geben, über das zu sprechen, was sie fühlen, um ihnen zu helfen, ihre Emotionen in Worte zu fassen, und um ihnen Mittel und Wege zu zeigen, wie sie ihre inneren Erfahrungen verarbeiten können.

«Auch ich habe Angst»

Mitzuteilen, was man fühlt, ist eine indirekte Art, einem Kind zu sagen: «Du bist normal» und «Das passiert jedem einmal». Nicht selten glaubt ein Kind, es sei der einzige Mensch, der schlecht träume, der einzige, der Ungeheuer in seinen Alpträumen sehe und negative Emotionen habe. Das kann bei einem Kind Schuldgefühle wecken und die irrige Ansicht entstehen lassen, es sei «böse». Und eventuell folgert es daraus, es sei inakzeptabel, und nimmt deswegen eine defensive Haltung ein. Wenn ein Erwachsener dagegen zu einem Kind sagt: «Auch ich habe Alpträume», «Auch ich habe manchmal Angst», so wird es davon nicht etwa verunsichert, weil man ihm das Bild von einem schwachen oder unvollkommenen Erwachsenen vermittelt; ganz im Gegenteil, dies wird das Kind beruhigen. Indem die Erwachsenen von sich selbst sprechen, helfen sie dem Kind, auf sie und auf sich selbst zu vertrauen. Wenn sie aber nichts von ihren intimen Gedanken und ihren Emotionen preisgeben, so lassen sie eine Distanz in der Beziehung entstehen. Das Kind kann seine Eltern dann zwar idealisieren, aber es wird das Gefühl verinnerlichen, es sei selbst nicht viel Wert. «Ich werde meinen Sohn doch nicht mit meinen beruflichen Problemen belasten, das interessiert ihn nicht, ich will ihn nicht beunruhigen ...», lautet dann der übliche Vorwand.

In unserer Gesellschaft spricht man nicht über seine Größenphantasien, über seine Gefühle der Ohnmacht, über seine Ängste, seine Verachtung, seine Einsamkeit, ja nicht einmal über seine Träume – und schon gar nicht mit seinen Kindern! Therapiegruppen sind deshalb auch immer eine Gelegenheit zu interessanten Entdeckungen. Den meisten Leuten bangt davor, ehe sie das erste Mal an so etwas teilnehmen. Der typische Satz ist stets: «Ich werde mich nie trauen, vor anderen Leuten über meine Probleme zu sprechen.» Dennoch sind dann alle von der ersten Sitzung an von der Atmosphäre des natürlichen gegenseitigen Respekts eingenommen. Jeder spricht von sich und hört den anderen zu; es wird ihm klar, daß er das, was er fühlt, nicht allein fühlt, daß seine Reaktionen für die anderen verständlich sind und daß wir Menschen uns gar nicht so sehr voneinander unterscheiden.

Für die Kinder sind die Erwachsenen Modelle. Es ist zwecklos, zu ihnen zu sagen: «Tu dies, tu das» ... oder auch: «Du weißt doch, daß du mir alles sagen kannst, was du auf dem Herzen hast.» Das wird es nie tun, wenn nicht auch die Eltern sich gegenseitig mitteilen, was sie auf dem Herzen haben. Doch Vorsicht! Die Kinder dürfen nie als Vertrauenspersonen mißbraucht werden. Es ist nicht ihre Aufgabe, unsere Schwierigkeiten auszutragen. Es handelt sich vielmehr darum, ihnen Schlüssel zu geben, mit denen sie unser Verhalten verstehen und sich auch selbst besser verstehen und akzeptieren können.

Angst und destruktive Triebe überwinden

Wenn die Eltern auch noch so gut, aufmerksam und liebevoll sind – keinem Kind kann die Begegnung mit der Angst erspart werden. Sie gehört zur menschlichen Erfahrung dazu. Sie ist verbunden mit dem Bewußtsein, ein eigener Mensch zu sein.

Jede Frustration erzeugt Wut und dann Angst, falls das Problem lange Zeit nicht gelöst wird, für einen Säugling heißt das, wenn ein Schmerz oder ein Mangel mehr als fünf Minuten andauert. Ein zu langes Warten vor der nächsten Stillmahlzeit, Müdigkeit, ohne einschlafen zu können, ein Krampf in den Gedärmen oder ein Zahnschmerz erzeugen Wut. Wenn die Mutter diese Wut akzeptiert und darauf reagiert, indem sie ihrem Baby Liebe gibt, so gewöhnt es sich daran, daß es sich auf Gefühle bedingungsloser Akzeptanz verlassen kann; es begreift, daß seine aggressiven Gefühle nicht gefährlich sind und weder seine Mutter noch ihre Beziehung zu zerstören vermögen. Es lernt, seinen Groll zu überwinden.

Was ein Baby am meisten in Angst versetzt, ist die Abwesenheit seiner Mutter. Trennungen und einsame Nächte sind für ein Kleinkind sehr schwer zu ertragen. Es braucht unendlich viel psychische Energie, um damit umgehen zu können, wodurch seine Entwicklungsfortschritte, wie das Laufen oder Sprechen, beeinträchtigt werden können.

Die Schwierigkeiten, die seine Eltern (oder ein Elternteil) durchmachen, sind Quellen der Angst für das Baby, denn es spürt alles, ohne eine Erklärung dafür zu bekommen. Warum ist Papa in seinem Herzen immer so traurig? Warum lächelt Mama mich an, obwohl ich doch fühle, daß sie innerlich weint? Auch wenn ein Baby noch so klein ist, hat es das Bedürfnis, daß man mit ihm spricht, in Worte faßt, was in der Familie vor sich geht und was um es herum geschieht. Es versteht vielleicht nicht die Worte an sich, aber es begreift sehr wohl die Klarheit Ihrer Gedanken, wenn Sie mit ihm sprechen. Es ist faszinierend zu sehen, wie erleichtert ein Säugling ist, nachdem man ihm eine Erklärung gegeben hat.

Einer der Schlüssel für das Erlernen von Emotionen ist also die Sprache des Erwachsenen. Ein anderer Schlüssel ist das Zuhören. Zuhören heißt, zu verstehen versuchen, was das Kind erlebt. Ganz kleine Kinder sagen die Dinge selten direkt. Sie teilen Ihnen ihre Ängste und ihre Frustrationen durch den Mund der Puppe, des Teddybären oder des Hasen mit. Lassen Sie sich auf dieses Spiel ein. Durch das Spiel und durch Wiederholungen lernen Kinder, sich auszudrücken und ihre Affekte zu meistern. Wenn Erwachsene ihre eigenen Emotionen benennen, so zeigen sie ihren Kindern eine Sprache, mit deren Hilfe diese die Dinge aussprechen können, und erkennen zudem die kindlichen Gefühle an.

Höflichkeit und Respekt

Margot ist zwei Jahre alt. Sie spielt mit der Kühlschranktür. Ihr Vater warnt sie: «Gib acht, du wirst dir die Finger einklemmen . . .» Einige Sekunden – und ein Aufheulen – später: «Na siehst du, das geschieht dir recht, ich hab's dir ja gesagt!» Margot weint noch lauter und flüchtet in das Zimmer nebenan. Jetzt kommt Jean Bernard zum Bewußtsein, daß er sich klischeehaft verhalten und über den Schmerz seiner Tochter hinweggesetzt hat. Er geht zu ihr, kniet sich neben sie und sagt zu ihr: «Entschuldige bitte, ich wollte mich nicht über dich lustig machen. Du hast dir weh getan.» Sofort hört Margot auf zu weinen.

Es ist wichtig, sich zu entschuldigen. Wir neigen allzuoft dazu, unsere Macht zu mißbrauchen. Ein Kind in seiner Entwicklung begleiten bedeutet, darauf zu achten, daß man Körper und Seele des Kindes respektiert.

Wenn man von seinen Emotionen überwältigt wurde, so bedeutet Empathie, zu seinem Kind sagen zu können: «Du hast Angst gehabt, als ich losgebrüllt habe; das tut mir leid, ich wollte dir keine Angst einjagen; ich hatte selbst Angst, deswegen habe ich gebrüllt», um ihm einen Schlüssel in die Hand zu geben, mit dem es unser Verhalten analysieren kann, und um ihm zu zeigen, daß wir es lieben, es verstehen und seinen Gefühlen Achtsamkeit entgegenbringen.

Wir schulden diesem Leben, das neben uns heranwächst, größten Respekt. Damit eine Blume erblühen kann, schaffen wir ihr Platz, geben ihr Wasser, Dünger, Sonne. Wir stellen sie nicht in den Schatten, wir trampeln nicht etwa auf ihr herum, damit sie besser gedeiht. Es ist wichtig, in einem höflichen Ton mit einem Kind zu reden, «bitte» und «danke» zu ihm zu sagen und es ernst zu nehmen. Eltern schulden ihrem Kind Respekt – nicht umgekehrt, denn das Kind ist schwächer. Respekt, den man dem Stärkeren zollt, ist nichts als Furcht.

«Meine Kinder sind mir gegenüber sehr aggressiv. Meine Tochter beleidigt mich, das kann ich mir nicht gefallen lassen. Neulich hat mich mein Sohn sogar heftig an der Schulter gestoßen. Daraufhin habe ich ihm eine Ohrfeige gegeben. Die beiden testen aus, wie weit sie mit mir gehen können. Aber ich habe ihnen gesagt, daß sie mir Respekt schulden.»

«Wenn Ihre Tochter Sie nicht respektiert, dann vielleicht deshalb, weil Sie sie nicht respektieren.»

«Was? Natürlich respektiere ich sie. Ich habe sie nie geschlagen; sie ist diejenige, die mich nicht respektiert.»

«Sie lassen es Ihrer Tochter gegenüber an Respekt fehlen, indem Sie sie demütigen, anstatt ihr zuzuhören. Ihre Heftigkeit ist ein Versuch, mit dem sie Ihnen etwas sagen will, das sie nicht mit Worten ausdrücken kann. Stellen Sie sich vor, jemand würde zu Ihnen sagen: ‹Du schuldest mir Respekt!› Was für ein Gefühl würde das in Ihnen auslösen? Demütigung, Selbstverneinung.»

«Das stimmt – meine Eltern sagten es zu mir, und tatsächlich hatte ich dann immer diese Empfindung. Aber was soll ich denn tun? Soll ich mir alles gefallen lassen?»

«Nein. Versuchen Sie zu verstehen, was ihre Aggressivität bedeutet. Sie sagen, Ihre Tochter sei immer dann aggressiv, wenn sie einen Tag lang mit ihrem Vater zusammen war, oder nicht?»

Nach der Analyse der Situation räumt Lucie ein, daß ihre Kinder wahrscheinlich unter den Spannungen leiden, die momentan in ihrer Ehe herrschen. Sie hat vor kurzem die Scheidung eingereicht. Die Kinder sind voller Wut und Frustrationen, voller Ängste, die sie nicht formulieren können. Sie daran zu erinnern, daß sie zu wenig Respekt zeigen, ist zwecklos und blockiert die Beziehung zur Mutter.

Wenn ein Kind begreift, daß seine Eltern Angst vor seinen (oder ihren eigenen) Emotionen haben, wird es seine tiefgreifenden Gefühle unterdrücken. Um wirklich mit seinen Eltern sprechen zu können, muß es spüren, daß es alles sagen darf, was es auf dem Herzen hat, ohne daß diese daran Anstoß nehmen, ohne daß sie sich deswegen schuldig fühlen, ohne daß sie zornig werden und ohne daß es sie in emotionaler Hinsicht verstört. Denn schließlich sind es seine Emotionen, nicht ihre.

Ein Kind benötigt ebenso elterlichen Schutz, die Gewißheit, daß seine Eltern es nie herabwürdigen, lächerlich machen oder in eine schwierige Situation bringen. Betrachten Sie Ihre Kinder mit einem Gefühl bedingungsloser Akzeptanz.

Wenn man zusammenlebt, verbringt man zuviel Zeit damit, sich wegen Belanglosigkeiten zu zanken oder Hausarbeit zu tun. Man nimmt sich nicht genug Zeit, um sich zu lieben und es sich auch zu sagen.

Schluß: Von der Egozentrik zum Altruismus

Ich saß in einer Caféteria; ein Mann, der sah, daß ich nur Obst und Gemüse auf meinem Tablett hatte, sprach mich an: «Ich lasse mich immer wieder von Rindfleisch verführen, aber ich esse nie mehr Huhn, außer wenn ich genau weiß, woher es stammt. In Kantinen und Restaurants meide ich Geflügel grundsätzlich. Mein Schwager ist Geflügelzüchter. Er hält sich daneben einen kleinen Hühnerstall für seinen persönlichen Bedarf. Einmal hat er mir gesagt, daß er um nichts in der Welt auch nur ein Stück Huhn essen würde, das aus einer Legebatterie kommt. Seitdem bin ich auf der Hut und esse auch keines mehr.» Der Arme glaubte, er könne ohne Gefahr Rindfleisch essen ... Das ist nun schon einige Jahre her, damals war der Skandal mit dem Rinderwahnsinn noch in weiter Ferne.

Ein anderes Mal vertraute mir ein Landwirt an, daß er nur Erzeugnisse aus seinem Gemüsegarten äße, wo er alles ohne Pestizide anbaue. Dagegen begoß er seine Felder ausgiebig mit chemischem Dünger. «Das ist ja nicht für den eigenen Verzehr, sondern zum Verkauf gedacht.»

Wie soll man den Zynismus dieser Erzeuger verstehen, die Geflügel oder Gemüse verkaufen, aber genau wissen, daß es langfristig schädlich ist? Den Zynismus jener Leute, die Pestizide verwenden ohne Rücksicht auf das Grundwasser und die Gesundheit zukünftiger Generationen? Den Zynismus der Menschen, die in die Affären mit verseuchtem Blut, Rinderwahnsinn oder Personenminen verwickelt sind? Den Zynismus, dem das Geld mehr gilt als die Achtung vor dem Leben?

Die Verleugnung der Emotionen, das Unterdrücken der Leiden des ohnmächtigen Kindes, das bewirkt, daß sich ein Mensch in sich selbst verschließt, haben zu einer bedenklichen Gleichgültigkeit gegenüber den Mitmenschen, einer Gleichgültigkeit gegenüber dem Leben überhaupt geführt. Die Gefühle der Leere, der tiefgehenden Unzufriedenheit, die aufgrund eines Mangels an wahrer Liebe und affektiver Aufmerksamkeit entstanden sind, begünstigen ein krankhaftes Festhalten an Geld und Macht.

Der emotionale Analphabetismus hat fatale Konsequenzen für den einzelnen, er stellt aber auch eine Katastrophe für die Gesellschaft dar. Abgesehen von der finanziellen Belastung, die für die Krankenkasse auf Umwegen über pychosomatische Krankheiten entsteht, bestimmt er unsere sozialen Beziehungen, macht uns füreinander unsensibel und führt unsere Gesellschaft dadurch in eine Sackgasse. Wenn die Menschen unter dem Einfluß der Angst, des

Neides oder des Hasses stehen, fällt es ihnen schwer, miteinander zu reden; und dadurch ist das demokratische Gesellschaftsgefüge bedroht. Die «Dummheit» des Herzens und die affektive Unreife können uns ins Verderben führen.

Ein Mensch hat affektive Reife erlangt, wenn er seine Egozentrik überwindet und fähig zum Altruismus wird. Doch man geht nicht direkt vom einen zum anderen über. Drei Stadien gehen dem Altruismus bei dieser Wandlung voraus: die Egozentrik, der Egoismus und der Egotismus.

Die Egozentrik. Ein Egozentriker hält sich immer für den Mittelpunkt; er sieht alles von seiner Warte aus und kann sich nicht von seinem Standpunkt lösen. Die ganze Welt ist eine Verlängerung seiner selbst, die anderen existieren nur als Objekte. Der Egozentriker ist unfähig zum Mitgefühl. Da er Gefangener seiner Ängste und Unsicherheit ist, ist sein Verhalten von einem Streben nach Selbstschutz und Sicherheit geprägt. Je unsicherer er ist, desto mehr leugnet er die Wirklichkeit des anderen. Da er sich seiner selbst kaum bewußt ist und es ihm schwerfällt, sich von anderen abzugrenzen, benutzt er häufig Verteidigungsmechanismen, wie die Projektion seiner Affekte auf den anderen (nach dem Motto: Ich bin gut, der andere ist schlecht; wenn ich schlecht bin, so ist das die Schuld des anderen). Er ist anfällig für rassistische Ideologien und gerät leicht in den Bann einer extremistischen Partei oder Sekte. Der Egozentriker ist abhängig; er hegt zwar Allmachtsphantasien, hat jedoch das Empfinden, keine persönliche Macht auf andere Menschen zu haben. Er erträgt Frustrationen nur schlecht, er will alles, und zwar auf der Stelle, er ist unfähig, sich von der Gegenwart zu lösen und in die Zukunft zu denken. Nach ihm die Sintflut...

Der nächste Schritt in der Entwicklung zur emotionalen und sozialen Reife ist der Egoismus. Der Egoist ist sich seiner selbst in weit höherem Maße bewußt als der Egozentriker. Im Grunde ist der Egoismus die Einstellung, die es ermöglicht, Grenzen zwischen sich und dem anderen zu ziehen. Der Egoist wehrt sich gegen den Zustand der egozentrischen Abhängigkeit; deswegen versucht er, Macht über den anderen zu gewinnen, nach der Devise: «Mein

Wunsch hat Vorrang vor deinem.» Er ist streitsüchtig, er muß bezwingen. Er trampelt auf seinen Mitmenschen herum, um an seine Ziele zu kommen. Im übrigen steht hierbei nicht das Erreichen desselben im Vordergrund, sondern die Machtergreifung an sich. Das Ziel selbst (die Eroberung eines Marktes, eines Landes, einer Frau) ist sekundär.

Der Egotismus ist eine Phase, die zur Herausbildung der eigenen Individualität gehört. Dazu gehören die Fragen: Wer bin ich? Was sind meine Werte? Nachdem sich ein Mensch durch den Egoismus abgegrenzt hat, will er sich selbst finden. Der Egotist – der auch Narzißt genannt wird – kümmert sich einfach nicht um den anderen. Machtspiele interessieren ihn nicht mehr, er zieht sich von der Außenwelt zurück, verschließt sich in seinem individuellen oder familiären Kokon. Er lebt sein Leben, wie er es für richtig hält – in aller Unabhängigkeit. Er beschäftigt sich mit sich selbst, seinen Hobbys und seinen Vergnügungen. Er betrachtet sich im Spiegel und entwickelt sich manchmal auch persönlich weiter. Er sucht sich in sich selbst.

Die letzte Phase der Reife ist von Altruismus geprägt, einem Altruismus, der nicht die Leugnung des Selbst darstellt, sondern, ganz im Gegenteil, die Erweiterung des Bewußtseins von sich, das auch den anderen integrieren kann. Der Altruist ist fähig zu Empathie, Kooperation und sozialem Engagement. Er ist verantwortungsbewußt, das heißt, er hat ein Bewußtsein für die kurz- und die langfristigen Folgen seines Handelns für den anderen und die Zukunft. In seiner Lebensführung spielt die Ethik eine Rolle. Der Altruist liebt und achtet sich selbst zu sehr, um jemals eine Handlung zu begehen, die seiner Selbstachtung zuwiderläuft.

Ein fünfzigjähriger Mann, Ingenieur von Beruf, vertraute mir eines Tages folgendes an: «Mein wirkliches Leben ist die Malerei. Alles andere dient lediglich dem Broterwerb. Ich errichte Atomkraftwerke und baue Gefängnisse. Das ist im Grunde gegen meine eigenen Überzeugungen und Werte. Ich gestehe, daß ich immer den leichtesten Weg gewählt habe.» Dieser Mann war sich selbst entfremdet und damit auch den anderen.[27] Seine Selbstverachtung

– die damit einherging – war das Resultat einer unglücklichen Kindheit. Dank der Malerei, der Sphäre, in der er sich persönlich entfaltete, konnte er sich sein Bewußtsein bewahren. Andere Menschen rechtfertigen ihre Handlungen dadurch, daß sie die Wirklichkeit negieren oder verzerren. «Das ist nicht wirklich giftig! Wenn ich es nicht tue, tut es ein anderer! Anders geht es nun einmal nicht...»

Wir alle haben egozentrische, egoistische oder egotistische Neigungen, Anteile emotionaler «Dummheit», das heißt Anteile affektiven Leidens. Unsere emotionale Intelligenz entwickeln heißt lernen, mit unseren inneren Zuständen umzugehen, zu erkennen, wann wir Furcht und wann wir Wut empfinden, und unsere Ängste zu mildern, um zu mehr Altruismus zu gelangen und besser imstande zu sein, gemeinsam in Harmonie zu leben.

Die Psychotherapie führt unweigerlich zu politischen Fragen, da jeder Mensch in einer Gesellschaft, in einem Beziehungsgeflecht lebt. Man kann ihn nur in bezug zu seiner Umwelt verstehen. Der emotional reife Mensch zeichnet sich durch Herzensintelligenz aus; das Schicksal des anderen kann ihm nicht mehr gleichgültig sein, er kann Ungerechtigkeit, Zynismus oder Leiden nicht mehr tolerieren und vor allem nicht daran beteiligt sein.

Die französische Niederlassung eines amerikanischen multinationalen Konzerns, die, unter anderem, auch Waschmittel verkauft, bot ihren Managern Kurse zur persönlichen Weiterentwicklung an. In diesen Seminaren wurden die Teilnehmer aufgefordert, über ihre Werte und den Sinn des Lebens nachzudenken. Doch schon bald darauf setzten die Leiter des Unternehmens die Kurse ab, denn allzu viele Manager suchten in der Folge um ihre Entlassung an! Wenn man sich seiner selbst und der Konsequenzen seines Handelns bewußt wird, wenn man mehr affektive und soziale Reife erlangt, wenn man seine Herzensintelligenz entwickelt, gibt es Dinge, die man nicht mehr tun kann.

Die emotionale Reife führt ganz selbstverständlich zu einer spirituellen Dimension. Für mich beinhaltet dieser Begriff nicht Religiosität, sondern das Bewußtsein für unsere Zugehörigkeit zum

Universum und unseren Platz darin. Der autonome und emotional reife Mensch wendet sich seinem Mitmenschen zu, er will seinen «Auftrag» erfüllen, sein Potential ausschöpfen, seine Begabungen nutzen, um seine Wertvorstellungen umzusetzen, um seine eigentlichen Kompetenzen in den Dienst einer Sache zu stellen, die einen Sinn für die Allgemeinheit hat, das Seine dazugeben, gemäß den Worten Walt Whitmans, der auf die Frage: Was ist der Sinn des Lebens? antwortet:

«Daß das Leben existiert und die Ewigkeit
Daß du hier bist
Daß das gewaltige Spektakel weitergeht
Und daß du das Deine dazu beitragen kannst ...»

Das Herz ist ein Ort zwischen Himmel und Erde. Sein Leben mit dem Herzen leben, so sehr wie möglich man selbst sein, seinen Platz einnehmen, sich seiner Rolle im Universum bewußt sein und sie zu spielen – all das bedeutet auch, Intelligenz des Herzens zu beweisen.

Aus Menschen bestehen die Gesellschaften, selbst wenn man diese nicht auf die Menschen reduzieren kann, aus denen sie sich zusammensetzen. Es wäre eine Illusion zu glauben, man könne die Gesellschaft ändern, ohne den Menschen zu ändern. Das hat uns die Geschichte gezeigt. Den Menschen ändern zu wollen, ohne die Gesellschaft zu ändern, wäre ebenso eine Illusion. Freud schrieb seiner Freundin und Vertrauten Lou Andreas-Salomé einmal: «Hier ist meine geheime Schlußfolgerung: Da wir unsere gegenwärtige Zivilisation – die von allen am meisten entwickelte – nur als eine gigantische Heuchelei betrachten können, muß daraus folgen, daß wir im Grunde nicht für sie geschaffen sind. Wir werden abdanken müssen, und der Große Unbekannte oder der Große Manitu, der hinter dem Schicksal steht, wird dieses Experiment mit einer anderen Rasse wiederholen.» Ist das wirklich die einzige Lösung? Können wir nicht aus der Heuchelei herausfinden, die jedermann anprangert, und zu mehr Authentizität gelangen? Muß man den Menschen an die Gesellschaft anpassen, oder können wir uns letztendlich vorstellen, daß man die Gesellschaft auf die Bedürfnisse des

Menschen abstimmt? Die Probleme, die wir mit der Weiterentwicklung unseres Schulsystems haben, sind dafür symptomatisch. Wenn man ein Schulsystem in die Diskussion bringt, das sich vom gegenwärtigen unterscheidet, in dem den Kindern mehr Achtung entgegengebracht wird, das ihnen mehr Freiheit und mehr Autonomie bietet, reagieren die Eltern oft mißtrauisch; sie haben Angst, daß es ihren Kindern schwerfallen könnte, sich später in die Gesellschaft zu integrieren. Man sollte sich doch so früh wie möglich «eingliedern», seine Kreativität und seine Fragen, seine Emotionen und seine Sensibilität zurückstellen, um sich «anzupassen» ...

Ich möchte dieses Buch mit einem Zitat von Bruno Bettelheim beenden: «Die Arbeit und die künstlerische Kreation, das Familienleben und das Privatleben können sich nicht mehr getrennt voneinander entwickeln. Das Herz muß den Verstand mit seiner lebendigen Wärme erfüllen, selbst wenn der Verstand auf seine logische Strenge verzichten muß, um der Liebe und den vitalen Trieben Platz zu machen. Wir können uns nicht mehr mit einem Leben begnügen, wo das Herz seine Gründe hat, die der Verstand nicht kennt. Unsere Herzen müssen die Welt des Verstandes kennen, und der Verstand muß von einem bewußten Herzen geleitet werden.»

Affektivität hat Vorrang. Wir können nicht mehr auf die Entwicklung unserer emotionalen Intelligenzen verzichten. Die Emotion besitzt wie jede Sprache eine Grammatik. Man kann lernen, sich auszudrücken, seine Gefühle zu zeigen und die der anderen wahrzunehmen. Man kann lernen, seine Ängste zu bewältigen, seine Freude zu teilen, Trauer zu durchleben und seinen Zorn zu beherrschen, ohne ihn in sich zu vergraben und ihn in Angst, Depression oder Krankheit zu verwandeln. Man kann lernen, zu kooperieren, eine Gruppe zu leiten (oder sich am Gruppengeschehen zu beteiligen) und auf gewaltlose Weise Konflikte zu lösen. Die emotionale Alphabetisierung ist *die* Herausforderung von heute. Hören wir also gemeinsam auf unser Herz.

Anmerkungen

1 Im östlichen Buddhismus werden seit 2500 Jahren scharfsinnige psychologische Kenntnisse und Wege zur Bewußtwerdung entwickelt.

2 Der Begriff Intelligenzquotient wurde 1912 von W. Stern in den Vereinigten Staaten eingeführt.

3 Michel Schiff in: *L'intelligence gaspillée.*

4 Duchesne, Alain; Leguay, Thierry: *La surprise, dictionnaire des sens cachés*, Paris 1990.

5 Ein Mensch, der Hypothesen und Deduktionen anstellt.

6 Forscher haben untersucht, wie lange und wie oft Säuglinge in den ersten eineinhalb Stunden ihres Lebens schreien. Wenn sie der Mutter sofort auf den Bauch gelegt werden, hört man während der 90minütigen Observationszeit so gut wie kein Weinen. Wenn sie in ein Bettchen gelegt werden, so weinen sie in den ersten 45 Minuten circa ein Fünftel der Zeit und fast die Hälfte der Zeit (45 Prozent) in den folgenden 45 Minuten. Wenn man sie im Laufe dieser letzten 45 Minuten aus ihrem Bettchen nimmt und der Mutter in die Arme legt, so hört das Weinen auf und tritt auch in dieser ganzen Beobachtungsperiode so gut wie nicht mehr auf. («Separation distress call in the human neonate in the absence of maternal body contact», in: K. Christensson, T. Cabiera, E. Christensson, K. Vuncis, Moberg und J. Winberg: *Acta Paediatr.* 1995, Nr. 84, S. 468–73).

7 Garrus, René: *Les étymologies surprises*, Paris 1991.

8 Zajde, Nathalie: *Enfants de survivants*, Paris 1995, S. 62.

9 siehe die Zeitschrift *Enfant d'abord*, Nr. 196.

10 siehe die *Zeitschrift A. N. V. (Alternative non-violente).*

11 Milgram, Stanley: *Das Milgram-Experiment*, Hamburg 1982.

12 Fromm, Erich: *Die Kunst des Liebens*, Frankfurt/Main, Berlin, Wien 1979, S. 46.

13 de Saint-Exupéry, Antoine: *Der kleine Prinz*, München 1988, S. 100.

14 Ernest Borneman war Ethnologe, Professor für Psychologie an der Uni-

versität in Salzburg und Autor des Buches *Das Patriarchat*, Frankfurt/Main 1975.

[15] Der Begriff kennzeichnet einen Typus gesellschaftlicher Organisation, die von mütterlichen Elementen beherrscht wird. Ich beziehe mich auf die Auffassungen von Borneman und zitiere: «*Matriarchat* ist inkorrekt, weil die griechische Sprachwurzel *archos*, Herrscher, andeutet, daß hier die Mutter *herrscht*. Das tut sie aber gemeinhin nicht. Alle jene Kulturen, die Lewis Henry Morgan, der Popularisator dieses Ausdrucks, in seinen Werken beschreibt, zeichnen sich gerade dadurch aus, daß die Mütter ihre latente Macht im Gefüge der Sippe oder des Stammes *nicht* zur Beherrschung ihrer Gatten, Väter und Söhne verwenden. Eben darin liegt der charakteristische Unterschied zum Patriarchat, das ein echtes Herrschaftssystem ist» (*Das Patriarchat*, S. 13).

[16] Sterblichkeitsrate bei Müttern im Jahr 1990 für je 100 000 Geburten: Deutschland: 7,288; England: 7,638; Holland: 7,57; Frankreich: 10,362. Die niedrigste Rate ist in Holland zu verzeichnen, wo 30 Prozent der Entbindungen Hausgeburten sind, 50 Prozent davon unter der Leitung von Hebammen, 40 Prozent unter der eines Artzes (wobei die Entbindung aber dennoch von der Hebamme durchgeführt wird). Das heißt, 90 Prozent aller Entbindungen finden unter Aufsicht einer Hebamme statt und nur 10 Prozent unter der eines Arztes.

[17] Um Informationen über das Stillen oder Unterstützung bei Fragen und Problemen beim Stillen schreiben Sie an: La Leche Liga Deutschland, Postfach 650096, D-81214 München.

[18] Ein Experiment hat gezeigt, daß Babys, die von Geburt an mit dem Fläschchen ernährt werden, eine eindeutige Vorliebe für den Geruch der stillenden Brust im Vergleich zu ihrem gewohnten Fläschchen an den Tag legen.

[19] Manche Frauen können aus wirtschaftlichen Gründen nicht stillen, sie sind gezwungen zu arbeiten; und wenn auch Stillen und Arbeit zuweilen vereinbar sind, so läßt sich doch nicht leugnen, daß die Möglichkeiten beschränkt sind, wenn eine Frau zehn Stunden täglich außer Haus ist. Da dieses Buch von den Emotionen und dem menschlichen Innenleben handelt, vernachlässige ich bewußt diesen wichtigen gesellschaftlichen Aspekt.

[20] siehe die Zeitschrift: *L'Impatient*, Nr. 220, März 1996.

[21] Basierend auf der Publikation zur Konferenz zum Thema «Die depressiven Störungen beim Kind» am 14. und 15. Dezember 1995 im Senat;

organisiert von der Fédération française de psychiatrie, der Société française de psychiatrie de l'enfant et de l'adolescent und der Association des psychiatres d'intersecteur.

22 Paul Ekman, Professor für Psychologie an der Universität von San Francisco in Kalifornien. Seine Arbeiten über Gesichtsausdruck und das Wesen der Emotionen sind maßgebend. Er hat in den vergangenen dreißig Jahren viel zu diesem Thema veröffentlicht. 1994 hat er zusammen mit Richard J. Davidson, Professor für Psychologie und Psychiatrie an der Universität von Wisconsin, das Buch *The Nature of Emotion* verfaßt.

23 Muller, Jean-Marie: *Gewaltlos. Ein Appell*, S. 47 ff.

24 Gandhi: *Briefe an den Aschram*, Paris 1937, zitiert von Jean-Marie Muller in: *Gewaltlos. Ein Appell.*

25 Sehr bald schon ist der Säugling empfänglich für die Worte, die man an ihn richtet. Eine Untersuchung von Marie-Claire Busnel und Véronique Neyman – durchgeführt im Hopital de Port-Royal – über Frühgeburten (Alter: 34 bis 38 Wochen) hat ergeben, daß das Kind, wenn seine Mutter mit ihm spricht, aufmerksam zuhört. Wenn sie ganz in seiner Nähe spricht, aber ihre Worte an einen anderen Erwachsenen gerichtet sind, beruhigt es sich und schläft ein.

26 Karli, Pierre: *Le cerveau et la liberté*, Paris 1995, S. 73.

27 Eine Loslösung, die weit entfernt von der buddhistischen ist, welche – ganz im Gegenteil – das Bewußtsein von den unmittelbaren und mittelbaren Folgen des eigenen Handelns und eine tiefe Achtung für sich selbst und den anderen impliziert.

Bibliographie

André, Christophe, und Legeron, Patrick: *La peur des autres*, Paris 1995.

Bellemare, Pierre: *Histoires vraies*, Bd. 1, Paris 1981.

Bessell, Harold: *Le développement socio-affectif de l'enfant*, Quebec 1987.

Bettelheim, Bruno: *The informed heart*, New York 1960.

Borneman, Ernest: *Das Patriarchat – Ursprung und Zukunft unseres Gesellschaftssystems*, Frankfurt/Main 1975.

de Bono, Edward: *Réfléchir mieux*, Paris 1985.

Brazelton, T. Berry: *Ein Kind wächst auf. Das Handbuch für die ersten sechs Lebensjahre*, Stuttgart 1995.

Buzan, Tony: *Kopf Training. Anleitung zum kreativen Denken. Tips, Tests und Übungen*. München 1995.

Callahan, Roger: *Cinq minutes pour traiter vos phobies*, Barret-le-Bas 1993.

ders.: *Cinq minutes pour vaincre l'anxiété*, Barret-le-Bas 1995.

Caneghem, Denise van: *Aggressivité et combativité*, Paris 1978.

Cheek, Jonathan: *Warum so schüchtern? Mehr Selbstbewußtsein in Beruf, Freundschaft und Liebe*, München 1992.

Damasio, Antonio R.: *Descartes' Irrtum. Fühlen, Denken und das menschliche Gehirn*, München 1995.

Ekman, Paul, und Davidson, Richard J.: *The Nature of Emotion*, New York 1994.

Frankl, Viktor: *Der Mensch vor der Frage nach dem Sinn*, München, 9. Aufl. 1997.

Fromm, Erich: *Anatomie der menschlichen Destruktivität*, Stuttgart 1974.

ders.: *Die Kunst des Liebens*, Frankfurt/Main, Berlin, Wien 1979.

Garrus, René: *Les étymologies surprises*, Paris 1991.

Gavi, Philippe: *Le français du coq à l'âme*, Paris 1992.

Gazzaniga, Michael: *Das erkennende Gehirn. Entdeckungen in den Netzwerken des Geistes*, Paderborn 1989.

Goleman, Daniel: *Emotionale Intelligenz*, München 1996.

Gordon, Thomas: *Familienkonferenz*, München 1993.

ders.: *Lehrer-Schüler-Konferenz. Wie man Konflikte in der Schule löst*, München 1989.
ders.: *Comment apprendre l'autodiscipline aux enfants*, Quebec 1992.
Hall, Edward: *Beyond culture*, New York 1989.
Jung, Carl Gustav: *Das Seelenproblem des modernen Menschen*, München 1997.
Kahn Ladas, Alice, Whipple, Beverly, Perry, John D.: *Der G-Punkt: das stärkste erotische Zentrum der Frauen*, München 1987.
Karli Pierre: *Le cerveau et la liberté*, Paris 1995.
King, Martin Luther: *La force d'aimer*, Paris 1964.
Kitzinger, Sheila: *Sexualität im Leben der Frau*, München 1984.
Klein, Melanie, Rivière, Joan: *L'amour et la haine*, Paris 1984.
Kübler-Ross, Elisabeth: *Interviews mit Sterbenden*, Stuttgart 1992.
Lerner, Harriet Goldhor: *Wohin mit meiner Wut? Neue Beziehungsmuster für Frauen*, Zürich 1987.
Lynch, James: *The language of the heart*, New York 1985.
Lysebeth, André van: *Tantra für Menschen von heute*, München 1990.
McKee, David: *Ich will keinen Teddybär, ich will ein Monster*, München 1990.
Milgram, Stanley: *Das Milgram-Experiment. Zur Gehorsamsbereitschaft gegenüber Autorität*, Hamburg 1982.
Miller, Alice: *Am Anfang war Erziehung*, Frankfurt/Main 1980.
dies.: *Abbruch der Schweigemauer. Die Wahrheit der Fakten*, Hamburg 1990.
Muller, Jean-Marie: *Gewaltlos. Ein Appell*, Luzern, München 1971.
ders.: *Gandhi, la sagesse de la non-violence*, Paris 1994.
Pfeiffer, Vera: *Dominez vos peurs*, Quebec 1994.
Potter-Efron, Ronald, Potter-Efron, Patricia: *Schamgefühle verstehen und überwinden. Wege zu einem neuen Selbstbewußtsein*, München 1992.
Rogers, Carl: *La relation d'aide et la psychothérapie*, Paris 1991.
Rojzman, Charles: *La peur, la haine et la démocratie*, Paris 1992.
Schiff, Micheal: *L'intelligence gaspillée*, Paris 1982.
Steiner, Claude: *Wie man Lebenspläne verändert. Das Skript-Konzept in der Transaktionsanalyse*, München 1992.
Tap, Pierre: *La société pygmalion?* Paris 1988.
Terrasson, François: *La peur de la nature*, Paris 1990.
Vaillant, François: *La non-violence dans l'évangile*, Paris 1991.
Vincent, Jean-Didier: *Biologie des Begehrens*, Hamburg 1990.

Watzlawick, Paul: *Wie wirklich ist die Wirklichkeit? Wahn – Täuschung – Verstehen*, München 1983.
Zadje, Nathalie: *Enfants de survivants*, Paris 1995.
Zarai, Rika: *Ces émotions qui guérissent*, Paris 1995.